国と自治体の分担・相互関係
― 分権改革の検証と今後の方策 ―

小泉 祐一郎 著

敬文堂

はしがき

　本書は、平成7年にスタートした第1次分権改革及び平成19年にスタートした第2次分権改革を対象に、国と自治体の行政上の関係、すなわち、分担関係と相互関係に焦点を当てて、何がどう変わったかを検証するとともに、今後の改革方策を提示するものである。

　本書のベースになったものは、法政大学大学院公共政策研究科の博士論文「国と自治体の分担関係と相互関係の改革の検証と今後の改革方策」である。武藤博己先生には大学院の指導教授として、修士課程、博士後期課程の計7年間にわたり、学術研究の基礎からご指導をいただいた。また、杉崎和久先生、廣瀬克哉先生には、論文の審査・指導をしていただく中で、ご示唆やご助言をいただいた。さらに、今村都南雄先生には、論文の最終段階でご助言をいただいた。諸先生方のご指導に感謝申し上げたい。

　本書は、地方分権推進委員会事務局で地方分権改革に携わった筆者が、改革の成果と課題を自分なりに理論的に総括したいという一念で執筆したものである。本書の執筆に当たり、同委員会の参与をされていた武藤博己先生のご指導をいただくため法政大学大学院に入学し、論文としてまとめることにした。

　本書の執筆の原動力となったのは、地方分権推進委員会の委員・専門委員・参与の先生方、同委員会の事務局職員の皆さん、同委員会で筆者が担当した旧建設省関係者、自治体関係者、公益財団法人地方自治総合研究所の研究会でお世話になった方々、法政大学大学院の武藤研究室のメンバーなどから伺うことができた見解や意見である。

　また、日本行政学会、日本公共政策学会、日本計画行政学会、ローカル・ガバナンス学会等の学会の研究大会等で得た知見は、研究を進める上での大きな刺激となった。

　地方分権改革の実務及び研究に当たり、これまでお世話になった方々に感

謝を申し上げ、本書を捧げさせていただきたい。本書が、今後の地方分権改革の推進に当たり何らかの参考となれば幸いである。

　本書の出版に当たっては、法政大学大学院から2016年度法政大学大学院博士論文出版助成金の対象としていただいた。心より感謝申し上げたい。また、竹内基雄・㈱敬文堂社長には、格別のご高配をいただき感謝申し上げたい。

　最後に、地方分権推進委員会事務局の勤務時に妻佳世子と結婚して20年になる。勉学、研究、執筆に取り組むことができたのは、妻佳世子の理解と協力の賜物である。感謝の気持ちに耐えない。

　　平成28年12月　掛川市の私設「地方分権資料室」にて

　　　　　　　　　　　　　　　　　　　　　　　　　小泉　祐一郎

〈目　次〉

はしがき（ⅰ）

第1章　はじめに …………………………………………… 1
第1節　本書の目的、構成（1）
第2節　先行研究と本書の位置づけ（6）
第3節　分権改革に至る改革の経緯と論理（11）

第2章　国と自治体の分担関係の改革の検証 ……………… 33
第1節　国と自治体の分担関係の改革の状況（33）
第2節　国道の管理の分担関係（37）
第3節　一級河川の管理の分担関係（49）
第4節　農地転用許可事務の分担関係（67）
第5節　保安林の指定・解除事務の分担関係（95）
第6節　自然公園事務の分担関係（110）
第7節　改革の重点対象となった事務の検証の小括（130）

第3章　国と自治体の分担関係の理論的整理と今後の改革方策 ……………………………… 132
第1節　事務の切分け論（133）
第2節　分権改革における権限移譲の検証（138）
第3節　分権改革における権限移譲の整理と今後のあり方（154）
第4節　主な事務の分担関係の改革方策（160）
第5節　事務の分担関係の改革の検証と改革方策の小括（173）

第4章　国と自治体の相互関係の改革の検証 …………… 175
第1節　関与の定義と分類（175）

第 2 節　第 1 次分権改革による国の関与の改革の状況（194）
　　第 3 節　第 1 次分権改革による事務区分の概念と事務の仕分けの検証（217）
　　第 4 節　第 2 次分権改革による義務付け・枠付けの見直しの状況（229）
　　第 5 節　第 2 次分権改革による義務付け・枠付けの見直しの検証（241）
　　第 6 節　国の関与の改革の小括（261）

第 5 章　国の関与の改革の理論的整理と今後の改革方策 … 262
　　第 1 節　事務の段階に着目した国の関与の改革の検討（262）
　　第 2 節　国の関与の量的側面と質的側面に着目した検討（267）
　　第 3 節　事務の性質の違いに着目した検討のための概念の整理（269）
　　第 4 節　第 1 次分権改革による事務区分と法令基準との関係（279）
　　第 5 節　第 2 次分権改革における法令基準の改革の検証（288）
　　第 6 節　国の関与の改革の検証と改革方策の小括（302）

第 6 章　国と自治体の分担関係と相互関係の
　　　　　ルールの整備 …………………………………… 303
　　第 1 節　国と自治体の関係のルールの法制度の状況（303）
　　第 2 節　分担関係のルールの整備（307）
　　第 3 節　相互関係のルールの整備（310）
　　第 4 節　国と自治体の分担関係と相互関係のルールの小括（323）
　　第 5 節　個別法の改革と基本ルールの整備の相互関係（324）

第 7 章　おわりに ……………………………………………… 330
　　第 1 節　自治の量的拡大と自治の質的充実（330）
　　第 2 節　今後の分権改革全体の進め方（332）
　　第 3 節　自治体の条例体系の整備（336）

参考文献一覧（341）

第1章　はじめに

第1節　本書の目的、構成

1　地方分権改革の状況

　平成5年6月に衆議院と参議院の両院で地方分権推進に関する決議が行われ、地方分権の推進が日本の政策課題としてクローズアップされた。平成7年5月には地方分権推進法が時限法として成立し、同法に基づき平成7年7月に政府の地方分権推進委員会（以下「分権委員会」という。）が発足し、地方分権改革（以下「分権改革」という。）がスタートした。分権委員会は平成10年11月までに5次にわたる勧告を政府に行った。平成11年7月には、いわゆる地方分権一括法（正式には、地方分権の推進を図るための関係法律の整備等に関する法律（平成11年法律第87号）。以下「地方分権一括法」という。）が成立し、関係する法律が改正された。法改正の多くは、平成12年4月1日から施行された。この改革は、第1次分権改革と呼ばれている。[1]

　地方分権推進法の廃止後においても、地方分権の推進のための政府の取組は一応継続された。行政関係のテーマについては大きな改革はなかったが、財政関係のテーマについては国から地方への税源移譲や地方交付税改革、国庫補助負担金改革を内容とするいわゆる「三位一体の改革」が行われた。

　行政関係をテーマとした分権改革が再度本格化するのは、平成18年12月に地方分権改革推進法が成立し、平成19年4月に地方分権改革推進委員会（以下「分権改革委員会」という。）が発足してからである。分権改革委員会は、平成21年11月までに4次にわたる勧告を政府に行った。勧告を受けた政府は

（1）本書において「第1次分権改革」とは、西尾勝（2007, pp.122-123）の用語法に従って、平成7年7月の分権委員会の発足から平成12年4月の地方分権一括法の施行までの改革を対象としている。

[表1] 分権改革のこれまでの経緯

	時期	出来事
	H5.6	地方分権の推進に関する国会決議
	H5.10	臨時行政改革推進審議会最終答申
	H6.12	地方分権の推進に関する大綱方針
	H7.5	地方分権推進法成立
第1次分権改革	H7.7	地方分権推進委員会発足
	H8.12	地方分権推進委員会が第1次勧告
	H9.7	地方分権推進委員会が第2次勧告
	H9.9	地方分権推進委員会が第3次勧告
	H9.10	地方分権推進委員会が第4次勧告
	H10.5	地方分権推進計画（閣議決定）
	H10.11	地方分権推進委員会が第5次勧告
	H11.7	地方分権一括法成立
	H12.4	地方分権一括法施行
三位一体の改革	H13.7	地方分権改革推進会議発足
	H15.6	地方分権改革推進会議が「三位一体の改革について」意見提出
	H14〜17	骨太の方針（閣議決定・毎年）
	H16.7	地方分権改革推進会議解散
	H17.7	全国知事会が国庫補助負担金等に関する改革案（2）を決定
	H17.11	政府・与党合意「三位一体の改革について」決定
	H18.6	地方六団体が地方分権の推進に関する意見書
	H18.7	骨太の方針（閣議決定）
	H18.12	地方分権改革推進法成立
第2次分権改革	H19.4	地方分権改革推進委員会発足
	H20.5	地方分権改革推進委員会が第1次勧告
	H20.12	地方分権改革推進委員会が第2次勧告
	H21.10	地方分権改革推進委員会が第3次勧告
	H21.11	地方分権改革推進委員会が第4次勧告
	H23.4	第1次一括法成立
	H23.8	第2次一括法成立
	H25.6	第3次一括法成立
	H26.5	第4次一括法成立
	H27.6	第5次一括法成立

　順次法改正を一括法としてとりまとめて閣議決定し国会に上程した。平成23年4月に第1次一括法が国会で成立したのを皮切りに、その後、数次にわたる一括法が国会で成立し関係する法律が改正された。この改革は、第2次分権改革と呼ばれており、現在も進行中であるが、平成27年6月成立の第5次

一括法までで分権改革委員会の勧告に基づく改革は概ね終了している[2]。

　以上のように、平成7年からスタートした分権改革は、財政関係ではなく行政関係のテーマが中心となっている。

　分権改革がスタートして20年が経過し、現在進行中の第2次分権改革もピークを過ぎた状況にある中で、国と自治体の行政上の関係の何がどう変わったのか、また、その改革の対象や手法が妥当であったのかについて検証すべき時期に来ていると考えられる。

2　日本における中央集権の課題と本書の目的

　日本における中央集権の行政関係の課題の第一は、国による自治体の事務処理への過剰な拘束の是正である。

　地方自治法の制定直後の昭和22年7月に、辻清明（1947：10）は「新しい地方自治法の最も困難な任務は、あたえられた近代的分権によって旧き官僚制的中央集権を克服しながら、同時に新しい社会的中央集権の要求を満足せしめねばならないところにある。」と指摘している。そして辻は、地方自治法の制定後の問題点として、「その第一として、中央官廳による多元的拘束である」と述べて、各省の分立による多元的な自治体への拘束を第一に挙げている。

　辻が述べた「新しい社会的中央集権の要求」は、福祉国家における行政の活動領域の拡大に伴い、昭和20年代から昭和40年代にかけて顕著に表れた。多くの行政分野においては、国が主導して法制度が新設・拡充され、自治体は国の各種の法制度の下で新たな事務処理を義務付けられた。法制度の新設・拡充に当たっては、自治体が処理する事務に対し、法令基準による統制、個別の法律の規定による許認可等の関与、機関委任事務制度による国の府省の指揮監督や通達の詳細な運用基準による統制が制度的に仕組まれた。

　「旧き官僚制的中央集権の克服」が十分にされないまま「新しい社会的中

（2）分権改革のための法改正は、ほとんどは一括法によっているが、別途、個別法の改正によるものもある。

央集権の要求」に対応した結果、「中央官廳による多元的拘束」は地方自治法制定時に比べより強固なものとなった。

そして、各種の法制度に基づく事務処理が自治体に定着し、地域の実情や住民の意向を反映して自治体が創意工夫を凝らすことが可能となったにもかかわらず、国の詳細かつ画一的な統制は維持された。

辻が指摘した「中央官廳による多元的拘束」は、その後の改革においてテーマとなったが、ほとんど手が付けられず未解決の課題として分権改革に引き継がれた。

日本における中央集権の行政関係の課題の第二は、時代の変化に対応した国と自治体の役割分担の見直しである。

かつては時代の要請等によって国の役割とされたものが、社会経済状況の変化や自治体の政策立案・執行能力の向上、地域における専門家や担い手の増加等によって、自治体の役割を拡大するよう改めることが合理的な場合であっても、国の役割として維持されているものがある。

例えば、戦時の食糧の増産と戦後の自作農創設を目的とした農地転用許可制度は、今日では、地域の土地利用を適正にするための規制の一つとして存在意義を有しており、自治体による地域の総合的な土地利用調整の必要性が高まっている。

また、経済成長期に社会資本を早急に整備するために、全国総合開発計画によって国が地域の総合開発をリードする新たな集権的な対応がとられ、国道等の施設整備の主体が都道府県から国に移管された。今日では、全国的に社会基盤の整備が進むとともに、都市機能のコンパクト化が求められており、国が前面に出て全国的に社会資本整備を推進することが求められた時代とは社会経済状況が異なっている。

本書は、平成7年にスタートした分権改革が20年を経過し、多くの法改正が行われた状況にある中で、①国による自治体の事務処理への過剰な拘束の是正と、②社会経済状況等の変化に対応した国と自治体の役割分担の見直しという2つの課題に焦点を当てて、分権改革における行政関係の改革の成果

と課題を検証するとともに、今後の分権改革のあるべき改革方策を提示することを目的としている。

3 本書の構成

本書の構成は、次のとおりである。

第1章 はじめに

第1章では、第1節で本書の目的、構成を、第2節で先行研究と本書との関係を、第3節で戦後改革とその後の地方制度改革を経て分権改革に至るまでの改革の論理を明らかにする。

第2章 国と自治体の分担関係の改革の検証

第2章においては、国と自治体の分担関係の改革について、時代の要請等によって拡大した国の役割が社会経済状況等の変化を踏まえてどう見直されたのかに焦点を当てて、主な行政分野を例に検証する。

第3章 国と自治体の分担関係の理論的整理と今後の改革方策

第3章においては、国と自治体の分担関係について、「事務の切分け論」による独自の理論的整理を行い、これに基づいて、分権改革における国から自治体への権限移譲を分析し、今後の改革方策を提示する。

第4章 国と自治体の相互関係の改革の検証

第4章においては、国と自治体の相互関係の改革について、国による自治体の事務処理への過剰な拘束の是正がどこまで進んだのか、すなわち国の関与の改革がどこまで進んだかに焦点を当てて、時系列で検証する。

第5章 国の関与の改革の理論的整理と今後の改革方策

第5章においては、国の関与を事務の段階ごとに分類して量と質の両面から限定するとともに事務の性質の違いに着目するという独自の理論的整理を行い、これに基づいて、分権改革における国の関与の改革を分析し、今後の改革方策を提示する。

第6章 国と自治体の分担関係と相互関係のルールの整備

第6章においては、第2章から第5章までの検討をベースとして、国と自

治体の分担関係と相互関係の改革を確実に進めていくために、地方自治法に整備すべき新たなルールを提示する。

第7章　おわりに

第7章においては、今後、分権改革を推進する上で重要と思われる3つの点、すなわち、自治の量的拡大と自治の質的充実、今後の分権改革全体の進め方、自治体の条例体系の整備について述べる。

第2節　先行研究と本書の位置づけ

1　集権・分権の概念

西尾勝（1987, p.103）が「集権・分権概念の多義性ないし混乱状況はなにもわが国の現象だけではない」と述べているように、集権・分権概念は多義的であり、論者によっても違いがある。

例えば、Hull and Rhodes（1977：57, 77）は、政治的な権限移譲（political devolution）と行政的な権限委譲（administrative deconcentration）を並列して用いており、多くの自治体の機能（function）は中央政府又は連邦政府から委譲（delegate）されているとしている。

西尾（1987, p.103）は、R. A. W Rhodesがdecentralizationを上位概念としてこれをdevolutionとdelegationに分解する用語法にしたがえば、西尾のいう分権はdevolutionに該当するが、devolutionには対概念がないことが不便であるので、集権・分権は、centralization and decentralizationをローズよりも限定した意味で使用するとしている。そして、本庁と出先機関の関係のような組織内部の地域的な権限配分について用いている集中・分散の用語は、concentration and deconcentrationに対応しているとしている。

岩崎美紀子（1996, p.78）は、事項ごとの決定と執行の権限をセットにする責任分担をdecentralization（＝権限の移譲：devolution of power）、決定する組織と執行する組織を分ける機能分担をdeconcentration（＝権限の委譲：delegation of power）としている。

第1次分権改革における分権委員会の勧告は「委譲」、第2における分権

改革委員会の勧告は「移譲」の用語を用いている。第2次分権改革で分権改革委員会が従来の「委譲」の用語ではなく「移譲」とした理由が、第1次分権改革による委任の概念の廃止を反映したものかどうかは明らかではない。

国と自治体の間における権限の配分において、「移譲」と「委譲」の用語を「devolution」と「delegation」の用語と対比させる岩崎の用語法は、西尾のいう分権＝devolutionとする認識と一致していると考えられる。本書においては、第1次分権改革前の委任事務による事務・権限の移動には「委譲」を、第1次分権改革後の委任の概念の廃止後の事務・権限の移動には「移譲」を用いることとする。

集権・分権概念には論者による用語法の違いはあるものの、①国の本庁からその出先機関に権限を委任することは分権とは言わないこと、②国と自治体の間で権限を分担する場合においては、自治体が有する決定権限の程度によって異なる2つのカテゴリー（例えば、移譲：devolutionと委譲：delegation）が存在するという点は基本とすべきことであると言えよう。

2　集権・分権の概念の内容

集権・分権の概念は、一般に、中央政府から自治体に移譲されている権限＝「自治の量」と自治体の意思決定の自律性＝「自治の質」の両者を包含して用いられている。

地方制度改革を捉えた研究としては、集権と分権、分離と融合の2つの軸を示して占領期の地方制度改革を検証した天川晃（1984, p, 228）のいわゆる天川モデルが知られている。天川によれば、中央・地方関係には集権・分権（centralization-decentralization）、分離・融合（separation-interfusion）という2つの軸があり、戦後の地方制度改革によって、日本は集権・融合型から分権・融合型へと変化したとしている。天川モデルでは、集権・分権の軸は国との関係でみた自治体の意思決定の自律性を問題とし、分離・融合の軸は自治体の区域内の国の行政機能を国の機関が分担するのか、自治体がその固有の行政機能とあわせてこれを分担するのかを問題としている。

天川の「集権・分権」の用語は、自治体の意思決定の「他律・自律」の意味に限定して用いられているものと考えられる。
　天川の分離・融合の用語は、Stockwin（1975, p.56）のアメリカ型の権力分立（separation-of-power）型とイギリス型の権力融合（fusion-of-power）型からヒントを得たとしている。Stockwinは、日本国憲法の議院内閣制が権力分立型よりは権力（authority）と責任（responsibility）を一本化した権力融合型と一致するとしてfusion-of-powerの用語を用いている。その意味では融合の用語はルソーの執行権は立法権に従属するというような段階的な上下関係を前提としているように理解されるおそれがあることには注意を要すると思われる。本書においては、日本における国と自治体の融合関係を前提として論じているが、融合関係の継続が国と自治体の上下関係の存続を意味するものではない。
　天川が示した2つの軸の発想は、今日の分権改革においては、中央政府から自治体に移譲されている権限＝「自治の量」と、自治体の意思決定の自律性＝「自治の質」の2つの軸として継承されていると言えよう。

3　戦後の日本の地方制度の問題認識

　辻が指摘した「中央官廳による多元的拘束」は、辻が指摘した「新しい社会的中央集権の要求」によって、昭和20年代から40年代にかけてより強固なものとなり、戦後の地方制度の課題として分権改革に継承された。
　天川モデルについて西尾（1987：123）は、「明治憲法期の〈集権・融合〉型に比べれば、確かに分権化しているが、それでもまだ〈分権・融合〉型に転換したということはできないのではないか」「戦後日本のそれは依然として集権融合型に属している」とし、日本の行政システムは国と自治体が融合[3]

（3）西尾勝（2007, p.11）は、「私の集権融合型は、日本では地方自治制度という概念に代えて「地方制度」なる独特の概念が戦前から使用されてきた所以を間接的に説明したものでもあった」と述べた上で、「日本で「地方制度」と称されたものは、地方行政制度と地方自治制度を表裏一体に張り合わせた制度であった」と指摘している。

した集権融合型＝地方制度であるとしている。(4)

また村松岐夫（1996：19）は、日本の地方制度の統合型を前提に、より分離型に近づけるという主張は有意味であるとしている。

以上のように、日本の地方制度については、国の法律に基づく事務の多くが国の出先機関ではなく自治体で執行されているという点で分離型ではなく融合型であり、第1次分権改革及び第2次分権改革を経た今日においても、融合型であることに変わりはないと言える。

問題は、国と自治体の融合の仕方が不適正で、必要以上に集権的なことである。重要な権限が国に留保されたまま瑣末な事務が自治体に委譲されていることや、自治体が処理する事務に対して、法令基準、運用基準、許認可等の関与によって国の統制が細部にまで及んでいることは、まさに過度に集権的であると言える。「集権融合型」という西尾の表現は、この特徴を端的に示していると言えよう。(5)

4　政府間関係論と分権改革

地方分権は、政府間関係論において重要な論点の一つである。第2次世界大戦後の政府部門の活動の拡大に伴って多様化する中央—地方関係について、R. A. W Rhodesが中央政府と地方政府の相互依存関係を論じているように、多くの論者は相互依存の関係が進展していると捉えている。例えば、村松岐

（4）西尾勝（1990, p.425）は、「明治憲法期の〈集権・融合〉型に比べれば、確かに分権化しているが、それでもまだ〈分権・融合〉型に転換したということはできないのではないか」と述べた上で、新たに集中・分散と分立・統合の概念を追加することを論じている。
（5）西尾勝（2007, p.13）は、日本の行政システムを先進諸国並みのグローバル水準に近づけようとすれば、差し当たりまずは、機関委任事務制度を全面廃止し、国と自治体の融合の度合いを緩和することが求められるとしている。
（6）西尾勝（1983, p.2）は、政府間関係の用語は、1950年代、アメリカ合衆国連邦政府に連邦・州・地方の関係を再検討するために「政府際」関係諸問委員会（Advisory Commission on Intergovernmental Relations）が創設されて以降、しきりに使われるようになったとしている。

夫（1988：173）は、中央と地方の間の相互依存関係の増加は、世界的に進行していると述べている。また、水口憲人（1996：37）は、Rhodesのいう中央の地方に対する「執行依存」が比重を増していったとしている。

日本においては、Rhodesと同時期の1980年代に、国の第2次臨時行政調査会による行政改革が進められようとする中で、国と自治体の政府間関係についての理論が展開された（西尾勝：1987, 95–132、村松岐夫1988：35–76）。

国と自治体の相互依存関係が進む中で西尾勝（1983：3）は、国と自治体の政府間関係を①相互関係、②分担関係、③税源配分・財政調整という3つの視点から捉え、①については対等な政府間の協力的な相互依存関係、②については事務の配分ではなく権限の配分、③については地方税法や地方財政法等による規律のあり方の検討の必要性を論じている。

西尾が示した3つの視点は、辻が指摘した「旧き官僚制的中央集権の克服」を図り、「新しい社会的中央集権の要求」に適切に対応してくうえで重要な鍵となるものであると言えよう。

西尾（1987：130–131）は、「国と地方政府が相互依存の関係にあるということは、ただちに、その国の政治体制が十分に分権的であることを意味するものではないし、国と地方政府とがその機能、影響力において対等な関係にあるということを意味するものではない。」「相互依存モデルのもとでも、伝統的な集権・分権概念とは異なる意味での集権化・分権化の問題は存在する。」と述べている。

5　本書の位置づけ

西尾が述べているように、国と自治体の分担関係はdelegation（委譲）ではなくdevolution（移譲）でなければならず、国と自治体の相互関係は対等な政府間の協力関係でなければならない。

分権改革の意義は、相互依存関係が進む国と自治体の関係を、いかに分権的な関係にできるかということであったと考えられる。本書では、国と自治体の相互依存関係における集権性、すなわち、国の自治体への不適切な依存

関係に着目し、その是正のための方策を提示しようとするものである。

このため本書では、西尾のいう日本の融合型の地方制度を前提に、西尾が示した政府間関係の3つの視点のうち、分担関係と相互関係の2つの視点から、第1次分権改革及び第2次分権改革を対象に改革の対象と手法が妥当であったのかを検証し、「集権融合型」から「分権融合型」に向けた今後の改革方策を提示することとする。

第3節　分権改革に至る改革の経緯と論理

戦後の地方制度改革から分権改革に至るまでの改革は、どのような変遷・発展を遂げてきたのであろうか。戦後の地方制度改革以降の改革の動向とその論理を整理すれば次のとおりである。[7]

1　戦後の地方制度改革から昭和30年前後の法改正まで
（1）戦後の地方制度改革

明治期に整備された地方制度においては、府県知事は官選であり、府県の主な職員は国の官吏であった。府県や市町村の事務処理に対しては、行政関与を重視するプロイセンに倣った監督制度が導入された。府県制、市制町村制においては、国の内務大臣が府県知事を、府県知事が市町村長を監督（大正期までは郡長も町村を監督）する権限を有していた。また、道路法等の個別法令においても、主務大臣は府県知事に対し、府県知事は市町村長に対し、監督権限を有していた。

大正・昭和初期の改革によって、六大都市行政監督に関する法律（大正11年）による市制の特例としての監督の縮減や、府県制度、市制町村制の改正（昭和4年）による予算削減規定の削除が行われたが、基本的な枠組みの変更には至らなかった。

（7）新藤宗幸（1985, p.31）は、1985年の時点で戦後改革以降の国地方の行財政構造の変遷を大づかみに整理し、「1945年～50年の戦後分権、1950年～59年の反動的集権、1960年～74年の新中央集権、そして75年以降の新々中央集権の時代」としている。

戦後の日本国憲法と地方自治法、地方公務員法等の制定により、官選知事の公選化をはじめ地方自治の仕組みが整備されるとともに、地方制度における監督制度が廃止された。しかしながら、地方自治の仕組みだけでは、旧来の行政関与を抜本的に改革することはできなかった。すなわち、各省庁が所管する個別法による府県への監督権限は、命令、認可等の関与として存置された[8]。また、旧機関委任事務制度によって、実際は自治体が処理しているにもかかわらず、法令に基づいて処理する事務の多くが国の事務として位置付けられて条例制定の対象外とされた上に、主務大臣の指揮監督権を根拠に通達等で自治体の事務処理を細部にわたって統制することが可能とされた。戦前の各省の通牒は、戦後は通達の形で多用された。第2節で述べたように、辻が指摘した「中央官廳による多元的拘束」は、戦後の地方制度の大きな課題となったのである。

(2) 地方行政調査委員会議の勧告

昭和24年にシャウプ使節団が勧告した「日本税制報告書」、いわゆるシャウプ勧告では、国と自治体の事務配分に関する委員会の設置と、①行政責任明確化の原則、②能率の原則、③地方公共団体、特に市町村優先の3原則が示された。

シャウプ勧告を受けて地方行政調査委員会議（神戸正雄議長）が設置され、昭和25年に行政事務再配分に関する勧告（以下「神戸委員会勧告」という。）を行った。神戸委員会勧告では、国、都道府県、市町村の事務配分、国、都道府県、市町村の関係、地方財政制度などの改革の総論と行政分野別の各論について勧告が行われた。神戸委員会勧告は、一部を除き実行には移されなかった。その原因としては、現実と理想の乖離が大きかったことや、アメリカ占領軍の対日政策の転換、中央省庁の公選知事への不信感、戦後の復興と

---

(8) 田中二郎 (1955, p.237) は、「地方自治法のとった根本方針は、殆ど、方針に止まって、その方針に則った法令の改正のごときは、未だ殆ど行われるに至っていない」と述べている。

社会経済の再建を急ぐ時代の要請、自治体の規模・能力、財政上の課題などが言われてきた。市川喜崇（2012：179）は、「神戸勧告の事務配分の提案は、中央各省、およびこれを支持する総司令部の諸部局によって、棚上げされた」と述べている。

神戸委員会勧告について今村都南雄（1997：347）は、行政責任の明確化のための事務の「割り当て」「分割」の思想に立脚したシャウプ勧告との違いを指摘した上で、「国と地方の関係に関する基本認識に焦点をおいてその後の展開を見るならば、たとえ換骨奪胎された姿であれ、その『共同・協力』の思想については継承され、やがて公認のイデオロギーとなっていったというべきである」と述べている。

後述する機能分担論の基本となる「共同・協力」の思想が、神戸委員会勧告に既に表れているとの指摘は、日本の国と地方の関係の展開を考察する上で重要な視点であると言えよう。

神戸委員会勧告後の日本の行政体制は、一部の事務が自治体から国へと分離される一方で、分離されなかった事務では、国と地方の融合関係が強化された。[9]

（３）昭和30年前後の法改正

昭和27年の地方自治法改正では、第10章の章名が「監督」から「協力」へと改正されるとともに、助言、勧告等の非権力的関与が法制化された。これらは制度を実態に即して改めたという面があるものの、地方自治の理念に即した国と地方の関係を法制的に整備したものとして評価すべきであろう。

昭和31年の地方自治法改正では、内閣総理大臣の是正措置要求制度が法制化された。事前の関与ではなく事後の関与とし、権力的関与と非権力的関与の中間形態のようなものと説明されたことに特徴がある。国が自治体に違法状態等の是正を一般的に求めることを認める関与規定を地方自治法に整備す

（９）天川晃（1984, p.229）は、「結局、国の行政機能と地方団体との関係は、占領下の改革を経てもなお解決は得られず、〈融合〉型制度を継承するとともに、〈分離〉化が進行し混乱は拡大されたのである」と述べている。

ることには、当時は各方面から異論が出された。個別法による関与の創設を抑制することが期待されたが、実際には、内閣総理大臣や知事の名前で行う必要があり発動には制約がある制度であったこともあってか、個別法による関与の創設の歯止めとはならなかった。

一方で、昭和27年の新道路法の制定においても、道路管理者に対する国、知事の監督権（措置命令等）が維持され、都道府県道の認定等における国の認可が規定されるなど、個別法に基づく関与の縮減は進まなかった。

また、戦後の社会経済情勢の変化や行政需要の拡大等に伴い、各種の個別法令が整備される中で、自治体の事務処理の内容や方法を法令で規定する傾向が強まっていった。辻清明（1947, p.5）は、19世紀中葉以降のイギリスで産業革命の進展によって中央政府による統制が拡大したことを示して、日本においても法律から行政立法に統制手段が移行しつつある現象を述べている。こうした傾向は、昭和30年前後の段階で問題視された（柳瀬良幹1954：72-81）。

2 臨調及び第9次地制調の答申と機能分担論

昭和30年代後半には、第9次地方制度調査会の答申（昭和38年12月27日、以下「第9次答申」という。）や、臨時行政調査会の答申（昭和39年9月27日、以下「臨調答申」という。）において、いわゆる機能分担論が改革推進の論理として用いられた。機能分担論の論旨は、現代福祉国家においては、国も自治体も、ともに国家の統治機構の一環をなすもので、国は中央政府として、自治体は地方政府として、国民の福祉の増進という共通の目的に向かって、それぞれ機能を分担し、協力して行政を行うものであるというものである。[10]

---

[10] 今村都南雄（1997, p347-348）は、「機能分担論の形成にあたって、そのきっかけを提供したのが、1963年末に第9次地方制度調査会が出した『行政事務再配分に関する答申』であり、それに少し先がけて同年公表された宮沢弘（当時、自治大臣官房参事官）の『機能の地域的分担』と題する論稿であることは間違いない。」と述べている。

第1章　はじめに

　機能分担論は、国と自治体の融合した行政体制の現状を前提に、国の行政改革や自治体への権限委譲を進める論理となったが、機能分担論において、国と自治体がどのように機能を分担するかという根幹の部分は、一義的に定まっているわけではなく、多義的かつ可変的なものであるといえよう。すなわち、機能分担論は、当面の改革によって実現しようとする分権化の姿によって、分担の基準が異なってくるのである。そして、実現しようとする分権化の姿は、国の立場に立つか自治体の立場に立つかによって大きく異なることは言うまでもない。「分権化」の名に値しないか、逆行するおそれもないわけではない。⁽¹¹⁾⁽¹²⁾

　昭和38年の第9次答申と、昭和39年の臨調答申は、いずれも機能分担論を基調としながらも、機能分担の基準を異にしている。すなわち、第9次答申は機関委任事務制度を見直したうえでの事務の再配分を、臨調答申は機関委任事務制度を活用した実施事務の移譲を勧告している。臨時行政調査会は、「機関委任事務制度を活用した」自治体への実施事務の移譲を推進する論理として、地方制度調査会は、「機関委任事務制度の廃止」をはじめとした委任によらない事務配分の論理として、機能分担論を用いたのである。臨調答申は、地制調答申に比べ、より現実的に国から自治体への事務配分をめざしたものであり、実現性の点では優れていたが、一方で、機能分担論が有する国と自治体の協力という観点が、使われ方によっては、国の強いコントロールの下での自治体の事務量の拡大をもたらす論理となる危険性を有している⁽¹³⁾

---

(11) 成田頼明（1975, p.19）は、「立法権限そのものの国と地方公共団体の間の適正な機能分担関係をもとり上げるべき」と述べ、事務の実施だけでない分権の姿を視野に入れた機能分担を論じている。

(12) 今村都南雄（1997, pp349-350）は、第9次答申の機能分担論について「高度経済成長にともなう『時代の要請』に先だって、それに応えた中央集権化を正当化する論理があらかじめ用意され、戦後改革のもとでの実践課題のとらえ返しが進行したのである」と述べている。

(13) 久世公堯（1965, p.232）は、地制調答申も臨調答申も、「できるだけ多くの事務を地方に移譲しようとするものであり」、地制調答申は、「あくまでも地方自治の理念に即してこれを考えているのに対し」、臨調答申は、「各省の行政をも勘案して現実に即して考えているところに基本的な差異がある」と述べている。

ことを示している。[14]

　昭和30年代後半は、高度経済成長により、都市への人口集中、地域開発、様々な社会保障制度の整備などが急速に進行し、行政の広域化、専門化の要請が高まり、「行政権限の地方公共団体から国への引き上げ、国の地方出先機関の強化、国の地方公共団体に対する関与の増大等、中央集権的統制を強化する傾向がみられる（第9次答申）」時代であった。

（1）第9次地方制度調査会の答申

　第9次答申（昭和38年12月27日）は、高度経済成長の時代に集権的な傾向が強まる中にあって、国の強い統制を維持したままで、自治体に事務を移譲することを問題とした。

①国と自治体の関係

　「国と地方公共団体の関係は、歴史的にみれば国が後見的立場に立って地方公共団体を支配し、あるいは国と地方公共団体が相対立して権限をとり合う形において考えられたことがあるが、現代福祉国家における両者の関係は、決してこのような関係に立つものではなく、国も地方公共団体もともに国家の統治機構の一環をなすもので、国は中央政府として、地方公共団体は地方政府として、国民福祉の増進という共通の目的に向かってそれぞれの機能を分担し、相協力して行政の処理にあたらなければならないのである。すなわち、現代国家における両者の基本的関係は、それぞれ機能と責任を分かちつつ、一つの目的に向かって協力する協同関係でなければならない。」とした。

　国と国家を峻別し、第2次分権改革のキーワードとなった「地方政府」の概念を用いている点が特に注目される。政府における「機能分担論」の原点ともいうべきものである。その後の政府の第2次臨調すなわち第2次臨時行政調査会（昭和56年3月16日～昭和58年3月15日）、行革審すなわち臨時行政改革推進審議会（昭和58年6月28日～昭和61年6月27日）、第2次行革審

---

(14) 久世公堯（1965, p.238）は、「事務配分の問題は、配分自身の問題よりも、むしろ関与の方式である。国と地方公共団体の間は相互協力の関係という基本的観念に従って関与の方式も考えるべきではなかろうか」と述べている。

すなわち第2次臨時行政改革推進審議会（昭和63年4月20日～平成2年4月19日）は、いずれも機能分担論を継承している。ただし、これらの答申で果たした機能分担論の役割は、分権改革の推進に寄与した面はあるものの、国と地方を通じた行政改革、すなわち「簡素で効率的な行政」の推進に重点が置かれていた。

②委任事務制度

「上述した国と地方公共団体との基本的関係を前提として考えると、固有事務、委任事務という伝統的区分をとることができない。機関委任制度は、（中略）事務配分について国優先主義をとる旧制度の残滓である。固有事務、委任事務の区分は、地方自治法制定に際し当然廃止されるべきものであったのであり、地方行政調査委員会議の勧告も、そのような前提に立ってなされていたのである。」とした。

機関委任事務制度の廃止にとどまらず、固有事務、委任事務の区分をも廃止すべきとしている点が特に注目される。地方分権一括法によって実現した第1次分権改革は、第9次答申と同じ方向を目指したものといえよう。

③新たな事務の区分

「委任事務という観念が廃止されることに伴い、従前の機関委任事務とされていたものの多くは、自治事務として議会の審議にかからしめ、住民の意思を反映して処理させることとすべきである。」「国の選挙の管理執行、国の指定統計、自衛官募集等、現在機関委任事務とされているものであって、本来地方公共団体の自治事務とするに適しないものについては、国が地方公共団体に対してこれを委託する形で処理させることが適当である。」とした。

第1次分権改革が当初に目指した、自治事務と法定受託事務の区分と同様の内容であることは注目に値する。第1次分権改革では、本来は自治事務とすべき事務の一部が法定受託事務に区分されたが、目指した方向は一致していたといえよう。

④関与のルール

許可、認可等の権力的関与の廃止や、通達等を根拠とした事実上の関与の

廃止を打ち出しており、第1次分権改革で法制化された関与の法定主義、自治事務に対する関与の制限と共通した点が見られる。

ただし、「許可等の事前の関与ではなく、一定の基準を示し、基準に従わない場合に取消、代執行等の有効な是正措置を国に認める」、「機関委任事務については、一般に国が当然に権力的関与を行うものとされてきたが、これを改め、それぞれの事務について必要な関与の態様を検討すべきである。」としており、第1次分権改革の大きな成果の一つである「国の関与のルール」の観点からは、今日的には不十分であった。この点が、機能分担論の限界と言っても過言ではなかろう。

以上のように、第9次答申は今日の分権改革を予言しているかのような内容を含んでいるが、このことは、分権改革の推進が、地方自治関係者の長年の宿願であったことを物語っている。

第9次答申で示された改革の方向については、高度経済成長が終焉し、低成長の時代に入った昭和50年代において、部分的ではあるが国の改革に反映されるようになった。[15] 第2次臨調、行革審、第2次行革審の答申では、第9次答申で示された機能分担の手法が用いられ、機関委任事務の団体委任事務化の推進等が図られた。

（2）臨調答申

臨調答申（昭和39年9月27日）は、国の出先機関の膨張による縦割り行政の弊害や事務処理の遅延等の行政の合理性の問題を重視したものとなっている。機能分担という用語を直接は用いていないが、国と自治体の事務配分の基本方向として、「行政需要の動向に対応して、第1に都道府県における地域開発行政の拡充と、区域内の実施事務の都道府県への委譲を考慮し、第2に、行政事務の処理については、中央政府と都道府県の責任分野を明らかにするとともに、両者の合理的な協同関係を助長」するとしており、企画事務と実施事務を分別して実施事務を都道府県に委譲し、中央政府と都道府県の

---

(15) 大久保皓生（1985, p.29）は、「この理念をより具体化しようとする動きは10数年の歳月を要するのである」と述べている。

協同関係を助長するという点では、機能分担論に立脚した考え方であると言えよう。

具体的には、「現在の情勢下では、国民のために便利で、親切で、しかも迅速・経済的な行政を行うには、地域の総合性を生かし、地方公共団体の健全育成をはかりつつ、機関委任の方式をとることが最も適当であるということができる。このような見地から、機関委任方式を当面は強化の方向で活用するが、地方公共団体、特に都道府県の行財政能力が充実し、その区域の拡大がはかられる場合は、将来、これらの事務を地方公共団体に完全に移譲することも検討されるべきであろう。」とし、当面は機関委任事務制度の活用が適当としている。

臨調答申で示された改革の方向は、昭和43年の都市計画法の改正において、都市計画決定の権限が国から都道府県知事へ機関委任されるなど、実施事務の委譲を進める論理として機能した。臨調答申は、新たな法制度の創設期において、国の行政機構の肥大化を抑制し、地方の権限を充実する役割を果たしたということができよう。

答申では、国の関与について、「都道府県の事務処理に対する中央政府の関与については、権力的関与をできる限り減少し、全国的な計画の立案、一定の行政水準の維持、財政的援助、技術的援助、全国的見地からの助言や勧告などの非権力的関与に重点をおき、また、機関委任事務については、これをできるだけ都道府県に委譲する。」としたが、実効性のある改革には至らなかった。むしろ、昭和40年代に整備された法制度は国の権力的関与を増加させている。注目されるのは、関与の定義として、中央政府による全国的な計画の立案や一定の行政水準の維持、財政的援助、技術的援助等が規定されており、幅広い概念で関与を捉えていることである。

3　第17次地制調、第2次臨調、行革審、第2次行革審の答申

第17次地方制度調査会（以下「第17次地制調」という。）、第2次臨時行政調査会（以下「第2次臨調」という。）、臨時行政改革推進審議会（以下「行

革審」という。)、第 2 次臨時行政改革推進審議会（以下「第 2 次行革審」という。）の答申は、いずれも機能分担論を継承している。これは、国と自治体の融合型の行政体制の下における国と自治体を通じた行政改革、すなわち「簡素で効率的な行政」の推進の論理として、機能分担論が有効であったためであろう。

 第 2 次行革審の機能分担論は、自治体の事務執行の細部にまで国が関与する融合型の行政体制において、「機関委任事務の団体委任事務化」や「国の関与の縮減」により、国の統制を弱める論理として使われている点が注目される。

 室井力（1980：7）は、機能分担論は住民自治とそれを含む国と自治体との対等・併立関係の確立という大前提の上ではじめて肯定できるものとなるとし、機関委任事務の全面的廃止または原則廃止の必要性を述べている。

（1）第17次地制調答申

 第17次地制調答申（昭和54年 9 月10日）で注目されるのは、「国、地方を通ずる行財政の簡素効率化」と「国と地方公共団体の関係の改善及び機能分担の適正化」の 2 つを答申していることである。前者は、第 2 次臨調の行財政改革の路線と合致するものである一方で、後者は、地方分権の路線とつながるものである[16]。特に、同答申は「機関委任事務については、既に第 9 次地方制度調査会において答申したところであるが、その観念及び現行の法的取り扱いは、国と地方公共団体の併立的な協力、協同の関係を確保する観点から抜本的な再検討が必要である。」としている。

（2）第 2 次臨調の答申

 第 2 次臨調の「行政改革に関する第 3 次答申」（昭和57年 7 月30日）の第 2 部第 4 章「国と地方の機能分担及び地方行財政に関する改革方策」では、

---

(16) 姜光洙（1998, p.168）は、「『国・地方を通ずる行財政の簡素効率化』と『地方分権の推進』といった 2 つの基本方向を打ち出した第17次地制調答申を第 2 次臨調以来の行政改革下の地方制度改革の始まり」と位置づけ、「同答申で形成された自治省の政策変化が、少なくとも、1991年の地方自治法の改正までは引き続き堅持されたのではないか」と述べている。

「国と地方の機能分担の合理化」として、機関委任事務の整理合理化、国の関与及び必置規制の整理合理化などの基本的な方向が示された。[17][18]

　国と自治体の関係の基本的考え方として、「内外の情勢の変化に対応して、行政が総合的、効率的に行われるためには、地方自治の原則と行政サービスの全国的統一性、公平性の確保の要請との調和を図りつつ、国と地方公共団体が、それぞれの機能と責任を分かちながら、相互に協力していくことが不可欠である。」とし、次のとおり改革の方向を示した。

- 地方公共団体の事務とすべきものが安易に機関委任事務とされているなどの批判もあるので、厳しく見直すべきである。
- その行き過ぎは、地方公共団体の事務処理の自主性、総合性、効率性を阻害し、事務の簡素化の要請にも反することとなるので、国の関与及び必置規制は、積極的に緩和すべきである。
- 国が一定の方針、基準を示すことにより、全国的統一性、公平性を確保できるものについては、機関委任などにより、その実施事務は、地方公共団体において処理することとすべきである。
- 地方公共団体の事務処理に対する関与については、法令中に国の統一的な処理方針、処理基準を示せば足るものは、整理合理化を図る。
- 全国的統一性、公平性の確保等を理由とする国の関与についても、事後的な関与で目的が達せられるものについては、極力、事前の関与から事後的な関与に改める。

（3）行革審の答申

①行革審の昭和59年12月答申

　行革審の「地方公共団体に対する国の関与・必置規制の整理合理化に関す

---

(17) 辻山幸宣（1993, pp.37-39）は、第1次機関委任事務整理法による環境衛生関係等の11項目（法律）の団体事務化は、中央政府の関与を排して地域的な基準（条例）に基づく運営を可能にすることを内容とし、立法における分権が含まれていたと指摘している。

(18) 新藤宗幸（1985, pp.48-51）は、第2次臨調の内実は、「地方政治の否認を強調し国財政の身軽化を、かなり極端に推進するもの」として問題点を指摘し、こうした動きを「新々中央集権」と呼んでいる。

る答申」(昭和59年12月18日)では、機能分担論を前提として、関与については、19項目の廃止、21項目の規制緩和、9項目の運営の改善が、必置規制については、行政機関、職員、付属機関の区分で、それぞれ、廃止、任意設置、統合自由化などが個別具体的に答申された。

　また、国の関与について、次のとおり目的要件と方式要件を示して限定すべきものとした。

［目的要件］
・重大な権利制限に係る行為である等により、全国的統一性・公平性が必要
・影響が全国に及ぶ等により、広域的調整が必要
・規模・能力等からみて、技術的安全性の確保等のためには、一地方公共団体の判断のみで処理することが不適当
・その他国の利害に重大な関係がある等により国の関与が必要

［関与の方式要件］
　できる限り、非権力的なもの、一般的なもの、事後的なものを選ぶ等、関与の目的を達成するために必要最小限度のものとすべきである。

②行革審の昭和60年7月答申

　行革審の「行政改革の推進方策に関する答申」(昭和60年7月22日)では、機関委任事務制度そのものは妥当としつつ、地方議会等の関与の拡大や団体委任事務化を推進する等の見直しが示された。

　機関委任事務のあり方については、「機関委任事務制度は、(中略)それが正しく活用されるならば有効な制度であるといえる。しかしながら、個々の機関委任事務についてみると、安易に機関委任事務とされたり、既に地方において同化定着した事務が機関委任事務のまま放置されている。近年、市を中心として市町村の行政能力が向上し、かつ、市等で総合的に行うことが住民に利便で効率的であるにもかかわらず、都道府県知事に権限が留保されたままになっている。機関委任事務の運用にあたっては、この制度をめぐる国と地方公共団体との関係がより緊密になるよう、現実的かつ合理的な範囲内で両者のかかわりを積極的に増大させていく必要がある。このような観点か

ら、地方公共団体の議会や監査委員の機関委任事務に対する関与を拡大するとともに、不適法な事態を現実的に解決するため、職務執行命令訴訟制度の改善を図る必要がある。」とした。

このため、機関委任事務に対する議会の関与を拡大するよう、従来の説明請求・意見陳述権及び意見書提出権に加え、検閲・検査権及び監査請求権を新たに認めるとともに、監査委員の関与を拡大するよう、従来の住民の直接請求に基づく監査及び主務大臣・当該自治体の長の要求に基づく監査等に加え、議会の請求に基づく監査及び一般監査の権限を新たに認めるべきとした。

また、職務執行命令訴訟制度については、勧告、職務執行命令、事実確認についての内閣告示等の手続きを経て、主務大臣が代行できるようにし、不服がある場合は、自治体が裁判による措置を求めるよう改めるべきとした。

さらに、機関委任事務の整理合理化の基準として、個別の法令に当該事務に係る国の関与等について規定が定められていることにより、その適用以外に国が指揮監督を行う必要がないものは団体委任事務化すべきであるとし、国と地方の機能分担を地域性、効率性、総合性という基本的視点に立って、個々の事務の性格、特性に即して判断し、福祉関係等で17項目について団体委任すべきとした。このほか、機関委任事務の整理合理化については、11項目の廃止すべきもの、12項目の市町村委譲すべきもの、26項目のその他の運用の改善が答申された。[19]

第1次分権改革による機関委任事務制度の廃止以前の段階で、福祉の分野を中心に団体委任事務化が進められたことは、国から自治体への財政負担の転嫁と連動していたために各方面から批判を受け評価が低かったが、今日的に見れば、第1次分権改革における機関委任事務制度の廃止に向けた重要な基盤を築いた面については評価すべきである。

また、同答申で注目されるのは、機関委任事務について、知事等が法令等

---

(19) 辻山幸宣（1993, pp.39-41）は、第2次機関委任事務整理法による17項目（法律）の団体事務化は、「政令の定める基準に従い」実施するという、中央政府の関与による「統制のとれた分権」であると指摘している。

に違反し又は不作為をなした場合に、主務大臣が知事の、または、知事が市町村長の権限を代行するための「職務執行命令訴訟制度」の見直しの一環として、地方公共団体の長の罷免制度の廃止が答申されたことである。この改正は、後藤田正晴総務庁長官（当時）の意向で、追加されたものと言われている。実際には、罷免権の行使に該当するような事態は生じておらず、また、仮にそのような事態が生じたとしても公選の首長を国が罷免することは困難ではあった。理論的には、機関委任事務制度における国の主務大臣と自治体の首長の上下関係は、指揮監督権という職務執行上の関係と、罷免権という身分上の関係の２つで構成されていた。罷免権が廃止されたことは、身分上の上下関係を解消するものであり、「機関委任」という論理構成の基本に関わる変更は、機関委任事務制度の廃止に至る過程の中では、大きな意義があったものと言えよう。

第１次行革審の答申を受け、第20次地方制度調査会の「機関委任事務等に係る当面の措置についての答申」（昭和61年２月３日）では、職務執行命令訴訟制度の改革の具体案が答申されたが、同答申で注目されるのは、冒頭の「国と地方の関係に関する基本的考え方」の中で、「国と地方公共団体の相互の信頼の上に立った協力協同関係の一層の促進を図るためには、国・地方を通ずる行政の簡素効率化及び地方分権の推進の観点に立って国と地方との関係を見直し、地方公共団体に対する権限の移譲、機関・職の必置規制の整理等を進めなければならない。」としていることである。

（４）第２次行革審の答申

第２次行革審の「国と地方の関係等に関する答申」（平成元年12月20日）では、機能分担論が、「機関委任事務の団体委任事務化」や「国の関与」の縮減により、国の統制を弱める論理として使われ、都道府県から市町村への権限移譲や国の関与の縮減が示された。

国と自治体の関係については、「現行制度の基本的枠組みの下にあっても、国と地方の機能分担等は、社会経済情勢や行政ニーズの変化、各般の制度・施策やその運用の推移に応じ、不断の見直しを必要とする。特に、地域の活

性化という観点から地方の果たす役割が増大している今日、その見直しは、地域の主体性を強化し、地域における多様な行政の実現を目指し、国の機能を可能な限り純化していくものでなければならない。このような観点に立って、国から地方への権限委譲や国の地方行政に対する関与等の改善を今後とも積極的に進めるべきである。本来、国と地方は、その責任と役割を分担し、共通の行政目的の実現のために協働する関係にある。国と地方の機能分担等の見直しを進めていくいえで、国の行政に対する意見の反映や国の基準等の実行確保について、国・地方間の調整の仕組みを改善することは重要である。」とした。国の機能の「純化」という国の役割を限定する論理や、国と地方の「協働」という対等関係の論理が組み込まれている点は、注目に値するといえよう。

　権限委譲については、「事務処理の基準等を明示することにより地方において実施可能な事務は、委譲する。」とし、都道府県から市町村への委譲を含め34項目（うち16項目は都道府県から市町村への委譲）が示された。

　国の関与については、「可能な限り事務処理の基準等の明示による一般的関与にとどめ、個々の事案に対する個別的関与は廃止する。」とし、事前関与から事後関与への移行、基準等の大幅な弾力化による通常自由・例外関与の方式への移行、権力的関与から非権力的関与への移行により、13項目の関与の廃止・縮減が示された。

　一方で、国による基準等の実行を確保するため、地方自治法等による国の自治体に対する助言・勧告の範囲を拡大するとともに、特に必要がある行政事務について、緊急を要する場合等にあっては、是正勧告・要求等を行い得る制度について検討するべきとした。

　同答申で新たに示された制度としては、国に対し自治体の長等の連合組織が、自治体に関する事案につき、政府に意見を述べる方策を充実する仕組みについて検討することとされたことである。答申された国と自治体の関係の個別具体の見直し案については、平成元年12月29日に「国と地方の関係等に関する改革推進要綱」として閣議決定された。

第2次行革審で注目されるのは、「最終答申」（平成2年4月18日）において、行政改革の主要課題と改革の基本方向における5つの改革の一つとして、「地方分権の推進」が打ち出されたことである。答申では、「多様で自立的な地域社会の実現を目指して地方分権を推進する。地域住民の選択と責任の下に地方自治の充実を図り、その上に国・地方の分担と協働の関係をより確かなものにすべきである。」としている。

4　第3次行革審の答申と役割分担論
（1）第3次行革審における機能分担論から役割分担論への転換

　第3次行革審は、国際化対応・国民生活重視の行政改革に関する第2次答申（平成3年12月12日）及び第3次答申（平成4年6月19日）で、地方分権特例制度（パイロット自治体）の導入を答申した。同制度は、「自立への意欲と自主的な地域づくりに取り組む行財政能力等を備えた地方自治体が、先導的試行として特例的に地域づくりに取り組む」ものであり、「地方分権への突破口」として答申されたものである。

　答申で同制度は、「現在の中央集権的な考え方から地方の発意と自主性を基本とする考え方へと転換を図っていく、いわば、政策転換の芽となる仕組み」とされたが、法改正をしないことを基本とした制度上の制約もあり、地方分権の突破口としての実績をあげるには至らなかったが、地方分権の必要性の共通認識を醸成する上で、大きな効果をもたらした。

　第3次行革審で注目されるのは、「最終答申」（平成5年10月27日）で、規制緩和の推進と併せて、地方分権の推進を取り上げ、「抜本的な地方分権の必要性」「国と地方の役割分担の本格的な見直し」「国からの権限の移管等の推進」「地方自治体の財政基盤の強化」「自立的な地方行政体制の確立」「地方分権の立法化等の推進」を答申したことである。

　特に、「国と地方の役割分担のあり方」として、従来の国からの委任の概念を前提とした機能分担論とは異なる役割分担論が提示され、従来の「機能分担論」と決別している点に大きな特徴がある。答申では、国の役割の見直

しについて、「国は、国家の存立に直接かかわる政策、国内の民間活動や地方自治に関して全国的に統一されていることが望ましい基本ルールの制定、全国的規模・視点で行われることが必要不可欠な施策・事業など、国が本来果たすべき役割を重点的に分担するものとし、思い切った見直しが必要である。」としている。また、「地域に関する行政は、基本的に地方自治体において立案、調整、実施する」とし、地方の役割として「立案」が明記されている。

第3次臨時行政改革推進審議会の「役割分担論」の登場によって、第9次地制調で示された機関委任事務制度の廃止の認識が広まり、第1次分権改革で実現に至ることになった。

（2）第3次行革審の答申と役割分担論の意義

平成5年10月27日の第3次行政改革推進審議会の最終答申では、「国と地方の役割分担のあり方」として、従来の国からの委任の概念を前提とした機能分担論とは異なる役割分担論が提示され、「国と自治体の役割分担を本格的に見直した上で、次に必要なことは、地方自治体への権限の移管、国の関与の廃止等を着実に実施していくことである。」としている。「役割分担」とともに「権限の移管」の用語が用いられていることが注目される。

同答申の考え方は、平成6年12月25日には、「地方分権の推進に関する大綱方針」として閣議決定され、地方分権推進法へと受け継がれていった。

同答申の役割分担論の特徴は、国の役割を重点化、明確化し、国の関与を限定する意味を有するという点において金井利之のいう「国の役割限定論」

---

(20) 磯部力（1998, pp.85-86）は、「役割分担原則は、単に事務配分の基準だけで終わるわけではなく、配分された事務事業を自治体が運営するにつき、国が、上からあれこれ口を出すという意味における『国の関与』を、禁止ないし極小化すべきであるという実質的意味を有していなければならない」と述べている。

(21) 稲葉馨（2002, p.121）は、「『関与』の問題は、新たな事務区分論に関係するだけでなく、さらに、新地方自治法第1条の2において明記されるに至った自治体と国との『役割分担』の原則にも関係する」と述べている。

(22) 金井利之（2007, pp.20-22）は、「国の役割限定論は、自治体の事務の現状の総量を確保するとともに、関与を限定する機能を持った」としている。

であるとともに、自治体の役割を「企画・立案から実施までを一貫して担う」という点においては、従来の委任の概念にとらわれない「企画機能の国・地方二元論」というべき新規性を有している。

役割分担論では、国の役割として、行政分野別の区分、例えば「全国的規模で若しくは全国的な視点に立って行われなければならない施策及び事業の実施」と、機能別の区分、例えば、「全国的に統一して定めることが望ましい国民の諸活動又は地方自治に関する準則に関する事務」とが併記されているが、自治体の事務量の総量の確保を意図していることから、分離型を目指したものとは言えないであろう。[23]

国の役割として「準則に関する事務」を認める一方で、自治体の役割としても「企画・立案」を挙げ、企画機能について、国と地方の二元的な並列関係を提示しており、この点において、従来の機能分担論とは大きく異なっているといえよう。

5　改革の論理の比較

(1) 機能分担から役割分担へ

権限委譲 (delegation of power) と権限移譲 (devolution of power) の違いは、機能分担論と役割分担論の違いとして政府の審議会等の答申で示されてきたと言える。

2 (1) で述べたように、1960年代から1980年代にかけては機能分担が、1990年代中頃以降は役割分担が国と自治体の関係の改革における核心的な概念として用いられた。

日本の政府が進める改革において機能分担論が登場するのは、1963 (昭和38) 年の第9次地方制度調査会の答申である。同答申では、国も自治体も、ともに国家の統治機構をなすもので、国は中央政府として、自治体は地方政

---

[23] 金井利之 (2007, p.23) は、「融合路線である点では、いわば『2000年改革前後連続論』として理解可能」と述べている。

府として、国民の福祉の増進という共通の目的に向かって、それぞれ機能を分担し、協力して行政を行うものであるとしている。

　機能分担論が出された背景には、国道の管理をはじめとして、自治体の事務を国に移管しようとする中央集権化が進みつつある状況があった。こうした状況は、地方自治の母国と言われる英国においても見られ、Robson（1966：47）は、幹線道路等の機能（function）が自治体から国の機関に移管される中央集権化の傾向を地方自治の危機として論じている。

　日本において機能分担論は、国道や一級河川の事務を自治体から国に移管することを阻止することはできなかったが、都市計画等の事務を国から自治体へ機関委任又は団体委任するうえでの論理となるとともに、臨時行政調査会の昭和39年答申、第2次臨時行政調査会の昭和57年答申、臨時行政改革推進審議会の昭和60年答申、第2次臨時行政改革推進審議会の平成元年答申では、国の行政改革の推進に向けた自治体への委任事務拡大の論理として使われた。

　これまでの機能分担論では、国と自治体がどのように分担をするのかという根幹の部分は不明確であったため、実質的な権限は国に留保しながら事務の執行を自治体に行わせる受付事務のような国の下請け仕事までもが「権限委譲」と称される面があった。

　政府が進める改革において役割分担論が登場するのは、第3次臨時行政改革推進審議会の最終答申（平成5年）である。同答申においては、自治体の役割として、企画・立案から実施までを一貫して担うとしており、こうした考え方は地方分権推進法や地方分権改革推進法に反映され、役割分担論の下で第1次分権改革、第2次分権改革が推進されてきた。4で述べたように、役割分担論は、国だけでなく自治体にも企画機能を認めていることが、大きな特徴といえる。

（2）機能分担と役割分担の違い

　機能分担と役割分担の違いは、どこにあるのであろうか。それは、目的達成のために何をなすべきかを自分で考えるか否かにあると考えられる。具体

的に言えば、機能分担の場合の主語は、自分では考えない物であるか、命令に忠実に働く人であり、役割分担の場合の主語は、主体性の高い団体や人である。(24) 機能分担では、何をなすべきかは既に決められており、自分で決められるのは、実施の手順や細かなやり方である。役割分担では、何をなすべきかを自分で考え、自分で決めなければならないのである。

例えば、「彼は、このプロジェクトの実現に重要な役割を果たした。」という場合、彼には目的達成のために何をすべきかを企画立案する権能が与えられていたのである。

一方、「この公園は、地域住民の憩いの場として十分に機能している。」という場合、公園そのものに自らどうすべきかを考える権能はないのである。「肝臓は正常に機能している。」も同様で、肝臓が勝手に何をなすべきかを考えては困るのであり、与えられた機能を発揮してくれればいいのである。上司の指示に従って業務を着実にこなした場合は、役割（role）ではなく、職務（function）を果たしたのである。

（３）**なぜ役割分担なのか**

現在、自治体の事務の多くが国の法令に基づき又は従って処理されている中で、機能分担ではなく役割分担でなければならないのはなぜなのか。霞ヶ関の府省にとっては、自らの存在意義を否定されたかのような、理解し難いものがあるのではなかろうか。

一方、地方分権の推進を唱える論者や、政治家、マスコミ関係者の中には、国と自治体の役割を行政分野別に区分して国の役割を国家の存立に関する事務に限定するという分権論も見られる。日本国憲法の改正まで視野に入れているとすれば、役割分担も様々なものがあり得るであろうが、現行憲法の範囲内において地方分権を徹底するのであれば、役割分担論は制度的に実現可能なものである必要がある。また、現代の福祉国家においては、国と自治体の協力による課題への対応が必要であり、国が幅広い行政分野に関わりを持

---

(24) Rhodes（1999：113, 132）では、政府は役割を有し、政策は機能として表現している。

第1章 はじめに

つことまで否定することは適当ではない。⁽²⁵⁾

　国と自治体の分担の議論は、かつては国と自治体の「行政事務配分」の議論が中心であったが、第1次分権改革以降の役割分担論は、「行政事務＝実施事務」の配分ではなく、企画事務を含めた権限のあり方を問題としていると言うことができよう。

　役割分担の本質は、関係者がそれぞれ目的達成のために何をなすべきかを自分で考えることにある。その場合、自分でできることと、自分ではできないことの見極めも重要である。自分でできないことは、他者に頼むなり、協力を求めるなりする。場合によっては、本来的には他者がすべきであったとしても、暫定的・応急的に対応しておく。こうした主体性を持って、目的の達成を図り、課題に向き合うことが役割を果たすということである。

　自治体の役割であるということは、国の法律の有無にかかわらず、自治体として取り組まなければならない政策であるということである。法律を所管している府省は、法律があるから自治体が仕事をしていると誤解しているのではと疑いたくなるほど、役割分担の議論を個別の法律の枠内で捉える傾向があるが、役割分担は、個別の法律より上位の政策レベルの議論である。しかも、その政策とは、住民の視点から見たものでなければならない。個別の法律は、数多く考えられる政策手段のうちの一部を規定しているに過ぎない。

　例えば、「地域の交通ネットワークの充実・確保」という政策目的を達成するためには、「地域の交通基盤の整備」や「公共交通の維持・拡大」といった政策があり、「地域の交通基盤の整備」という政策を達成するための政策手段として、道路法の市町村道をはじめ、農道、林道、里道といった施策が存在している。これらの施策をどのように地域内で組み合わせるかは市町村が考えなければならないのであり、広域的な地域レベルでは都道府県が、全国的なレベルでは国が、それぞれ、役割を担っているのである。

---

(25) 市川喜崇（2012, p.23）は、分権改革の当事者たちが福祉国家維持という合意を共有しなければ、レーガンの目指したような新自由主義的な分権改革になり、国が財政責任まで放棄する危険性を有していると指摘し、第1次分権改革は、改革の成功事例として位置付けることができると述べている。

政策を企画する主体である地方政府として自治体を位置づけ、自治体が地域住民の視点に立って、今地域にとって何が必要かという観点から政策を展開する「地域経営」を実践していくためには、自治体のこうした「役割」を国も自治体も認識する必要がある。自治体は、国の縦割り行政との関係で府省が企画した施策を忠実に実施する「機能」を「分担」するのではなく、自ら政策を考え、そのための手段として国の施策を活用し、自ら施策を企画するという意味で国と「役割」を「分担」しなければならないのである。

第2章　国と自治体の分担関係の改革の検証

第1節　国と自治体の分担関係の改革の状況

1　国と自治体の分担関係の改革の種別ごとの状況

　国と自治体の分担関係については、2種類の改革が行われている。一つは、各分野に共通する改革であり、もう一つは、特定の行政分野における改革である。

（1）各分野に共通する分担関係の改革—機関委任事務制度の廃止

　各分野に共通する分担関係の改革は、第1次分権改革における機関委任事務制度の廃止である。機関委任事務制度は、自治体の首長が国の機関として国の事務を処理するという仕組みであり、自治体の行政機関が事務を処理しているにもかかわらず自治体による条例制定の対象外とされ、自治体の担当部署は国の主務大臣の指揮監督の下で国の事務を処理していた。

　機関委任事務制度は、国の事務を自治体の機関が処理するという論理構成によって、自治体の職員が自治体の予算で事務を処理しているものを国の事務と位置付けるもので、建前と実態に乖離があり、権限と責任を不明確にしていた。自治体の職員は議会や住民に対して国の本省の通達や指示・指導を根拠に説明し、国の職員は行政機関以外からの個別の事案の問い合わせに対して執行を委任しているとしてコメントしない立場をとっていた。

　一方で、機関委任事務制度の存在によって、国が事務処理の権限を都道府県知事等に委任することが助長され、都市計画決定の権限をはじめ、従来は国の機関が権限を有していた事務が都道府県知事に権限委譲された。

　機関委任事務制度は、高度経済成長や福祉国家の要請による行政需要の拡大に迅速に対応する上で、国が自治体の行政機関を自らの機関、すなわち手足として活用するために有効な仕組みであったと言えよう。

[表2] 機関委任事務の法律数の推移

	昭和27年別表創設時	昭和37年自治法改正後	昭和49年自治法改正後	平成3年自治法改正後	平成6年自治法改正後	平成7年7月1日
別表第3 都道府県	160	283	365	356	383	379
別表第4 市町村	96	125	157	178	183	182
合計	256	408	522	534	566	561

　機関委任事務は、平成11年改正前の地方自治法の別表3（都道府県関係）及び別表4（市町村関係）に掲げられており、第1次分権改革がスタートした平成7年7月1日現在で、561法律（都道府県関係379法律、市町村関係182法律）となっていた。機関委任事務の数は、法律の制定や改正に伴って増加しており、国の事務を自治体の行政機関に処理させる仕組みとして活用された。なお、昭和58年に14項目、昭和61年に11項目、平成6年に4項目が機関委任事務から団体委任事務化されている。

　機関委任事務制度の廃止によって、従前の機関委任事務は、ごく一部が国の直接執行事務として国に移管されたほかは自治体の事務として位置づけられ、条例制定の対象となるとともに、国の主務大臣による指揮監督権限は廃止された。

（2）特定の行政分野における分担関係の改革―個別の権限移譲

　特定の行政分野における分担関係の改革は、第1次分権改革と第2次分権改革とでは検討対象が異なっている。

①第1次分権改革における権限移譲の検討対象

　第1次分権改革を推進した分権委員会は、地方六団体から特に要望が強かった農地転用許可をはじめとする権限移譲を第2次勧告で勧告し政府に実現させている。また、分権委員会は、橋本総理大臣（当時）からの要請を受けて、中央省庁のスリム化に資する国から自治体への権限移譲に取り組み、国道や一級河川の国直轄区間の見直し等を第5次勧告で勧告したが、実現には至らなかった。第5次勧告の内容は、地方六団体から要望があった内容と基

第2章　国と自治体の分担関係の改革の検証

本的には合致している。

　第1次分権改革における権限移譲の検討の対象は、地方六団体（全国知事会、全国市長会、全国町村会、全国都道府県議長会、全国市議会議長会、全国町村議長会）の総意として要望されたものが基本となっている。

　すなわち、第1次分権改革は地方分権の観点が主であって、国の組織・事務の合理化の観点は地方分権の観点に従属していたと言える。

　地方六団体から分権委員会に提出された国から自治体への権限移譲の主な項目は、次のとおりである。

　地方六団体から提出された権限移譲の検討対象のうち、特に地方側から要

［表3］　分権委員会の地方六団体ヒアリングにおける主な論点の状況

項　目	地方意見における権限移譲の対象となる事務	勧　告	制度改正
農地転用	2 haを超える大規模な農地転用許可	○	○
保安林	流域保全保安林の指定・解除	○	○
自然公園	国立・国定公園内の規制等の権限	○	○
地域交通	地域交通におけるバス・鉄道等の免許・認可	×	×
道路	国道の管理	○	×
河川	一級河川の管理	○	×
商工団体	商工会議所の認可	×	×
工場立地	5 ha以上の大規模な工場立地の監督	◎	◎
ガス	簡易ガス事業の監督	×	×
熱供給	熱供給事業の許可	×	×
特定電気	特定電気事業の許可	×	×
ＣＡＴＶ	規制緩和。さもなければ権限移譲。	×	×
鳥獣保護	学術目的の鳥獣捕獲の許可	＊	＊
	猟区設定の許可	◎	◎
水道	一定規模以上の水道事業の認可	○	○
文化財	埋蔵文化財の届出等	○	○
	埋蔵文化財の所有権の第一義的帰属先	○	○
婦人青少年	労働省の都道府県婦人青少年室の事務のうち、婦人及び勤労青少年の福祉の向上等の事務	×	×
職業紹介	職業紹介は国の専管ではなく市町村にも移譲	×	×
消費者	家庭用品品質表示法等の違反の是正権限	○	○
漁港	漁港の指定・漁港整備計画の策定	○	○
水産資源	水産の保護水面の指定・解除	◎	◎

◎は地方意見どおり反映、○は地方意見の一部反映、×は地方意見を反映せず
＊は勧告前に省庁が制度改正で対応

望が強かったのは、農地転用許可、保安林の指定・解除、国立公園・国定公園内の規制の3つであった。これらの事務は、地域の土地利用に関する権限である。自治体からは、都市計画法に基づく都市計画決定や開発許可の権限と同様に、自治体に委ねるべきとの要望が出されていた。福祉、衛生、教育の行政分野では、住民に身近な事務の権限は自治体に委ねられているが、前述の3つの土地利用規制については、個別具体の土地の許認可等の権限を国の行政機関が有してきた。

また、国道や一級河川の管理の事務は、事務に要する人員と予算が他の事務に比べて突出して多く、かつて都道府県が処理していた事務が国に移管された経緯があることから、権限移譲のシンボル的な存在となっていた。

②第2次分権改革における権限移譲の検討対象

第2次分権改革における権限移譲の検討対象の選定は、自治体の権限を充実するという地方分権の観点と、国の組織・事務の合理化（具体的には国の出先機関の見直し）の観点の2つが競合して行われたと言える。

地方分権の観点からの選定は、従来から自治体側から要望の強い、大規模な農地転用許可、国直轄の国道・一級河川の管理、職業紹介、有償旅客運送事業の4つに重点的に取り組んだことに表れている。これらのうち、職業紹介及び有償旅客運送事業については、国の権限を基本的には維持した上で希望する自治体にも権限を付与する方向で改革が進められており、国と自治体の分担関係における典型的な権限移譲とは異なっている。

国の出先機関の見直しの観点からの選定は、地方厚生局のスリム化に焦点を当てた各種資格の養成施設等の指定・監督や二以上の都道府県で病院を開設する医療法人の認可などが対象となったことに典型的に表れている。これらの事務は、第1次分権改革では自治体側から要望が出されなかった事務である。

第2次分権改革において、地方分権の観点と国の出先機関の見直しの観点が並列的に扱われたのは、平成19年5月25日の経済財政諮問会議において、「国の出先機関の大胆な見直し」が議論となり、同年6月19日に閣議決定さ

れた「経済財政改革の基本方針2007」において、地方支分部局の改革に向けた検討が分権改革委員会に託されたことによるものである。

第2次分権改革において、地方分権の観点と国の出先機関の見直しの観点が並列的に扱われたことによる影響については第3章第3節で述べることとする。

2 本章における特定の行政分野の検討対象

本章の第2節〜第6節では、第1次分権改革及び第2次分権改革において、国と自治体の分担関係における典型的な権限移譲の議論の焦点となり、一定の改革の方向が示された、国道の管理、一級河川の管理、農地転用許可、保安林の指定・解除、自然公園の5つの事務について、個別に検討を加えることとする。

これらの事務以外にも、国と自治体の分担関係の議論の対象は存在するが、分権改革の検証をテーマとする本書において個別分野を掘り下げた検討は、権限移譲の改革の方向が示された重点分野の5つの事務を対象とする。

第2節　国道の管理の分担関係

1 国道の管理の変遷における国が分担する事務の拡大

国道(本書においては一般国道をいい、高速自動車国道を除く。)の管理は、旧道路法制定、戦後復興、現行道路法制定、道路法の昭和33年改正、昭和39年改正と、次第に国が分担する事務が拡大し、自治体が分担する事務が縮小する方向で、以下のとおり変遷を遂げてきた。

(1) 旧道路法における国道の管理

大正8年に制定された旧道路法においては、国道の管理者は都道府県知事とされ、道路の新設、改築、修繕、維持などの全ての管理は、原則として管理者である知事が行うこととされていた。ただし、主務大臣が必要と認めるときは、国道の新設・改築を主務大臣が直轄で行うことが可能とされていた。

（2）戦後復興期の国道の管理

戦争直後の荒廃した国土の復旧を緊急に行うための「当分の間」の臨時的な措置として、昭和23年に道路の修繕に関する法律が制定された。同法で導入された国の直轄による国道の修繕工事の執行は、10年後にはさらに維持管理、その他の管理を含めた指定区間制度へと拡充され、結果的には国が分担する事務が拡大する端緒となった。

（3）現行道路法の制定時における国道の管理

昭和27年の現行道路法制定時においては、国道が一級国道と二級国道の2種類に分類され、一級国道、二級国道ともに、都道府県知事が引き続き国の機関委任事務として管理することとされた。特に注目されるのは、旧道路法では要件が定められていなかった国が直轄で国道を新築・改築をする場合の要件が法定化されたことである。また、国道の管理に要する費用負担は、原則として一級国道、二級国道ともに道路管理者である都道府県知事の統轄する都道府県の負担とされる一方で、新設・改築については国の負担割合が定められた。

（4）昭和33年の道路法改正

昭和33年の道路法改正においては、国が分担する事務が拡大する方向で、旧道路法以来の国と自治体の事務配分が以下のとおり変更された。

①一級国道の新設・改築

現行道路法制定時においては、一級国道の新設・改築を原則として都道府県知事が行うこととされ、例外的に建設大臣が直轄で新築・改築を行うこととされていたが、原則として建設大臣が直轄で行うよう改正された。

②一級国道の指定区間の管理者

現行道路法制定時においては、一級国道の管理者は都道府県知事とされていたが、一級国道に指定区間制度が設けられ、指定区間においては建設大臣が管理者として新築・改築はもとより、維持、修繕、災害復旧、その他の管理を行うよう改正された。この結果、都道府県知事が管理する国道は、一級国道のうちの指定区間外の区間及び二級国道となった。

③一級国道の指定区間の費用負担者

現行道路法制定時においては、国道に関する費用は原則として都道府県の負担とされていたが、一級国道に指定区間制度が導入されたことに伴い、指定区間の一級国道については、国が原則的な費用負担者とされた。

以上のように、昭和33年の道路法改正は、国道の管理における国と自治体の事務配分を抜本的に変更し、大幅に国が分担する事務を拡大するものであった。国が直轄で一級国道の新設・改築を行う場合の要件が撤廃されるとともに、国が直轄で一級国道の指定区間の維持・修繕・その他の管理まで行うこととされた。

（5）昭和39年の道路法改正

昭和39年の道路法の改正においては、一級、二級の国道の種類が廃止され、一般国道として一本化されるとともに、一般国道の新設・改築は建設大臣が行うこととされ、それまで都道府県知事が原則として新設・改築を行ってきた二級国道についても、建設大臣が直轄で執行することとされた。これに伴い、都道府県知事が一般国道の新設・改築を行う場合は、指定区間外の一般国道の工事の規模が小であるものなどの特別の事情により、都道府県知事が施行することが適当であると認められるものに限定されることになった。ところが、改正法附則では、当分の間はこれ以外の場合も建設大臣は都道府県知事に新築・改築を行わせることができることとされ、現在もこの経過措置が適用されている。

このように、事務の担い手の原則と例外が制度と実態で逆転していることが、国の分担する事務の領域を拡大するうえで有効な手段とされてきたことに留意する必要がある[26]。国と自治体の事務の切り分けが、時々の国の都合によって変更できるというフレキシブルな状況は、国が自治体に依存しながら

---

[26] 武藤博己（1995, p279）は、「地方建設局についても、イギリスではカウンティの道路技師が大きな役割を担い、カウンティの道路行政との連携を図る構造になっているが、日本では建設省の出先機関としての役割を果たしているにすぎない」と述べている。

[表4] 道路法の制定時と現行の一般国道の事務配分の比較

		道路法制定時		現在の道路法	
道路の種別		一級国道	二級国道	国道の指定区間	国道の指定区間外
道路管理者		都道府県		国	都道府県
事務内容	路線の決定	国		国	
	区域の決定	原則：都道府県 例外：国		国	原則：都道府県 例外：国
	供用の開始	都道府県		国	都道府県
	新築・改築	原則：都道府県 例外：国		国	原則：国 例外：都道府県
	維持・修繕等	原則：都道府県 例外：国		国	都道府県

国の分担の領域を拡大しているものと言えよう。

以上のように、昭和39年の道路法改正は、旧来の二級国道の新築、改築までも国が行うとしており、国が分担する事務をさらに拡大することになった。

2 第1次分権改革における分権改革の進捗状況

分権委員会は橋本総理からの要請を受けて、平成10年に第5次勧告に向けた審議を行うことになった。分権委員会の審議においては、中央省庁等改革基本法第46条第1号の趣旨を踏まえた直轄の公共事業の見直しが議論の焦点となり、同委員会から関係省庁に対しては、直轄の公共事業の対象範囲について、客観的な基準により明確化を図るべきとの見解が出された。関係省庁からは、基準の明確化を関係審議会で検討しており、その基準に照らし、改めて個々に現在の直轄管理区間を点検し、その結果として、直轄管理区間の廃止や新たな指定などの見直しがあり得るとの説明がなされた。

分権委員会では、全国知事会の「全国を対象とする骨格的かつ根幹的な国道を国が直接整備・管理し、その他の道路は、都道府県又は市町村が整備・管理すべき」「具体的には、国の直轄管理区間をできる限り減らし、国道もできる限り都道府県道に移すべき」という意見に沿った勧告を目指していた。

しかしながら、第5次勧告に向けた分権委員会と建設省、運輸省、農水省

等との調整は難航し、与党の関係部会の関係者からも強い異論が出されたため、勧告を出すことが難しい状況になる中で、最終的には、勧告では方向性を示すに止め、国と自治体との事務配分の具体的な基準は関係省庁に委ねることで決着した。

平成10年の分権委員会の第5次勧告においては、国道の直轄事業の見直しの基準について、原則として、次の①又は②の区間に限って直轄で管理するよう勧告された。政府の第2次地方分権推進計画も同様の内容となっている。

①国土の骨格をなし、国土を縦貫・横断・循環する都道府県所在地等の拠点を連絡する枢要な区間（大都市圏における広域にわたる環状道路を形成している区間を含む）

②重要な空港、港湾等と高規格幹線道路あるいは上記の路線を連絡する区間

道路審議会は、平成10年11月に「直轄管理区間の指定基準について」の中間報告をした。この中間報告は、分権委員会の第5次勧告とほぼ一致した内容となっている。その後、分権委員会の第5次勧告の具体化に向けた審議が行われ、平成19年7月に「直轄管理区間の指定基準に関する答申」が行われたが、第1次分権改革では、その後の具体的な改革は行われないまま終了した。

3 第2次分権改革における分権改革の進捗状況

（1）分権改革委員会の第1次勧告

分権改革委員会は、平成19年の「中間的なとりまとめ」において、一般国道の整備者と維持管理者を区分し、大規模投資の必要等から新設・改築は国が行うとしても指定区間の維持、修繕その他の管理の権限を都道府県に移譲するべきとの考え方を示したが、その後の勧告には反映されなかった。

平成20年の第1次勧告では、直轄国道については、主に地域内交通を分担する道路は都道府県が担い、それ以外を補完して国は全国的な交通ネットワークの形成を図ることを基本として、直轄国道の要件を見直すよう勧告され

た。

　具体的には、高規格幹線道路の区間を除く直轄国道について、同一都道府県内に起終点がある区間や特に重要な都市の要件を厳格に適用する区間（人口おおむね30万人を基本）などに該当するものについては、従前と同様の管理水準を維持するため財源等に関して必要な措置を講じたうえで、一般国道の位置づけを変えずに、原則として都道府県に移管することとされた。

　第2次分権改革における分権改革委員会の勧告で「一般国道の位置付けを変えずに」都道府県に移管するとしている点は、第1次分権改革における分権委員会の第5次勧告では明示されていなかった点であり、むしろ第1次分権改革における都道府県道化の議論とは相反する面を有している。

　分権改革委員会が一般国道の位置付けを変えずに移管するよう勧告したことには、同委員会が平成20年の「道路・河川の移管に伴う財源等の取扱いに関する意見」で示した「一般国道の地方移管に伴い管理の水準を落とすべきではなく、整備・維持管理に要する事業費は直ちに変わるものではない。」という財源確保への配慮があるものと思われる。また、武藤（2008：218）が指摘しているように、「国道があることの満足感や国道としてのステータスというやや論理性のない理由」が国道昇格を望む地域の動機の一つになっており、こうした地域の感情へ配慮した面も否めないのであろう。

（2）政府の地方分権改革推進本部の地方分権改革推進要綱

　政府は、平成20年6月20日に内閣総理大臣を本部長とする地方分権改革推進本部において、地方分権改革推進要綱を決定した。

　一般国道の直轄区間については、「主に地域内交通を分担する道路は都道府県が担い、国は全国的なネットワークの形成を図ることを基本として、第1次勧告の方向に沿って、指定を見直し、原則として都道府県に移管する。個別の対象道路については、関係地方公共団体と調整を行った上で、第2次勧告までに具体案を得る。」こととされた。

（3）平成20年度における国土交通省と都道府県との調整

　国土交通省が分権改革委員会に説明した資料及び全国知事会資料によれば、

第2章　国と自治体の分担関係の改革の検証

分権改革委員会の第1次勧告以降の国土交通省と都道府県との調整の状況は次のとおりである。

①全国知事会との協議

平成20年の分権改革委員会の第1次勧告以降、国土交通省と都道府県との調整は、全国知事会との協議と個別の都道府県との協議の2段階で行われた。

国土交通省は、政府の地方分権改革推進本部が決定した「地方分権改革推進要綱（第1次）」を受けて、都道府県との個別協議に向けた準備を進め、7月25日には国土交通省幹部（官房長等）と全国知事会の地方分権推進特別委員長等（山田京都府知事、斎藤山形県知事、古川佐賀県知事）との意見交換が行われた。

国土交通省が平成20年9月30日の分権改革委員会に提出した資料によれば、国からの移譲の協議の対象は直轄国道21,500kmのうちの17.7%となっている。同年10月には、分権改革委員会から国土交通省への資料請求の回答として、直轄国道のうち人口30万人未満の都市を連絡する区間として、該当する83都市、73路線が報告されている。

国土交通省が分権改革委員会に説明した資料によれば、平成21年3月末の時点において、移管する方向で今後更に調整を進めていくものが、80路線、2,521km、移管の可能性について引き続き協議するものが、61路線4,385km、合計（重複除き）で123路線、6,906kmとされている。

②権限移譲に伴う財政措置等の考え方の提示

権限移譲に伴う財源等については、平成20年8月4日に全国知事会から内閣総理大臣等に申し入れがあったことに加え、同年9月16日には、分権改革委員会からも内閣総理大臣に対し意見の提出があった。

全国知事会は、権限の移譲と財源等の確保については、一体として方針が示されなければならず、「政府の地方分権改革推進本部として、権限移譲を行う際に必要となる財源・人員等の確保について、早急に具体的な措置を明確に示すよう」強く求めた。

分権改革委員会は、基本的な考え方として「政府は、移管を受ける地方

自治体ごとに、必要となる経費の額が適確に措置されるようにすべきである。」とし、措置の内容については、「最終的には税源移譲と地方交付税によることが基本」であるが、「個別具体の移管を積極的に推進するとともに、移管によって国から地方への財政負担の転嫁が生ずるのではないかという地方側の懸念を払拭することが重要である」としている。このため、「移管を受けた地方自治体に必要な財源が確保されるよう、当面、今までの国直轄事業を国庫交付金事業として地方自治体が執行することとし、国直轄事業と同じ国費率（整備3分の2、維持管理10分の5.5）の交付金を創設する方向で検討すべきである。」としている。また、人員の確保については、「事業費の議論と区別し、必要な人員のみ移行を図るべきである。」としている。

同年9月17日に国土交通省、総務省、財務省の3省で合意した財源措置等の考え方が全国知事会に提示され、「時限的な措置として」、個別の箇所に対応した直轄事業における国負担率並みの交付金等の国による財政措置を、分権改革委員会の意見書及び全国知事会の要望を踏まえつつ検討し、必要な整備・維持管理の水準を確保するとしている。また、人員の確保の方策については、事業執行が円滑に行われるよう、今後検討するとしている。

同年10月3日に全国知事会が国土交通大臣に提出した「直轄国道、一級河川の見直しの具体的な方向について」においては、移譲の範囲については、国土交通省提示の基準に縛られることなく幅広いものとするとともに、財源措置については、国は「時限的な措置として交付金等の財政措置を検討する」としているが、

　ア　現在の国の整備・管理水準の維持が可能なこと
　イ　国の負担率は現行の直轄事業負担率を下回らないこと
　ウ　将来とも確実に財源措置がなされること
　エ　恒久的な財源措置のあり方については都道府県と十分協議すること
の4点を前提とするよう申し入れている。

同年12月8日に行われた分権改革委員会の第2次勧告では、「現在、国土交通省と関係都道府県との間で個別の移管対象についての協議が行われてい

るが、その進捗状況は、必ずしも十分とは言えない。第1次勧告の基準にしたがって、地方への移管が進むよう、移管に伴う財源や人員に関する情報など、必要な情報の提供に努めた上で、関係都道府県との個別協議を進め、早急に結論を出すよう要請する。」としている。

（4）平成21年度以降の移譲に向けた調整の停滞

民主党政権は、地域主権改革を政権の重点政策に位置づけ、平成21年11月17日に閣議決定に基づき、内閣総理大臣を議長とし、関係閣僚や自治体代表、有識者で構成する「地域主権戦略会議」を内閣府に設置した。

地域主権戦略会議は、「アクション・プラン～出先機関の原則廃止に向けて～」の案を作成し、平成22年12月28日に閣議決定された。同プランでは、直轄国道、直轄河川については、分権改革委員会の勧告を踏まえ、ブロック単位の移譲に先行して都道府県単位の移譲を進めるとしている。

同アクション・プランの推進のために設置された「アクション・プラン推進委員会」の直轄道路・直轄河川チームは、平成23年6月17日に国土交通省に対し、都道府県との個別協議の合意状況について、「移譲する方向での協議の熟度が高い」ものの回答を求め、6月27日付けで80路線、244区間、2,534kmが回答されている。回答の内容は、平成21年3月末の状況として分権改革委員会に報告されたものと同一である

平成20年度は、分権改革委員会の勧告を受けて国土交通省と都道府県との協議が精力的に進められ、移譲に伴う財政上の措置に関する政府の一定の考え方も示されたが、平成21年度は、自民党政権から民主党政権への政権交代があり、民主党政権は自民党政権に比べ、国から都道府県等への権限移譲には積極的であったが、直轄国道の権限移譲に向けた国と都道府県との調整は具体化する目途が見えないまま停滞し、自民党が政権に復帰した後も調整は進んでおらず、今日に至っている。

前述したように、国土交通省と都道府県は必要な財源措置が講じられることを移譲の条件としており、平成20年9月17日には、移譲に伴う財源措置として時限的な交付金等を制度化することで財務省、国土交通省、総務省の間

で基本的には合意しているが、財源措置が具体化されないため移譲の実現には至っていない。

（5）平成25年12月20日の閣議決定

政府は、平成25年12月20日に「事務・権限の移譲等に関する見直し方針について」を閣議決定した。直轄道路の移譲の対象範囲は「地方分権改革推進委員会第1次勧告（平成20年5月28日）の方向に沿ったものとする。」、移譲後の位置づけは「原則として、指定区間外国道として移譲」、「国が行うべき事業を完了した上で移譲することを基本とする」こととされた。

財源措置については、①建設費は個別の箇所に対応した直轄事業における国負担率（3分の2等）並みの交付金措置を、②維持管理費は事業費に応じた交付税措置を、③人件費・事務費は所要額の総額を適切に積み上げた上で、当該額に応じた地方財政措置を、いずれも時限的な措置として平成27年度から一定期間が経過した年度までの間に移譲された一般国道について講ずることとされた。

なお、バイパスの現道区間（バイパス整備前の一般国道の区間）については、「地方道又は指定区間外国道に位置づけを変えて移譲」し、前記の移譲後の財政措置の対象外とされた。

財源措置の具体化については、「内閣府が主導して政府内で引き続き検討を進める」、国と自治体との「個別協議の結果等を踏まえ、各措置を講ずる必要性が確認された場合に、その実現を図る」とされた。

4　国道の管理の事務配分の課題と分担のあり方

現行の道路法における国と自治体の分担の状況は表5のとおりである。

（1）国道の国直轄管理をめぐる議論の論点

第2次分権改革における分権改革委員会の勧告では、直轄国道の移譲の対象とする4つの基準の1つとして「特に重要な都市の要件を厳格に適用する区間（人口おおむね30万人を基本）」という基準が示されている。道路法施行規則第1条の2では、直轄国道の指定要件の一つとして、「都道府県庁所

第 2 章　国と自治体の分担関係の改革の検証

［表5］　現行の道路法における国と自治体の事務配分

道路の種別	国道 (指定区間)	国道 (指定区間外)	都道府県道	市町村道	法定外道路
路線の指定・認定	国		都道府県	市町村	市町村
新築・改築	国	国（例外：都道府県）			
維持・修繕等	国	都道府県			

＊国道とは一般国道に限り、高速自動車国道を除く。

在地その他政治上、経済上又は文化上特に重要な都市を効率的・効果的に連絡する一般国道の区間」とされているところ、「特に重要な都市」を厳格に適用することで、直轄国道の対象を絞り込もうとするものであるが、国土交通省と分権改革委員会との間で、絞込みの程度について意見の相違が見られる。

すなわち、分権改革委員会は人口おおむね30万人以上の地方中核都市に絞るべきとの考え方であるのに対し、国土交通省は人口おおむね10万人以上かつ昼夜間人口比率１以上の中核的な市を含めるべきとの考え方を、表現を変えながらも維持しているように見える。

国土交通省の「特に重要な都市」の考え方は、前述した道路審議会の答申で、広域交通の拠点となる都市の選定について、「地方中核都市、すなわち都道府県庁所在地及び人口概ね30万人以上の市を基本としつつ、地方都市においては、経済・社会活動や生活の基盤となる中核的な都市、すなわち人口概ね10万人以上かつ昼夜間人口比１以上の市を考慮すべきこと」とされていることに基づくものである。

特例市にも満たない市を国が直接管理する国道区間の起終点とする考え方は、全ての幹線道路を国が直接管理していこうという従前の発想を脱却できていないものであると言えよう。

（2）国道の国直轄管理をめぐる議論の問題点

（1）の論点となっている「特に重要な都市」を国直轄国道の基準とする議論は、国土全体を結ぶ交通ネットワークの起点、経由地、終点を定める幹

線道路の路線網のあり方の議論と、国が直轄で管理すべき区間の議論が混在して論点が摩り替わってしまっていると言えよう。「特に重要な都市」を結ぶ路線であるかどうかは、国土全体を結ぶ交通ネットワークにおける重要な路線であるか否かの基準とはなるが、国が直轄で管理するか、民間高速道路会社にさせるか、都道府県に委ねるかという分担の基準とは本来は別物の議論である。

　国土全体を結ぶ交通ネットワークの中核である高速自動車国道が、その整備の緊急性及び財源調達等を理由に有料道路として建設整備され、国はかつての日本道路公団、現在では分割民営化後の各高速道路会社に道路の新設を含む管理の全てを行わせている。高速自動車国道は、道路法の理論上は、本来は国が直接管理すべき国道である。武藤（2008：238-239）は、「最も重要な幹線ネットワークとされている高規格幹線道路であっても高速道路会社によって管理されていることが、国が直接道路の管理に関わる必要がないことを証明しており、国は直接道路を管理することよりも、道路に関する技術開発や長期的な視点、先導的な施策を都道府県に伝えることが重要である」と指摘している。

　国道については、そもそも国道として位置づけられた路線が肥大化したものを限定すべきとする「国道の範囲の限定」と、国道のうち新築・改築、維持・管理等の事務を国が直轄で執行する必要がある区間は何かという「国道の国直轄管理の限定」という2つの論点がある。

　国道の範囲の議論は、国が行政的又は財政的にある程度関与すべき道路はどの範囲かという国が関わるべき道路の範囲の問題であり、国が直接管理しなくとも都道府県に管理を委ね、国は行政的又は財政的に関与することで役割を果たす方法もある。

　「特に重要な都市」を結ぶ路線であるということは、国から見れば国土全体を結ぶ交通ネットワークとして重要であるが、都道府県から見れば都道府県内はもとより隣接都道府県の地域と結ぶ交通ネットワークとしても重要なのである。

第 2 章　国と自治体の分担関係の改革の検証

国土交通省が国直轄国道の範囲の基準とする「特に重要な都市」を結ぶ路線であるということは、国が直轄で管理すべき国道か否かの基準ではなく、国道として位置づけて国が行政的、財政的に関わるべき路線の範囲を示す基準であると言えよう。

（3）国道の国直轄管理の限定

国道の国直轄管理の限定の観点からは、武藤が指摘しているように、国道の利用者の実態により、道路の性格付けをし、国直轄管理の範囲を決定すべきである。

平成20年9月30日の分権改革委員会の審議では、委員から国土交通省に対し、武藤博己著『行政学叢書10道路行政』の中に、国道の利用者の実態により、道路の性格付けをすべきとの指摘があり、その通りだと思うが、そのようなデータはあるのかとの質問がされた。国土交通省は指摘を踏まえデータを精査すると述べているが、そうした検討が公式の場でなされてこなかったことが、国が直轄で管理する国道の路線の肥大化を招いてしまった要因の一つであると言えよう。

各国道の交通量が、当該都道府県のナンバー以外の車が過半を占めている路線は全国的な交通に多く供されているから国が直轄で管理し、当該都道府県のナンバーの車が過半を占めている路線は都道府県内の交通に多く供されているから都道府県が管理することとすれば、国と自治体の役割を明確化するうえでのメルクマールとなると考えられる。

第3節　一級河川の管理の分担関係

1　河川の管理の変遷における国が分担する事務の拡大

（1）旧河川法以前（明治前期の河川管理）

河川管理の役割分担の原点となったと考えられるものは、明治6年8月に内務省が定めた「河港道路規則」である。同規則は、明治9年6月には廃止されたが、その内容は、河川管理の役割分担を示したものとして、その後の河川行政の原点になっていると考えられる。すなわち、利根川や淀川のよう

49

に利害関係が数県にわたるものを一等河川、一の府県のみに止まるものを二等河川、その他市街郡村に関わるものを三等河川とし、一等河川は国が、二等河川は府県が工事の施行責任者となるとともに、それぞれの費用の分担制度を定めていた。

　同規則は、国と地方の役割分担の原則を示したわけであるが、実際には、河川管理の事務は主として府県において実施された。ただし、明治11年7月には府県制中本省に稟議して処分すべき事項が定められ、2府県以上に跨る河川に関する一定の工事は、内務大臣の指揮を受けて府県が実施することになった。

　国の直轄工事は、明治6年に淀川の実測を行い、明治7年5月に着工したのが最初とされている。その後明治18年までに、国の直轄工事は、淀川、利根川、信濃川、木曾川、北上川、阿賀野川、富士川、庄川、阿武隈川、最上川、筑後川、吉野川、大井川、天竜川の14河川で行われたが、これらはいずれも通航運輸の便を図ることを主たる目的とした「低水工事」であった。

　明治中期には、明治22年に大日本帝国憲法が発布されるなど、近代国家としての基盤が整備されつつある中で、鉄道の開通によって舟運が衰退するとともに、都市化に伴う河川沿線での土地利用が促進されたため、「高水工事」による洪水の氾濫防止の要請が高まるようになった。

（2）旧河川法時代

　明治29年4月に公布された旧河川法は、利水には重点が置かれず治水本位に定められた。旧河川法における国と地方の役割分担は、府県の行政区画によって区分管理する「区間主義河川管理制度」が採用され、河川の管理は原則として府県知事が行うこととされた。例外的に、他府県の利益を保全するために必要がある場合など一定の場合には主務大臣が代わって管理すること、大規模な工事等については主務大臣が自ら直轄施工できることとされた。また、河川の管理に要する費用については、原則として府県の負担とされ、改良工事に要する費用については国が一部を負担することとされた。

　東関東を中心とした大水害が発生した明治43年以前に国の直轄事業として

第 2 章　国と自治体の分担関係の改革の検証

着工されたものは、木曾川（明治20年着工）、淀川（明治29年着工）、筑後川（明治20年着工）、利根川（明治33年着工）、九頭竜川（明治33年着工）、庄川（明治33年着工）、遠賀川（明治33年着工）、信濃川（明治40年着工）、高梁川（明治40年着工）吉野川（明治40年着工）の10河川と北海道の開発のために行われていた石狩川に限定されていた。

その後、明治43年に第1次治水計画が策定され、国の直轄事業の対象として、1期20河川、第2期45河川の計65河川が選定された。

国の直轄事業は、大正6年の木曾川を皮切りに、昭和16年までには20河川で計画当初の完工計画高水流量に対応した整備が図られるに至った。高梁川、神通川、加古川、緑川、多摩川下流、太田川（静岡）、北川の7河川の改修は、その後府県に移管された。

（3）現行河川法の制定直前の河川管理の状況

第二次世界大戦中に森林が乱伐されるなど国土は著しく荒廃するとともに、河川の改修整備は停滞を余儀なくされた。このような影響もあって、昭和20年の枕崎台風、昭和22年のカスリン台風、昭和23年のアイオン台風、昭和33年の狩野川台風、昭和34年の伊勢湾台風によって大水害が発生した。

現行河川法の制定（昭和39年）前の状況を把握するため、大水害が発生した昭和34年当時の河川管理の状況を整理しておく。

①国の直轄改修工事の状況

前述したように、旧河川法においては、河川の管理は原則として府県知事が行い、国は、利害が一の府県に止まらない場合や工事が至難又は工事費が至大の場合などにおいて、直轄工事を実施することとされていた。

昭和34年においては、北海道以外では82河川で国の直轄工事が着工されていた。その内訳は、関東では鬼怒川、多摩川上流、利根川、荒川下流など13河川、東北では、最上川、雄物川下流、岩木川、名取川など8河川、北陸では、信濃川上流、黒部川、千曲川など10河川、東海では、狩野川、大井川、豊川、鈴鹿川など10河川、近畿では、紀の川、淀川、大和川、円山川など9河川、中国では、太田川（広島）、天神川、旭川、吉井川など9河川、四国

では、那賀川、吉野川、重信川など7河川、九州では、筑後川、大野川、本明川、六角川など16河川である。

　北海道においては、石狩川、十勝川、網走川など12河川が国費河川として、また島松川などの14河川が特殊河川として北海道開発庁によって整備されていた。特殊河川とは、昭和7年に公費支弁の拓殖財源によって改修をはじめた町村河川を前身とするものである。

　以上のように、昭和34年に国の直轄工事が行われていた河川は、北海道を含め108河川に及ぶに至ったのであり、この中には昭和33年に新たに直轄工事が開始された本明川（長崎県）、六角川（佐賀県）、大井川（静岡県）も含まれている。

②国の維持補修工事の状況

　旧河川法においては、河川の維持は原則として府県知事が行うこととされたが、例外的に、建設大臣が直轄維持工事を行うことが可能とされていた。

　「直轄維持工事」は、明治35年に木曾川で行われたのが最初とされており、昭和34年においては、北海道以外では、木曾川、淀川、利根・渡良瀬両川、荒川下流、多摩川下流、北上川下流、富士川、筑後川、雄物川下流、信濃川下流の10河川で、北海道では石狩川など13河川で実施されていた。

　また、昭和28年からは、直轄改修工事中の河川で前記維持河川としての区域が設定されていない区域において、改修工事施工後に府県への引継ぎが終わっていないものを対象に、「直轄補修工事」が開始され、昭和34年には最上川など55河川で工事が実施された。

（4）河川の総合開発事業の推移

　旧河川法は治水本位のものであり、利水については重点が置かれていなかったが、日露戦争後の資本主義の発展を背景とした水力発電の拡大に伴って、河川の流水の利用を目的とした貯水池の建設を主な内容とする「河水統制事業」の必要性が認識されるようになった。

　このような状況を受けて、昭和15年には河水統制事業が国庫補助事業として発足し、県営事業として全国的に活発化するようになった。国庫補助事業

第 2 章　国と自治体の分担関係の改革の検証

としては、浅瀬石川（青森）、黒瀬川（広島）、香東川（香川）、厚東川（山口）、旭川（岡山）、加茂川（愛媛）、大野川（大分）が、県単独事業としては、相模川（神奈川）、桂川（京都）、揖保川（兵庫）、錦川（山口）、木屋川（山口）、小丸川（宮崎）が実施された。また、奥入瀬川（青森）、玉川（秋田）、猪苗代湖（福島）は電力会社によって、青木湖（長野県）は県と電力会社の共同で実施された。また、国の直轄事業は、少し遅れて昭和16年から、北上川、由良川、猪名川、名取川、びわ湖において実施された。

　戦前においては、府県が「河水統制事業」の中心的な役割を担ったわけであり、戦後においても府県が果たした役割には大きいものがあるが、昭和32年に特定多目的ダム法が、昭和36年には水資源開発促進法及び水資源開発公団法が制定され、次第に「国土総合開発」の色彩が色濃くなり、国が前面に出てくるようになった。

（5）新河川法の制定

　現行の河川法は昭和39年に制定されたが、旧河川法に比べて国と地方の役割分担を大きく変更するものであったために、法案をめぐって激しい論議が行われた。すなわち、旧河川法においては、河川の管理は、原則として都道府県知事が行う「区間主義管理制度」が採用されていたが、新河川法においては、河川を水系別の重要度に応じて区分する「水系主義管理制度」が採用され、最重要水系である一級水系の河川については、国が直接管理することとされた。

　前述したように、旧河川法の下においては、例外的に、他府県の利益を保全するために必要がある場合など一定の場合には主務大臣が代わって管理することや、大規模な工事等については主務大臣が自ら直轄施工できることとされており、昭和34年の時点では、直轄改修工事が108河川（うち北海道26河川）、直轄維持工事が23河川（うち北海道13河川）、直轄補修工事が55河川、河川総合開発事業が12ダムで実施されていた。

　旧河川法の下におけるこれらの直轄工事は、都道府県知事の河川管理権限の一部を国が臨時的に代行していたものであるが、新河川法によって、一級

河川として指定された河川の管理権限は都道府県知事から国に移管されることになった。

新河川法の制定は、昭和37年9月の衆議院建設委員会における河野一郎建設大臣の答弁を契機として検討が開始され、昭和38年2月に河川法改正要綱案が作成され、関係省庁、都道府県との意見調整が行われた。改正要綱案をめぐっては、全国知事会から強い反対が表明され、政府内部においても自治省が強く反対したため、池田勇人内閣総理大臣の裁定によって河川法改正の方向が決定され、昭和38年5月に第43回国会に提案された。国会においては、建設委員会及び建設・地方行政・農林水産委員会連合審査が行われ、

① 一級河川の管理を国が直接行うことに対して、地域の総合的な調整を図るうえで問題があるのではないか、また、地域の利益を侵害するおそれがあるのではないか
② 新河川法は、利水に重点が置かれ、治水を軽視しているのではないか
③ 既存の農業水利を圧迫するのではないか
④ 利水ダムに関する緊急時の措置が不十分ではないか

といった点が議論の焦点となった。

新河川法案は、第43回国会では衆議院で修正のうえ可決されたが、参議院で審議未了のため廃案となり、第44回臨時国会では衆議院の解散によって廃案となり、昭和39年1月、第46回国会に3度目の法案提出が行われ、衆議院での可決、参議院での修正を経て6月に衆議院で可決成立し、7月に公布され、昭和40年4月から施行された。

国会における参考人の意見聴取においては、全国知事会を代表して群馬県知事が法案に反対意見を述べる一方、三重県知事が自治体の財源不足を理由に法案に賛成意見を述べるなど、都道府県の意見も一様ではなかった。

（6）一級河川の指定

新河川法が施行された昭和40年度には、国が直接管理する一級河川として、石狩川、北上川、最上川、利根川、荒川、信濃川、天竜川、木曾川、紀の川、淀川、太田川（広島）、吉野川、渡川、筑後川、大淀川の15水系が指定され

た。北海道の石狩川、山形県の最上川、広島県の太田川以外の12水系は、2以上の都府県に跨がる広域的な水系である。その後は、昭和41年度に40水系、昭和42年度に30水系、昭和43年度に6水系、昭和44年度に7水系、昭和45年度に4水系、昭和46年度に4水系、昭和47年度に2水系、昭和50年度に1水系と順次指定が行われた結果、109水系が指定されるに至っている。なお、昭和50年の三重県の宮川を最後に、昭和51年以降は指定されていない。

2　分権改革の議論の推移
(1) 第1次分権改革の経緯

分権委員会は、橋本総理からの要請を受けて平成10年に第5次勧告に向けた審議を行うことになった。

分権委員会の審議においては、中央省庁等改革基本法第46条第1号の趣旨を踏まえた直轄の公共事業の見直しが議論の焦点となり、同委員会から関係省庁に対しては、直轄の公共事業の対象範囲について、客観的な基準により明確化を図るべきとの見解が出された。関係省庁からは、基準の明確化を関係審議会で検討しており、その基準に照らし、改めて個々に現在の一級水系指定や直轄管理区間を点検し、その結果として、直轄管理区間の廃止や新たな指定などの見直しがあり得るとの説明がなされた。

分権委員会の委員からは、国が直接管理する根拠として主張している「国土保全上又は国民経済上特に重要である」ということは、都道府県が管理することを否定する理由にはならないとの指摘がなされた。すなわち、県民の生命・財産を守ることは都道府県の最大の責務であり、二級河川においては「築堤区間」や「ダムと一体として管理すべき区間」を含めて都道府県が管理しており、都道府県が管理した場合においても、被害を最小限に止めるよう努めることに違いはないということである。

分権委員会の審議においては、全国知事会の「一級河川のうち、流域が二以上の都府県にわたり、かつその管理について国家的な見地から特に広域的調整を要するものを除き、都道府県に委譲」、「国が管理するものとしても、

国直轄管理区間を必要最小限に限定」という意見に沿った勧告を目指していた。

しかしながら、第5次勧告に向けた分権委員会と建設省、運輸省、農水省等との調整は難航し、与党の関係部会の関係者からも強い異論が出されたため、勧告を出すことが難しい状況になる中で、最終的には、勧告では方向性を示すに止め、国と地方の事務配分の具体的な基準は関係省庁に委ねることで決着した。

(2) 分権委員会の第5次勧告

分権委員会の第5次勧告(平成10年11月19日)においては、国の直轄事業の見直しについて、次のように勧告された。

①一級水系の指定基準

一級水系の指定は、「国土保全上又は国民経済上特に重要な水系」との河川法の規定に基づき行われてきたが、今後は、この考え方をより具体化する。

この場合、一級水系を、下記ア又はイに限定することを基本方針とし、この判断を行うために必要な要件についての検討を含め、できる限り客観的な基準を具体化するよう検討する。

なお、イに係る水系については、災害等を契機として一級水系の指定が行われるとともに、水系全体の整備が相当程度進捗する等の状況に応じ、改めて国が管理する必要性について検討し、特段の事情のない限り、一級水系から二級水系に変更される性格のものとする。

　ア　洪水等により氾濫した場合の被害の程度、安定的な水利用の確保、河川環境の保全、都道府県間の利害調整等の観点から特に重要な水系

　イ　激甚な洪水、頻発する渇水等による被害を契機として、これらを早急に解消することが必要とされており、技術的又は財政的な観点から国が管理を行うことが適当な水系

②直轄管理区間の基準

一級河川のうち特に重要な区間に限定して直轄管理を行うことを基本方針とし、この判断を行うために必要な要件についての検討を含め、できる限り

客観的な基準を具体化するよう検討する。
③一級水系及び直轄管理区間の点検と見直し
①及び②により具体化された基準に照らし、改めて個々に現在の一級水系及び直轄管理区間を点検する。その場合、中央省庁等改革基本法第46条第1号の趣旨を踏まえ、特に下記の事項に留意し、廃止又は新たな指定などの見直しを行う。また、あわせて、定期的に直轄管理区間等の見直しを行うシステムを導入する。

- ①イに係る水系及びそれに係る直轄管理区間については、水系全体の整備が相当程度進捗する等の状況に応じ、改めて国が管理する必要性について検討し、特段の事情のない限り、関係都道府県の意見を聴くなどの手続を経た上で、一級水系から二級水系への変更等を行うこと。
- 新たに一級水系及びそれに係る直轄管理区間の指定を行う場合にも、同様の手続を経ること。

（3）政府の地方分権推進計画と国による直結管理区間の点検・見直し

分権委員会の第5次勧告を受けて、政府は第2次地方分権推進計画を閣議決定した。同計画においては、直轄事業及び直轄公物の範囲の基準の基本的事項等については、法令に明示する措置を講ずることとされるとともに、一級水系の指定基準及び直轄管理区間の基準については、できる限り早急に結論を得ること（平成11年度措置予定）とされ、一級水系及び直轄管理区間の点検と見直しについては、平成11年度に点検を行った上で、平成12年度中を目途に関係地方公共団体との調整を進めることとされた。

河川審議会は、平成10年9月11日に建設大臣から、「経済・社会の変化に対応した河川管理体系のあり方について」諮問され、管理部会において5回にわたって審議が行われ、同年11月17日に「河川管理における国と地方の役割分担について」の中間報告が行われた。中間報告は、分権委員会の第5次勧告とほぼ一致した内容となっている。

その後、分権委員会の第5次勧告の具体化に向けた審議が行われ、平成11年8月5日に「河川管理における国と地方の役割分担について」の「中間答

申」が行われた。中間答申において示された一級水系及びその直轄管理区間の指定の基準の概略は、以下のとおりである。

　一級水系の指定基準としては、①国土保全上又は国民経済上、国において管理する必要があると認められる水系、②洪水による激甚な災害、頻発する渇水による被害、深刻な河川環境上の問題の発生等を契機として、国の技術力又は財政力により早急に対策を講じなければ、国民が等しく享受すべき生命及び財産の安全性の確保の観点から、国土保全上又は国民経済上の支障が生ずる水系の2つの範疇について、それぞれ具体的な基準が示された。

　①の基準については、流域面積が概ね1,000km^{2}以上である水系、流域面積が概ね500km^{2}以上である水系又は急流河川等特に高度な管理を必要とする水系で、想定氾濫区域内人口が10万人以上、想定氾濫区域の面積が100km^{2}以上、想定氾濫区域内に県庁所在都市等の主要区域が存在する水系、国家的見地からの水利用がなされる水系のいずれかに該当するものといった基準が示された。

　直轄区間の基準としては、①河川の形状及び流況、流域の地形及び土地利用の状況等から国が直接管理すべき区間及びその区間に対して効果を発揮するダムその他の河川管理施設の存する区間、②①と一体的に管理すべき区間、③洪水による激甚な災害の発生を契機として、国の技術力又は財政力により早急に対策を講じなければならない区間、④不連続を解消するために必要となる区間が対象とされた。

　指定等の見直しについては、経済・社会の変化に的確に対応した河川管理を行うため、定期的に一級水系や直轄区間の廃止、追加等の見直しを行うシステムを導入するとしている。

　以上のような「中間答申」は出されたものの、第1次分権改革では、具体的な改革は行われないまま終了した。

（4）第2次分権改革における分権改革委員会の第1次勧告

　平成20年5月28日の分権改革委員会の第1次勧告においては、「国と地方の役割分担の基本的な考え方」が示されるとともに、「重点行政分野の抜本

的見直し」などが勧告された。

　河川の管理については、「一の都道府県内で完結する一級水系内の一級河川の直轄区間については、従前と同様の管理水準を維持するため財源等に必要な措置を講じた上で、一級水系の位置付けを変えずに、原則として都道府県に移管する。」「個別の対象河川については、地方自治体と調整を行った上で、第2次勧告までに具体案を得る。」「地方自治体が概ね一の都道府県で完結するものとして移管を要望する一級水系内の一級河川についても、同様の見直しを行うこととすべきである。」とされた。分権改革委員会が、「一級河川としての位置づけを変えずに」と勧告した趣旨は、一級河川とすることで国の財源措置を担保し、都道府県が権限移譲を受けやすくしようという趣旨である。

　分権改革委員会の事務局が作成した資料によれば、一級河川のうち一の都道府県内で完結するものは53河川、一級河川のうち一の都道府県内で完結すると整理される場合もあるが、わずかに複数の都道府県にまたがっているものは12河川とされている。

（5）政府の地方分権改革推進本部の地方分権改革推進要綱

　政府は、平成20年6月20日に内閣総理大臣を本部長とする地方分権改革推進本部において、地方分権改革推進要綱を決定した。

　一級河川の直轄区間については、「第1次勧告の方向に沿って、引き続き国が管理する必要がある場合を除き、原則として一の都道府県内で完結する水系内の河川を都道府県に移管する。個別の対象河川については、関係地方公共団体と調整を行った上で、第2次勧告までに具体案を得る。」こととされた。

（6）平成20年度における移譲に向けた国土交通省と都道府県との調整

　国土交通省が平成20年9月30日及び12月2日に分権改革委員会に説明した資料及び11月19日の全国知事会資料によれば、分権改革委員会の第1次勧告以降の国土交通省と都道府県との調整の状況は次のとおりである。

①具体的な方針の提示

国土交通省は、政府の地方分権改革推進本部が決定した「地方分権改革推進要綱(第1次)」を受けて、6月20日に全国知事会及び指定都市市長会に対し「一級河川の見直しの具体的な方向」に係る意見照会を実施した。

具体的な方向としては、「地域の川は地方に任せる」との観点から、一の都道府県で完結する一級河川については、できる限り都道府県に移管する考えであるが、以下の観点から国が責任を持つべき河川については、引き続き国が管理するとしている。

- 氾濫した場合に流域に甚大な被害が想定される水系
- 広域的な水利用や電力供給のある、又は全国的に価値の高い環境を保全すべき水系
- 急流河川等の河川管理に高度な技術力が必要となる水系

この結果、一の都道府県で完結する一級水系53のうち、40％程度が移管候補であるが、移管後の都道府県による河川管理について、国の補助金や地方財政措置等所要の措置が適切に講じられることが必要としている。

②各都道府県との個別協議

10月3日から各都道府県との個別協議が開始されたが、関係地方自治体の理解が得られるまで固有名詞の公表は行わないとしている。

そうした中、11月2日の読売新聞の夕刊には、「1級河川地方移譲20水系のみ」「国交省提示整備局温存狙う」との見出しの記事が掲載された。記事によれば、国交省が14道県に提示した水系は、1の都道府県で完結する53水系のうち、北海道の7水系、青森県、石川県、静岡県、三重県、鳥取県、島根県、山口県、愛媛県、佐賀県、長崎県、大分県、宮崎県、鹿児島県各1水系の計20水系とされている。「このうち、16水系は源流から河口までの距離が100キロ未満であり、20水系全体でも移譲区間の総延長は約750キロで、全1級河川の国直轄区間(約1万5千キロ)の約7％。国交省は、提示した20水系であっても知事が拒否すれば移譲しない反面、20水系以外であっても知事が移譲を求めれば協議に応ずる方針で、すでに関係道県と個別の交渉に入

第 2 章　国と自治体の分担関係の改革の検証

っている。」としている。

　12月 2 日に国土交通省が分権改革委員会に説明した都道府県との個別協議の状況によれば、移管する方向で調整中のものが菊川（静岡県）、高津川（島根県）、松浦川（佐賀県）、番匠川（大分県）、小丸川（宮崎県）、肝属川（鹿児島県）の 6 水系、移管の可能性について引き続き協議するものが20水系とされている。後者の20水系のうち、国が候補としたものが北海道 7 水系、石川県、三重県、鳥取県、山口県各 1 水系の計11水系、都道府県から要望があったものが、秋田県 3 水系、広島県、福岡県、佐賀県各 2 水系の 9 水系となっている。

（ 7 ）権限移譲に伴う財政措置等の考え方の提示

　権限移譲に伴う財源等については、平成20年 8 月 4 日に全国知事会から内閣総理大臣等に申し入れがあったことに加え、同年 9 月16日には、分権改革委員会からも内閣総理大臣に対し意見の提出があった。

　全国知事会は、権限の移譲と財源等の確保については、一体として方針が示されなければならず、「政府の地方分権改革推進本部として、権限移譲を行う際に必要となる財源・人員等の確保について、早急に具体的な措置を明確に示すよう」強く求めている。

　分権改革委員会は、基本的な考え方として「政府は、移管を受ける地方自治体ごとに、必要となる経費の額が適確に措置されるようにすべきである。」とし、措置の内容については、「最終的には税源移譲と地方交付税によることが基本」であるが、「個別具体の移管を積極的に推進するとともに、移管によって国から地方への財政負担の転嫁が生ずるのではないかという地方側の懸念を払拭することが重要である」としている。このため、「移管を受けた地方自治体に必要な財源が確保されるよう、当面、今までの国直轄事業を国庫交付金事業として地方自治体が執行することとし、国直轄事業と同じ国費率（整備 3 分の 2 、維持管理10分の5.5）の交付金を創設する方向で検討すべきである。」としている。また、人員の確保については、「事業費の議論と区別し、必要な人員のみ移行を図るべきである。」としている。

同年9月17日に国土交通省、総務省、財務省の三省で合意した財源措置等の考え方が全国知事会に提示され、「時限的な措置として」、個別の箇所に対応した直轄事業における国負担率並みの交付金等の国による財政措置を、分権改革委員会の意見書及び全国知事会の要望を踏まえつつ検討し、必要な整備・維持管理の水準を確保するとしている。また、人員の確保の方策については、事業執行が円滑に行われるよう、今後検討するとしている。

　同年10月3日に全国知事会が国土交通大臣に提出した「直轄国道、一級河川の見直しの具体的な方向について」においては、移譲の範囲については、国土交通省提示の基準に縛られることなく幅広いものとするとともに、財源措置については、国は「時限的な措置として交付金等の財政措置を検討する」としているが、①現在の国の整備・管理水準の維持が可能なこと、②国の負担率は現行の直轄事業負担率を下回らないこと、③将来とも確実に財源措置がなされること、④恒久的な財源措置のあり方については都道府県と十分協議すること、の4点を前提とするよう申し入れている。

　同年12月8日に行われた分権改革委員会の第2次勧告では、「現在、国土交通省と関係都道府県との間で個別の移管対象についての協議が行われているが、その進捗状況は、必ずしも十分とは言えない。第1次勧告の基準にしたがって、地方への移管が進むよう、移管に伴う財源や人員に関する情報など、必要な情報の提供に努めた上で、関係都道府県との個別協議を進め、早急に結論を出すよう要請する。」としている。

（8）平成21年度以降の移譲に向けた調整の停滞

　民主党政権は地域主権改革を政権の重点政策に位置づけ、平成21年11月17日に閣議決定に基づき、内閣総理大臣を議長とし、関係閣僚や自治体代表、有識者で構成する「地域主権戦略会議」を内閣府に設置した。

　地域主権戦略会議は、「アクション・プラン～出先機関の原則廃止に向けて～」の案を作成し、平成22年12月28日に閣議決定された。同プランでは、直轄国道、直轄河川については、分権改革委員会の勧告を踏まえ、ブロック単位の移譲に先行して都道府県単位の移譲を進めるとしている。

同アクション・プランの推進のために設置された「アクション・プラン推進委員会」の直轄道路・直轄河川チームは、平成23年6月17日に国土交通省に対し、都道府県との個別協議の合意状況について、「移譲する方向での協議の熟度が高い」ものの回答を求め、6月27日付けで従来の6水系が国土交通省から回答され、地域主権戦略会議に報告されている。これらの6水系は、平成20年12月に分権改革委員会に報告されたものと同一である
 ＊菊川（静岡県）、高津川（島根県）、松浦川（佐賀県）、番匠川（大分県）、小丸川（宮崎県）、肝属川（鹿児島県）の6水系

　平成20年度は、分権改革委員会の勧告を受けて国土交通省と都道府県との協議が精力的に進められ、移譲に伴う財政上の措置に関する政府の一定の考え方も示されたが、平成21年度は、自民党政権から民主党政権への政権交代があり、民主党政権は自民党政権に比べ、国から都道府県等への権限移譲には積極的であったが、直轄河川の権限移譲に向けた国と都道府県との調整は具体化する目途が見えないで停滞し、自民党が政権に復帰した後も調整は進んでおらず、今日に至っている。

　前述したように、国土交通省と都道府県は必要な財源措置が講じられることを移譲の条件としており、平成20年9月17日には移譲に伴う財源措置として時限的な交付金等を制度化することで財務省、国土交通省、総務省の間で基本的には合意しているが、最終的な合意に至らないため移譲は実現していない。

（9）平成25年12月20日の閣議決定

　政府は、平成25年12月20日に「事務・権限の移譲等に関する見直し方針について」を閣議決定した。直轄河川の移譲の対象範囲は「地方分権改革推進委員会第1次勧告（平成20年5月28日）の方向に沿ったものとする。」、移譲後の位置づけは「当該河川の一部を移譲する場合は一級河川として、当該河川の全区間を移譲する場合は二級河川として移譲」、「国が行うべき事業を完了した上で移譲することを基本とする」こととされた。

　財源措置については、①建設費は個別の箇所に対応した直轄事業における

国負担率（3分の2等）並みの交付金措置を、②維持管理費は事業費に応じた交付税措置を、③人件費・事務費は所要額の総額を適切に積み上げた上で、当該額に応じた地方財政措置を、いずれも時限的な措置として平成27年度から一定期間が経過した年度までの間に移譲された一級河川について講ずることとされた。

財源措置の具体化については、「内閣府が主導して政府内で引き続き検討を進める」、国と自治体との「個別協議の結果等を踏まえ、各措置を講ずる必要性が確認された場合に、その実現を図る」とされた。

「当該河川の全区間を移譲する場合は二級河川として移譲」としたことは、地方分権改革推進委員会第1次勧告において「一級水系の位置付けを変えずに」としたこととは異なっている。

3 一級河川管理の事務配分の課題と分担のあり方
（1）河川の管理における国と自治体の事務配分の現状の整理

現行の河川法における国と自治体の事務配分の状況は次のとおりである。

現行の河川法においては、「水系主義河川管理制度」の考え方に基づき、一級河川においては国土交通大臣が、二級河川においては都道府県知事が、準用河川においては市町村長が河川管理者とされている。

しかしながら、一級河川であっても、国土交通大臣が指定した都道府県管理の指定区間においては、国土交通省と都道府県の間で次のように事務が配分されている。一級河川の指定、河川整備方針の策定、大規模な流水占用の許可、緊急時の利水ダムの洪水調節のための指示、異常渇水時の利水調整については国土交通省において実施されているが、これら以外の事務、すなわち河川整備計画の策定、河川区域の指定、河川保全区域の指定、流水占用の許可（小規模なものに限る）、土地占用の許可、土石採取の許可、改良工事、修繕工事などは全て都道府県において実施されている。

したがって、一級河川において水系一貫の管理が国の直轄で行われているのは、河川整備方針の策定、大規模な流水占用の許可などに限定されており、

事務のほとんどは国土交通省と都道府県が区間を定めて分担管理している状況にある。具体的には、一級河川の総延長87,000kmのうち、国の直轄管理区間は10,500km（12%）であり、残りの77,000km（88%）は都道府県管理の指定区間となっており、国の直轄管理区間は、下流部の堤防高が高い「築堤区間」及び上流部の「ダムと一体として管理すべき区間」を主として分担している。

国が「築堤区間」を、都道府県が「掘込河道」を主として分担する理由は、「築堤区間」において堤防が決壊した場合は被害が甚大であるのに対し、洪水時の水位が背後地より低い「掘込河道」においては洪水が河道から溢れたとしても被害が少ないためとされている。

［表6］ 現行の河川法における国と自治体の分担の状況

	一級河川		二級河川	準用河川	法定外水路
	指定区間外	指定区間			
河川指定	国	国	都道府県 （法定受託事務）	市町村 （自治事務）	市町村 （自治事務）
整備方針					
整備計画		都道府県 （法定受託事務）			
改良工事					
維持工事					
維持管理					

（2）第1次・第2次分権改革を踏まえた分担関係のあり方
①一級河川と二級河川の区分のあり方

第1次分権改革では、河川法では一級水系に該当しない河川の管理は都道府県又は市町村の役割とされていることから、一級水系の指定の要件である「国土保全上又は国民経済上特に重要な水系」の対象範囲が焦点となり、一級水系の対象範囲の限定により一級水系から二級水系に変更する河川を特定し、国から都道府県にその管理を移管することが検討された。

第2次分権改革における分権改革委員会の第1次勧告は、「一級水系の位置付けを変えずに」都道府県に移管するとしており、第1次分権改革におけ

る分権委員会の第5次勧告とは内容を異にしている。

　分権改革委員会が一級水系の位置付けを変えずに移管するよう勧告した背景には、「一級河川の地方移管に伴い管理の水準を落とすべきではなく、整備・維持管理に要する事業費は直ちに変わるものではない。」（平成20年9月16日「道路・河川の移管に伴う財源等の取扱いに関する意見」）との考え方があるものと思われる。

　第1次分権改革が、一級水系の指定の見直しから手を付けようとして、個別の河川の権限移譲の調整に達しないまま頓挫してしまったことを踏まえれば、第2次分権改革では、河川の位置付けの議論は別として、国から都道府県に移譲する一級河川の特定とこれに伴う財源等の措置の具体化を優先させるという方法を採用したことは、実現可能な方法として妥当なものであったと考えられる。このことは、国土交通省と都道府県の間での個別河川の移譲に向けた検討がある程度進捗したことが証明している。

　一級河川は「国土保全上又は国民経済上特に重要な水系で政令で指定したものに係る河川」、二級河川は「一級水系以外の水系で公共の利害に重要な関係があるものに係る河川」とされている。しかし、一級水系の指定が肥大化してきた経緯を踏まえれば、「国土保全上又は国民経済上特に重要な水系」の範囲は、限定的に解釈することもできれば拡大解釈もできるものである。

　しかも、分権委員会の委員から、「国が直接管理する根拠として主張している一級水系の指定の要件が『国土保全上又は国民経済上特に重要である』ということは、都道府県が管理することを否定する理由にはならない」との指摘がなされているように、国と都道府県の分担を決定するためには、別途基準を定める必要がある。つまり、一級河川であるか否かと、国が直接管理すべきか否かは本来は別物の議論である。

　一級水系であるか、二級水系であるかは、国と都道府県の分担関係ではなく相互関係において意味を有するものと考えられる。すなわち、都道府県が管理する河川が一級水系であるか二級水系によって、国との協議等を要する

ことによる国の行政的な関与や国庫補助金等による国の財政的な関与の程度が異なるというのが本来の姿であると言えよう。

②一級河川における国直轄管理区間と都道府県管理区間のあり方

一級河川の管理において、国が当該河川の全区間で行っているのは河川整備方針の策定、大規模な流水占用の許可などに限定されており、事務のほとんどは国土交通省と都道府県が区間を定めて分担している状況にある。また、都道府県が管理する二級河川の中には、小規模な一級河川を上回る流域を有するものもある。

第2次分権改革における分権改革委員会の第1次勧告では「一の都道府県内で完結する一級水系内の一級河川の直轄区間については、(中略) 原則として都道府県に移管する」と国と都道府県の分担関係の具体的な結論を示している点が特に重要である。また、財源等についても、従前と同様の管理水準を維持するため必要な措置を講ずることを明記していることは、地方の側からすれば当然のことではあるが、明示したことの意義は大きいと言えよう。

国と都道府県の分担関係として分権改革委員会が示した「一の都道府県内で完結する一級水系」か否かという基準は、一の都道府県内で権限と責任、利害関係が完結すること、都道府県が管理している二級河川の管理と事務の内容は異ならないことから、合理的なものであると考えられる。

第4節　農地転用許可事務の分担関係

1　農地法制定の経緯

(1) 地租改正による近代的な土地所有の確立

日本の土地制度は、645年の大化の改新、1589年の太閤検地、1643年の土地永代売買の禁令、1873年の地租改正、1946年の第二次農地改革と、時代とともに変遷を遂げてきた。

江戸時代の土地制度は、領主と本百姓という封建的な支配関係によって律せられており、土地政策は本百姓を維持する方向にあったが、封建制の内部においては、小作人の発生によって本百姓と小作人との階層分化が進行して

いた。

　明治政府が国家財政の基礎の確立をめざして実施した地租改正によって、江戸時代には幕府や諸大名などが領有してきた土地の私有が公認され、土地の売買の禁止が解除された。この結果、封建的な土地所有制は解体され、農地は土地の所有権によって律せられることになり、明治10年以降、急激に地主的な土地所有が発達した。なお、わが国において「地主」とは、小作農地の所有者を意味しており、小作地を持たない純粋な自作農は地主とは呼ばないこととされている。

　戦後の農地改革まで農村で支配的な地位にあったのは、在村地主と呼ばれる中小の地主であったが、明治期に特に発達した地主の多くは、商人又は高利貸しであったとされている。収穫の半分にも及ぶ高率の小作料に象徴されるように、地主による農民からの収奪は農民の窮乏を招き、農業生産力の停滞と小作争議の増大という社会不安を生じさせたことから、明治政府は自作農の創設と小作人の保護を目的とした農業政策の立法化に取り組んだ。

　明治政府は明治18年に小作慣行を調査し、小作条例草案を起草したが立法化されなかった。また、いわゆる旧民法は、ボアソナードを顧問にフランス民法を基礎として起草され、明治23年に公布されたが、賃借権が物権として規定されていたために地主からの反対が強く、またわが国の国情にあわないとの反対論によって、施行は無期延期とされた。

　明治31年に公布・施行された民法では、小作権に物権である永小作権と債権である賃借小作権の二種類が規定されたが、地主が強力な永小作権を認めなかったために、ほとんどが賃借小作権となり、小作人の地位は不安定な状態に置かれた。

　明治期の地主と小作人の関係は、基本的には口約束であり、高率の現物小作料が課される一方で、小作料の恩恵的な減免が行われており、単なる債権・債務関係だけでなく、冠婚葬祭への関与や盆正月の訪問などに見られるように、前近代的な非対等の人格関係という性格をも有していたとされている。

地主と小作人との関係における温情主義的な支配関係は、地主の支配を一層強化することになったとされており、日本における人間相互（上司と部下の関係など）、組織相互（国と地方の関係、下請け企業の系列関係など）、人と組織（会社と従業員の関係、役所と公務員の関係など）に見られる「ウェットな支配関係」と共通した特性を有している。

（2）地主制の維持と小作権の保護政策の展開

大正期には農地所有が大地主と小地主に両極化し、大正9年の恐慌以降、小作争議は急激に広まったため、政府は地主層の抵抗を受けながらも、大正13年に小作調停法を制定し、小作関係の争議を裁判所において調停し和解に導くための手続を定めた。さらに政府は、大正15年に自作農創設維持補助規則を制定して道府県が農家に対し低利で融資し、国が道府県に利子を補給することとした。

その後は、昭和6年及び昭和8年に小作法案、昭和11年に農業借地法案、昭和12年に農地法案を帝国議会に提出したが、いずれも成立には至らなかった。日華事変の勃発による戦時体制への移行の流れの中で、昭和13年に農地調整法が制定され、農地の権利移動規制が導入されるなど、小作権が強化された。農地調整法では、小作権者の保護を図るために農地の引渡しを対抗要件とし、小作契約の解約を制限し、定期借地権の法定更新を定めるなど、農地の賃貸借の存続消滅における実体的な規律が定められた。特に、農地調整法による農地の権利移動規制は、自作農創設維持事業によって創設又は維持された自作地のみに対象が限定されていたが、今日における農地法第3条の起源となるものである。

昭和13年には国家総動員法が制定され、同法第13条の規定に基づき、昭和14年に小作料統制令が、昭和16年に臨時農地価格統制令及び臨時農地等管理令が、勅令として制定された。小作料統制令では、小作料を昭和14年9月18日の時点で凍結するとともに、小作料を著しく不当と認めたときは、その引下げを命じうることとされた。地主と小作人との強弱関係の中で高率で推移してきた小作料の抑制が国の政策により図られたことは、画期的な出来事で

あったと言えよう。

臨時農地価格統制令では、農地の売買価格を土地台帳に示された賃貸価格に主務大臣が定める率を乗じたもので統制することとされ、臨時農地等管理令では、農地転用及び転用目的での権利移動の許可制、耕作放棄地の規制、栽培作物の作付統制が行われた。臨時農地等管理令で導入された農地転用等の許可制は、今日における農地法第4条及び第5条の原型であり、昭和19年に追加された耕作目的での権利移動の許可制は、農地法第3条の原型である。

（3）農地改革による自作農創設

農地改革は、昭和20年に農地調整法の改正によって第1次改革が、さらに昭和21年に自作農創設特別措置法の制定と農地調整法の改正によって第2次改革が行われた。

戦後の農地改革が、GHQの占領政策の成果の一つであることは確かであるが、戦前・戦中を通じて日本政府内部でも農地改革の構想は練られており、第1次改革は、日本政府がGHQの占領政策に先行して企画したものであった。これに対し、帝国議会は伝統的な農村の秩序を破るものとして激しく抵抗したが、GHQの支持によって国会で法案が成立したものであった。

第1次改革では、小作地の保有限度が大きく、解放の方式が地主から小作人への強制譲渡方式であるなど不徹底なものであったため、小作料の金納化と農地価格の公定にとどまった。

第2次改革は、GHQの通告を基本に日本政府が立法化したものであった。すなわち、自作農創設特別措置法によって、存村地主が保有できる貸付地の限度が内地平均で1ヘクタール、北海道で4ヘクタールに制限され、不在地主の全貸付地、保有限度以上の存村地主の貸付地及び3ヘクタールを超える自作地は、農地委員会の定める農地買収計画に従って、地方長官が買収令書を交付することにより、政府が直接買収して小作人に売り渡された。また、農地調整法の改正によって、市町村農地委員会の委員は、小作5人、地主3人、自作2人、選任3人以内とされるとともに、耕作目的での権利移動や権利者による自己転用が規制され、さらに、小作人の賃借権が強化された。

第 2 次農地改革によって、全国の耕地の小作地率は 5 割弱から 1 割に減少し、戦前までの日本の社会問題であった小作争議と非民主的な農村の社会構造の抜本的な解決が図られた。

(4) 農地法の制定

農地法は、昭和27年に、農地改革の成果を維持していくことを目的として、農地調整法、自作農創設特別措置法等の農地立法を一本化して制定された。制定当時の農地法の目的は自作農の維持・拡大であり、そのために、農地の権利の移動及び転用等を許可制にするとともに、農地を買う資格を制限し、保有限度以上の貸付地の処分を義務付け、小作料を統制するなどして、貸付地の増大を防止した。

2 農政の変遷と農地法等の制定・改正

産業構造の転換や都市化の進展などの農業を取り巻く環境の変化に伴い、農政の重点は次第に変化を遂げ、農地法をはじめとする法律が制定・改正された。

(1) 戦後の農政と農地法

戦後の農政の重点は、農村の民主化と国民の食糧の確保であった。食糧の確保のための手段として、農業生産の増強と生産物の強制的供出が行われた。食糧が圧倒的に不足していた状況を背景として、統制経済に協力する中堅的な自作農による生産量の拡大が図られた。制定当時の農地法の目的は、農地改革の成果維持と旧地主制の復活防止であり、その役割は、農地取得面積の規制と小作関係の規制による中規模農家の育成と農地の細分化防止であったから、法律の目的と果たす役割は極めてシンプルであった。

(2) 農業基本法に基づく農政と農地法

昭和30年代の農政の重点は、戦後の食糧の確保から農業の生産性の向上へと転換した。食糧の安定確保の達成に伴い、統制経済から自由経済への転換が顕著となり、全面的な統制が残っていた米についても、昭和30年の生産米から供出割当制から予約売買制へと移行した。

日本の農村地域は、都市地域との関係において、好況時には労働力を供給し、不況時には余剰人員を吸収する役割を担ってきたが、これが可能であったのは、農村地域が、自給自足的な生活スタイル、労働集約型の生産方式、多くの子供と世代が同居する「いえ」を基本としていたためであると言えよう。昭和30年代に農業労働力が工業部門へ激しく移動したことは、農村地域にとっては農業の過剰な労働力を農業以外に移転し、農業の生産性と農村の生活水準を向上させる機会となるものであった。

　昭和35年12月に政府が決定した国民所得倍増計画は、日本の産業を生産性の高い分野へ重点化させるものであったから、農政においても、農業の生産性の向上と農業従事者の所得の増大が求められた。昭和36年に制定された農業基本法においては、農業と他産業、特に工業との生産性の格差を是正するとともに、農業従事者が他産業従事者と均衡した生活を営むことが目的とされた。

　農業基本法では、生産性の向上と農業従事者の所得の増大をめざして、果樹などの需要の強い農産物を増産し、米などの需要が衰えた農産物を減産する「農業生産の選択的拡大」と、産業として自立経営ができるように農家の経営規模を拡大し協業を助長する「農業構造の改善」に重点が置かれ、併せて、農産物の価格の安定、流通の合理化、加工の増進、人材の育成、農業従事者の福祉の向上などが図られた。このため、昭和36年には果樹農業振興特別措置法が制定され、農林漁業金融公庫による融資制度が創設されるとともに、同年を初年度とする農業構造改善事業が10か年を目途として開始された。

　しかしながら、農業基本法の制定以前の法律、特に農地法の抜本的な改正には至らなかった。昭和37年の農地法の改正によって、内地では平均3ヘクタールとされていた農地の上限取得面積の制限が、自家労働による場合は除外されるとともに、農業生産法人による農地の権利取得が認められたが、農家の経営規模の拡大のための農地の流動化に対しては、農地法は依然として抑制的な役割を持ち続けることになった。

（3）昭和45年の農地法の改正

　昭和37年に公表された「農産物の需要と生産の長期見通し」においては、将来的な穀類消費の停滞と米の過剰が見込まれていたが、農業基本法がめざした農業と工業との格差是正を大義名分として、農産物の価格、特に米価は政治的に引き上げられた。このため米の増産が促され、昭和42年の記録的豊作を契機に過剰米の問題が顕在化し、食管会計の赤字は昭和44年度に3,530億円に達し、一般会計からの繰出しが行われた。このような状況の下で、昭和44年からは米の生産調整が開始され、稲作の転作や休耕が推進された。

　農業基本法がめざした農業と工業の格差是正を、価格政策によって実現することが困難となったことから、農業の生産性を一層向上させるために、農地の流動化の促進が強く求められるようになった。

　農地がより生産性の高い農業経営によって効率的に利用されるよう農地の流動化を促進するため、昭和45年に農地法が以下のとおり改正された。

①農地法の目的の追加

　農地法による賃借権の保護が強すぎることが、農地の流動化の疎外要因の一つとなってきたことから、借地による農地流動化の促進を農地法の目的に追加するため、「土地の農業上の効率的な利用を図ること」が、農地法の目的に加えられた。

②農業生産法人の要件の緩和

　借入地面積の制限、雇用労働力制限、配当制限などの農業生産法人の要件が廃止され、業務執行役員要件に代えられた。

③小作権の保護の緩和

　地主と小作人が文書で合意すれば解約できるなど賃借権の保護を緩和するとともに、小作料の最高額の統制は廃止され、小作地の小作人専買権は緩和された。

④農地の取得制限の改正

　農家がいくらでも農地を買えるようにするため、農地取得の上限面積及び自家労働要件が廃止されるとともに、零細農家の農地買いを避けるため、農

地取得の下限面積が30アールから50アールに引き上げられた。
(4) 昭和50年の農地法等の改正
　昭和50年には、借地による経営規模の拡大を一層推進するため、農業振興地域の整備に関する法律が改正され、農用地利用増進事業制度が創設された。同制度は、短期賃貸借を可能にし賃貸借による農地流動化を促進ため、市町村が主体となって集団的に利用権を設定するもので、同制度の創設に伴う農地法の改正により、農地法が定める賃貸借の許可、小作地の所有制限、賃貸借の法定更新、賃貸借の解約の制限等の適用を除外する措置が講じられた。
(5) 昭和55年の農地法等の改正
　昭和55年には、農業の構造改善を一層推進するため、農用地利用増進法が制定され、農用地利用増進事業制度が拡充された。すなわち、同制度の対象となる権利が賃借権などの利用権から所有権まで含むものに、また、同制度の対象となる地域が農用地区域から農用地区域と一体的利用関係がある区域まで含むものに、それぞれ拡大された。また、市町村の認定を受けた「農用地利用改善団体」が地域の農用地の利用に関する規程をつくり、利用権の設定や農作業の共同化等を促進する「農用地利用改善事業」が追加されるとともに、従来は農協などが行ってきた農作業の受委託の斡旋などが「農作業受委託促進事業」として制度化された。

　農用地利用増進法の制定によって、農地法は理念的には原則として位置付けられながらも、農地法のバイパスが整備されたことが明確になった。
(6) 平成5年の農地法等の改正
　平成5年には、農業経営基盤の強化のための関係法律の整備に関する法律で、農用地利用増進法が農業経営基盤強化促進法に改正され、今後の農業構造・経営対策の基本的な法律として位置付けられるとともに、農地法が改正されて、農業生産法人の事業要件及び構成員要件が拡大され、農地保有合理化法人の農地取得の許可制が届出制に改められた。

3 農地法の理念と役割

　農地法は、「農地はその耕作者みずからが所有することを最も適当であると認めて」制定されており、前述したように当初は、農地改革の成果を維持するため、自らの耕作地を所有する自作農の創設と維持、すなわち「自作農主義」を基本理念としていた。農地改革によって、農村の民主化が図られるとともに、不足した食糧が供出されたことは、戦後日本の再生に大きく寄与したと言えよう。

　もしも、日本の産業構造が農業中心のまま推移し、多くの国民が農業によらなければ生計を営むことができない状況であったならば、零細であっても小作料のない自作農を数多く創設し維持することが必要とされ続けたであろう。ただし、その場合には、低い生産性に応じた生活水準を甘受せざるを得ず、また、家族の多い農家は過剰労働力を抱えることになる。

　しかしながら現実には、日本は工業化に伴う高度経済成長を経験し、農業よりも短い労働時間で高い所得を得ることが可能となり、農業従事者が他産業の従事者と同程度の生活水準を確保するためには、農業の生産性を向上することが必要となった。

　このため農政は、農地改革の成果を建前上は堅持しつつ、現実には自作農の経営規模を拡大させる施策を拡充してきた。この流れは、昭和35年の農業基本法の制定にはじまり、昭和45年の農地法の改正で決定的になったと言えよう。

　昭和45年の農地法改正は、前述したように、農地法の目的を改正しており、制定時の農地法が自作農主義中心であったものを借地農主義へ転換すべく第一歩を踏み出したものであった。借地農主義は、今日では耕作者主義と呼ばれて広く認知されている。

　自ら耕作しようとする農業従事者が経営の規模を拡大するには、農地を取得する方法、農地を借地する方法、農地を共同利用する方法の三つの手段がある。農地法の当初の理念からすれば、農地を取得する方法が望ましいことになるが、農業経済学の理論上は農地の取得は借地に比べて非合理的な投資

とされており、特に日本のように地価が高い場合には限界がある。また、機械や化学肥料の導入で農業生産が省力化された結果、兼業での農作業が可能となったため、多くの農家は農地を手放そうとはしなかった。このため農業の現場においては、農作業の請負を名目とした「ヤミ小作」が経営規模の拡大の手段として進行していた。このような事情を考えれば、農家の経営規模拡大の重点を農地の取得ではなく借地に置いた「耕作者主義」への転換は妥当な政策であったと言えよう。

農地法は、自作農主義から耕作者主義への転換によって、農政の観点からは主役から脇役へと後退する一方で、経済成長に伴う土地需要の拡大によって、土地利用の観点からは脇役から主役へと前進することになった。昭和40年代は、高度経済成長に伴う都市への人口集中と経済活動の活発化によって土地需要が大幅に増大するとともに、都市的な要素が農村にも入り込んだ時代であった。

昭和43年に制定された新都市計画法では、都市地域の無秩序な市街化を防止するために「線引き」等の措置が盛り込まれ、これに対応する措置として、昭和44に農業振興地域の整備に関する法律（以下「農振法」という）が制定された。農振法に基づく農業振興地域の指定と農地法に基づく農地転用規制がリンクされたことによって、農地法が有する役割の中では脇役であったはずの土地利用規制の役割が、脚光を浴びることになったのである。

4 農地転用規制の役割

日本における農地転用規制の起源は、前述したように、国家総動員法に基づいて昭和16年に制定された臨時農地等管理令であり、農地転用及び転用目的での権利移動の許可制とともに、耕作放棄地の規制、栽培作物の作付統制が行われた。日中戦争の拡大に伴う軍需工場や軍隊の米需要の増大に対応するため、昭和14年に米穀配給統制法が制定されており、臨時農地等管理令は、戦時の食糧増産政策の遂行のために制定されたものであった。したがって、臨時農地等管理令における農地転用規制の主たる目的は、食糧の確保であっ

た。

その後、農地転用規制は第2次農地改革において、耕作目的での権利移動規制とともに農地調整法に盛り込まれた。第2次農地改革における農地転用規制は、耕作目的での権利移動規制を補完し尻抜けを防止するために導入されたもので、小作人が取得した農地が地主によって再び買い戻されることを防止するため、農地の権利移動を制限するとともに、農地の転用を制限することにより農地以外の土地としての権利移動を未然に防止しようとするものであった。したがって、農地調整法における農地転用規制の主たる目的は、農地の権利移動規制の補完であった。

農地法における農地転用規制は、農地調整法の趣旨を引き継いだものであったが、農地法制定時には予想しなかった土地需要の増大に伴い、次第に権利移動規制の補完だけではない独自の存在意義を有するようになった。すなわち、戦後の食糧不足の状況では農地転用の必要性は低かったが、経済成長に伴う土地需要の増大によって、農地の減少が顕著となり、昭和34年には農地転用面積が新たに造成された農地の面積を上回ることになった。

このため、昭和34年10月27日付けの農林事務次官通達で「農地転用許可基準」が制定された。同通達では、許可基準の制定の理由として「最近農地等の他用途への転用が激増し、農業上及び農業外の合理的土地利用の観点からみて好ましくない事例もみられるに至ったので」としており、農地転用規制が合理的な土地利用を目的としたものであることが明確にされた。

5 土地利用施策としての農地転用規制

農地法は、「農業生産力の増進と耕作者の地位の安定」を究極の目的としており、究極の目的を達成するための施策の目的として「耕作者の農地取得の促進及びその権利の保護」と「土地の農業上の効率的な利用のための利用関係の調整」を掲げている。農地法の施策体系においては、農地転用規制はあくまで目的達成のための直接的な施策ではなく、補完的な施策として位置付けられている。

農振法は、「農業の健全な発展を図るとともに、国土資源の合理的な利用に寄与すること」を究極の目的としており、究極の目的を達成するための施策の目的として「自然的社会経済的諸条件を考慮して総合的に農業の振興を図ることが必要であると認められる地域について、その地域の整備に関し必要な施策を計画的に推進するための措置を講ずること」を掲げている。農振法の施策体系においては、農地転用規制は目的達成のための重要な位置を占めている。

6　分権改革における農地転用許可事務の論点
（１）分権改革における論点

　分権改革においては、農地転用許可の権限移譲が重点テーマの一つとされてきた。これは、地域の土地利用に関する個別具体の事務処理を国が行うことに対する問題提起であった。

　都市計画法の開発許可、森林法の林地開発許可、自然公園法の行為許可（国立公園内を除く。）は、いずれも自治体が全ての許可を行っており、農地法で個別の農地の転用のうち一定規模以上のものを国が許可する仕組みとされている点が問題とされたものである。

　このため、国、都道府県、市町村が１つの許可申請を順次審査し、市町村農業委員会から都道府県の出先機関を経て都道府県の本庁の農地担当課へ、さらには、都道府県から農水省のブロック単位の地方農政局へと申請が取り次がれて事務が処理されていた。このような三重行政の仕組みは、地方六団体等から見直しが強く求められたのである。

　農地転用許可事務の分権改革においては、三重行政の仕組みの是正の観点から、国が許可する農地の規模をどこまで限定し都道府県に権限移譲するかが論点とされてきたが、農地転用許可の事務については、国と自治体の分担のあり方についてのもう一つ重要な論点がある。

　もう一つの論点とは、法制度上は国が処理することとされている事務を実質的には都道府県が処理することで、国が権限を行使し続けることを可能に

しているという、国の自治体への不適切な依存の是正である。すなわち、国と自治体の事務の分担が、制度と実態で乖離していることが問題とされたのである。

個別の申請案件の審査は都道府県や市町村の段階で実質的に行われており、自治体は申請者との許可申請前の事前相談に多くの時間と労力を要していた。都道府県の事前相談の段階で許可できる見込みがある案件は、地方農政局の関係課に都道府県から事前説明が行われることもあった。こうした事前調整を経たうえで、申請者から許可の申請が市町村に提出され、都道府県から地方農政局に送付されていたのである。

(2) 国と自治体の分担関係における制度と実態の乖離の解消

①制度上の分担関係

農地転用許可の権限は、分権改革前は申請に係る農地の規模によって国と都道府県の分担が定められており、大規模な面積の場合には国が許可の権限を有していた。大規模な面積の場合は、申請者は、農林水産大臣あての申請書を市町村農業委員会に提出し、市町村農業委員会及び都道府県を経由して農林水産大臣に送付される仕組みとなっており、都道府県は、農林水産大臣あての意見を付することとされていた。（農地法施行令第1条の7）

国が許可権限を有する場合の市町村農業委員会及び都道府県の事務は、いわゆる「経由事務」であり、申請書を受け付け、申請書に省令で定める必要な事項が記載され、省令で定める書類が添付されているかことを確認し送付する形式的な事務である。必要な事項の単純な記載漏れや必要な書類の不存在の場合には、申請書を補完・補正するよう申請者に指示することは明文の規定はないものの可能であるが、書類や添付書類の内容を審査する権限はない。

都道府県知事は、申請書の提出があったときは、遅滞なく、当該申請書に意見を付して、農林水産大臣に送付しなければならない（農地法施行令第1条の7第3項）とされていた。

以上のように、制度上は、国の許可事務と都道府県や市町村農業委員会の

受付・送付事務は事務の内容で明確に区分されていた。

②実態上の分担関係

前記①の制度上の建前と実態上は大きく異なっていた。

土地利用関係の事業においては、事業主体となる申請予定者から、市町村農業委員会や都道府県に事前相談があるのが一般的であり、事前相談の段階で、関係法令との適合上の問題点や地域の土地利用との調整事項の指摘が行政指導として行われる。

自治体における土地利用調整は、土地利用調整条例や土地利用指導要綱に基づいて行われており、大規模な農地転用の案件は、土地利用調整の対象となるのが一般的であるが、本書では、地域における調整については立ち入らないこととする。

農地転用許可申請の事前相談に対しては、許可の基準を満たしていない場合には、国の許可案件であったとしても、都道府県や市町村農業委員会の担当者から申請予定者に対し問題点の指摘を行っていた。このため、許可できない申請がされること自体が極めて稀であった。

このように、許可申請の前の事前相談の段階で市町村農業委員会や都道府県が申請者に情報提供をすることで、国に申請されるものは、許可可能なものに事実上絞り込まれていたのである。

また、申請の段階では、都道府県は申請書及び添付書類の形式的な審査を行い国に送付するだけでなく、都道府県の意見を提出することとされていた。申請に対する都道府県の意見は、第1次分権改革によって、機関委任事務から自治事務に改められた。しかしながら、農林水産省は平成21年の局長通知(27)で、都道府県の意見書の様式例を示しており、その内容は、機関委任事務であった昭和46年の局長通達(28)とほぼ同じであり、申請の可否を判断するために審査すべき事項が記載されており、自治事務としての意見ではなく、国が許

---

(27) 農地法関係事務処理要領の制定について（平成21年12月11日、農林水産省経営局長、農村振興局長通知）

(28) 農地法関係事務処理要領の制定について（昭和46年4月26日、農林水産省農地局長通達）

可を審査するための下請け作業を求めているものとなっていた。

　国は都道府県に様式例で示した「農地転用に関する許可基準からみた意見」を求めるという、本来内容の審査権限のない都道府県の作業に依存することで許可権限を留保していたのである。この結果、権限と責任を不明確なものとしていたと言える。

③経由事務における制度と実態の乖離の解消

　国の権限の領域を確保するため、自治体を経由して申請する「経由事務」が法令上の制度を逸脱して利用されてきた。都道府県の意見は、国の下請けとしてではなく自治事務として処理するものであるから、国の審査のための情報提供としてではなく、都道府県の土地利用上の見解を述べるためのものである。

　国の許可案件については、自治体が下請け機関として事実上の審査を行うことで、国が許可権限を持ち続けることが可能となっていた。経由機関にすぎない都道府県から審査に必要な情報や見解を聞かなければ国の事務処理ができない事務は、決定権限を経由機関である都道府県に移譲すべきものである。

　国が自治体に不適切に依存して権限の領域を確保することがなくなれば、国と自治体の分担関係は明確になるのである。

7　第1次分権改革の状況

（1）第1次分権改革における農地転用許可事務の焦点

　第1次分権改革においては、農地転用許可制度については、以下の点が焦点となった。

①国から都道府県への権限移譲

　農地転用許可は、2haを超える場合は大臣許可、2ha以下の場合は知事許可とされていたため、国から都道府県への権限移譲が論点となり、特に、国が直接執行すべき大規模農地の面積の引上げが焦点となった。

②機関委任事務制度の廃止とこれに伴う事務区分

　農地転用許可制度は、機関委任事務制度の代表例の一つであったことから、機関委任事務制度の廃止の是非と、機関委任事務制度を廃止した場合の事務区分が論点となり、特に、通達による許可基準の設定が焦点となった。

③国の関与の縮減

　農地転用許可制度においては、機関委任事務制度に基づく指揮監督権限を背景に、法令に根拠規定がない関与が行われてきたことから、国の関与の縮減が論点となり、特に、国から都道府県に権限移譲された場合における当該事務に対する関与のあり方が焦点となった。

（2）第1次分権改革における議論の状況

　分権委員会の地方六団体ヒアリングにおいては、農地転用許可制度に関し、次のような意見が出された。

- 農地転用許可は自治体が大部分を行っているが、機関委任事務であり、通達による画一かつ詳細な許可基準が定められ、農水省の包括的な指揮監督下に置かれており、地域の実態に即した的確な処理が行えない。
- 大臣許可案件と知事許可案件とで事務処理期間に大幅な格差がある。
- 大臣許可は件数では0.1％であるが、面積では15％と一定のシェアを占める。
- 転用許可の適用除外となっている公共用の場合でも、相当数の案件で許可を要する。
- 都道府県が行う大規模な農地転用案件（2ha超）について意見交換会の名目で報告を求め関与している。
- 地域整備法（農地法4条1項に規定する地域整備法をいう。以下同じ）で特定地域内の農地転用許可権限については特例を設け、2ha超でも知事権限とされているが、通達で地方農政局長と事前協議を義務付けている。
- 優良農地の保全確保には、必要最小限の基準を法令で示せば足りる。

分権委員会の農水省ヒアリングにおいては、農地転用許可制度に関する地

方意見に対し、次のような説明が行われた。
- 食料の安定供給を図るという全国ベースで展開する必要のある政策目的を効果的かつ効率的に達成していく観点から、国と都道府県、市町村が役割分担して事務を処理している。
- 2 haを超える農地転用許可の権限移譲は、食料供給のための広域的判断、投資効果確保の判断、開発に対する客観的・総合的判断の点で問題がある。また、現在の農業をめぐる情勢の下で都市的な土地利用と競合した場合には、農業上の土地利用は劣後しがちな事情等を踏まえ、必要な農地の確保等の観点から対応する必要がある。
- 大臣権限で事務処理に時間がかかるのは、大規模な農地転用事案では調整に時間が必要なためである。
- 農地転用許可事務の自治事務化は、財産権の制限に関する全国的統一性、公平性確保、食料供給基盤としての農地の確保等に問題がある。
- 都道府県が行う農地転用、市町村が行う公共用に供する施設の建設のための農地転用は、ほとんどの場合許可が不要である。
- 地域整備法の特定地域内の農地転用許可に係る地方農政局との事前協議は、農業公共投資や周辺農業に及ぼす環境等についての慎重な判断と、農地転用許可基準の例外的取扱いに関する統一性、公平性の維持のため必要である。

（3）第1次分権改革における第1次勧告

分権委員会では、第1次勧告に向けて、農水省との間の膝詰め交渉である「グループヒアリング」を精力的に行い、平成8年12月20日に第1次勧告を内閣総理大臣に勧告した。農地転用許可に係る第1次勧告の内容は、次のとおりである。

①国から都道府県への権限移譲

ア　4 haを超える農地転用許可は、国の直接執行事務とする。この場合、許可申請書の受理、国への進達事務は都道府県の法定受託事務（仮称）とするとともに、申請書に意見を付する事務は、都道府県の自治事務

（仮称）とする。
　　イ　2ha を超え 4ha 以下の農地転用許可は、都道府県に移譲する（法定受託事務（仮称））。この場合、都道府県は、許可にあたり、当面、国に事前協議しなければならないこととするとともに、国は、優良農地の減失・改廃を防止するなど特に必要がある場合、都道府県に対して指示を行うことができることとする。

②従来の機関委任事務の事務区分

　2ha 以下の農地転用許可を自治事務（仮称）とすることの可否については、許可事務が都道府県で実施されていることを基本に、地方分権の推進の観点に立って、国民への食料の安定供給の観点にも留意し、現に進められている農業基本法の見直しを踏まえ予定されている農地制度の見直しの際に、検討することとする。

（4）農地法の先行改正

　農地法は、平成10年5月8日に地方分権一括法に先行して改正され、平成10年11月1日付けで施行された。この改正では、以下のとおり、農地転用許可制度について、良好な営農条件を備えている農地の確保に十分配慮しつつ地方分権の推進を図るため、農林水産大臣の許可権限の一部が都道府県知事に移譲されるとともに、行政事務の基準の明確化を図るため、従来は通達であった農地転用許可基準が法令で定められた。

①農地転用の許可権限の移譲

　従来、同一の事業の目的に供されるため行われる2ha を超える農地転用の許可は、地域整備法に定めるところに従って行われる一定の場合を除き、農林水産大臣の権限とされてきたが、地方分権の推進を図るため、2ha を超え4ha 以下の農地転用許可については、その権限が都道府県知事に移譲された（農地法第4条第1項、第5条第1項、第73条第1項）。なお、権限移譲の時点では、機関委任事務制度が存続していたため、権限移譲の手法としては、農林水産大臣から都道府県知事に機関委任されたものであった。

②権限移譲に伴う経過措置としての協議制度の創設

都道府県知事は、「当分の間」、2 ha を超え 4 ha 以下の農地転用許可をしようとする場合には、あらかじめ、農林水産大臣に協議しなければならないこととされた（農地法附則）。この協議は、都道府県が従来、最終決定したことがない規模の案件を処理することになるため、当該許可の取扱いが円滑に行われるまでの当分の間の経過措置として創設されたものであり、また、農林水産大臣の同意まで求める趣旨のものではないとされた。

③農地転用許可基準の法定化

農地法が制定された昭和27年当時は、戦後の食料難時代であったために農地転用の件数も少なかったが、経済の回復に伴い住宅の敷地の需要が逐次増加し、昭和33年までは農地造成が転用減失農地面積を上回っていた。しかし、昭和34年以降は農地面積の減少が顕著になったため、昭和34年10月27日付けの事務次官通達で、農地転用許可基準を制定した。通達は、機関委任事務制度の下においては、大臣の知事に対する指揮監督権に基づくものであるため、国と自治体の間では法的な拘束力を有しており、結果として国民・住民の権利義務に大きな影響を与えてきた。

第1次分権改革で機関委任事務制度が廃止され、大臣の首長に対する指揮監督権が消滅した結果、上級官庁が下級官庁に対して発する「通達」を用いることができなくなったため、農地転用許可基準が法定化されたわけである。

問題は、通達の基準であった運用レベルの内容まで法令で規定したことにより、法令の規律密度が極端に高くなり、自治体の運用上の判断が著しく制約されたことである。この問題については、平成20年12月8日の分権改革委員会の第2次勧告で、法令による義務付け・枠付けの見直しが勧告されている。

（5）地方分権一括法による農地法改正

地方分権一括法による関係法の一括改正は、平成11年7月16日に公布され、平成12年4月1日から施行された。地方分権一括法によって、機関委任事務制度が廃止され、新たな事務区分に再編されるとともに、関与の縮減が図ら

れるなど、国と自治体の対等・協力の関係構築に向けた改正が行われた。

①経過措置としての法定受託事務化

地方分権推進委員会の第1次勧告においては、農地転用許可に関する事務の区分について、新たに国から都道府県に移譲された2haを超え4ha以下の農地転用許可は法定受託事務とされることが確定していたが、従来から機関委任事務として都道府県知事が許可していた2ha以下の農地転用については、農業基本法の見直しに伴う農地法の改正の際の検討課題とされていた。

第2次勧告では、制度全体にわたる見直しが近く予定されている事務は、とりあえず法定受託事務とすることが勧告され、農地法に基づく農地転用許可に関する事務は、大店法に基づく出店調整に関する事務とともに、当分の間の経過措置として法定受託事務に整理された（法定受託事務のメルクマール8）。このため、2ha以下の場合を含め、農地転用許可に関する事務は、法定受託事務とされた（農地法第91条の3）。

②機関委任事務制度の廃止の代替措置としての指示の創設

機関委任事務制度の下においては、包括的な指揮監督権に基づき、広範に指示をすることが認められていたが、地方分権一括法による地方自治法の整備により、関与の法定主義が確立されたことから、農林水産大臣は「農地法の目的を達成するために特に必要」な場合に限り、都道府県知事及び農業委員会に対し、必要な指示をすることができることとされた（農地法第89条第1項、第2項）。

③経由事務の政令化

地方分権一括法による改正前の地方自治法は、国が自治体に事務処理を義務付ける場合には、「法律又はこれに基づく政令」によることを明記していた（旧地方自治法第2条第2項）。

農業委員会や都道府県知事の経由事務は、従来は省令に規定されていたが、政令に規定するよう改められた。改正前の農地法第4条では「省令に定める手続きに従い」とされ、改正前の農地法施行規則第4条では「申請書を、農業委員会を経由して都道府県知事に……都道府県知事を経由して農林水産大

臣に」提出しなければならないとされていた。

この改正で、農地法第4条では「政令に定めるところにより」とされ、農地法施行令では「省令で定める事項を記載した申請書を、農業委員会を経由して、都道府県知事に……都道府県知事を経由して、農林水産大臣に」提出するものとされた。

（6）農業基本法の改正を受けた農地法改正

農業基本法の抜本改正を受けた農地法の改正は、平成12年12月6日に公布され、平成13年3月1日から施行された。この改正では、農業経営の法人化を推進し、その活性化を図るため、農地の権利を取得できる法人である農業生産法人の要件の見直しや農業生産法人の要件適合性を担保するための措置が講じられるとともに、農地転用許可の事務の一部が自治事務化された。

この改正は、分権委員会の第1次勧告以来の検討課題であった2ha以下の農地転用許可に関する都道府県の事務の自治事務化を実現したものであるが、同時に、法定受託事務の見直しに伴う自治事務化の際の法改正の先行例となるものであり、その概要は以下のとおりである。

①農地転用許可の事務の一部の自治事務化

2ha以下の農地転用許可に関する都道府県の事務（農地法第4条第1項・3項、第5条第1・3項）は、法定受託事務から自治事務に改められた（農地法第91条の3第1項1号、2号）。

②第1号法定受託事務の第2号法定受託事務化

市街化区域における2ha以下の農地転用の届出に関する農業委員会の事務は（農地法第4条第1項第5号、第5条第1項第3号）、第1号法定受託事務から第2号法定受託事務に改められた（農地法第91条の3第2項1号、2号）。第1号法定受託事務は「国が本来果たすべき役割に係るもの」であり、第2号法定受託事務は「都道府県が本来果たすべき役割に係るもの」である。農業委員会にとっては、法定受託事務であることに違いはないが、是正の指示を国が直接行うことが可能か否かが異なってくる。

③自治事務化に伴う国の指示権の範囲の縮小

　法定受託事務の自治事務化に伴い、農林水産大臣が指示できる事務の範囲から、2ha以下の農地転用許可に関する都道府県の事務及び市街化区域における2ha以下の農地転用の届出に関する農業委員会の事務が除外された（農地法第89条第1項、第2項）。

(7) 第1次分権改革の評価

　農地転用許可の事務の特徴は、農水省のブロック単位の地方農政局、都道府県、市町村農業委員会が1つの許可申請を順次審査する三重行政の仕組みにあり、個別の申請案件の審査は、許可申請前の事前相談に多くの時間と労力を要し、都道府県や市町村農業委員会が国の許可案件について事務の下請を行っていた。

　第1次分権改革では、機関委任事務制度の廃止などの各行政分野に共通した課題と、権限移譲などの行政分野別の課題が改革の対象となり、前者は「制度的な課題」として西尾勝委員を座長とする「行政関係検討グループ」で、後者は「行政分野別の課題」として地域づくり部会（成田頼明部会長）及びくらしづくり部会（大森彌部会長）で審議が行われた。

　権限移譲については、全国市長会が都市計画を全国知事会が農地転用許可をターゲットとしたため、農地転用許可の事務は、都市計画の事務とともに、権限移譲の焦点であった。さらに、両事務は機関委任事務の代表例であったため、両事務の自治事務化の目途が立ったことが、機関委任事務制度の廃止の試金石となったと言えよう。

　農地転用許可の権限移譲をめぐる委員と農水省幹部だけの膝詰め交渉では、20haを基準とするところから交渉が開始され4haで決着している。4haに落ち着く交渉の過程では、規模別の大臣許可件数が議論となり、平成6年の実績では、大臣許可268件のうち4ha以下が131件（分割して許可申請したために2ha以下となった59件を含む）になり、大臣許可件数の約半分になるとの説明が、農水省側からなされている。権限移譲に伴う許可件数の半減は、大臣許可事務を処理している地方農政局の定数査定に影響することから、

第2章　国と自治体の分担関係の改革の検証

（8）第1次分権改革の問題点——権限移譲に伴う新たな関与形態の誕生

　第1次分権改革の以前から、国の許可、認可、承認を要する事務は、都市計画決定のように自治体が実施主体となる事務に限られていた。これらの許可等の関与は、第1次分権改革で同意や協議に変わっている。

　一方、私人の行為を自治体が許可する事務を国が統制する手段は通達であった。国は私人が自治体に申請した内容に個別に関与することはしないで、通達で許可の基準を運用レベルまで細かく統制していた。自治体が許可をする場合に国の許可がいるという仕組みではなかったのである。通達は第1次分権改革で助言又は処理基準に変わっている。

　このように、私人が自治体に申請する許認可事務に対しては、国は個別の事案には関わらないというのが暗黙のルールであった。

　ところが、第1次分権改革では、分権委員会自身が農水省との調整の中で、特殊な関与の類型を創設してしまった。2 ha を超え 4 ha 以下の農地転用許可の権限移譲にあたり、当分の間の経過措置として都道府県が国と協議をするという仕組みを導入したのである。協議であるので、最終的には国と意見が一致しなくとも都道府県の判断で許可又は不許可とすることは法律上可能ではあるものの、私人が都道府県に申請する許認可にまで国が個別に関与するというのは、戦後の自治制度の下では異例な仕組みであった。せめて「国の意見を聴く」としたかったところであるが、当時は権限委譲に伴う時限的な措置としてのぎりぎりの選択であったと思われる。

8　第2次分権改革の概要

（1）分権改革委員会の第1次勧告

　第1次分権改革においては、都道府県は全ての農地転用許可権限の移譲を求めたが、分権委員会と農水省との調整により、2 ha超 4 ha以下の農地転用の許可権限が移譲された。

　地方分権改革推進法に基づき、平成19年4月1日に分権改革委員会が発足

89

し、第2次分権改革がスタートして以来、農地転用許可制度は、重点行政分野の改革として位置付けられ、都道府県への権限移譲が論点となった。

平成20年5月28日の分権改革委員会の第1次勧告では、「将来にわたって国民の食料を安定的に供給するため、平成20年度内に予定されている農業振興地域制度及び農地制度の改革において、農地及び優良農地の総量を確保する新たな仕組みを構築したうえで、次のとおり見直すこととする。」「・農地転用に係る国の許可権限を移譲するとともに、国との協議を廃止する。」こととされた。

(2) 地方分権改革推進本部の地方分権改革推進要綱

平成20年6月20日に政府の地方分権改革推進本部が決定した「地方分権改革推進要綱」においては、「平成20年秋に予定されている農業振興地域及び農地制度の改革に当って、(中略)第1次勧告の方向により検討を行う。」とされた。

(3) 農地法の平成21年改正

農地法等の一部を改正する法律が第171回国会で成立し、平成21年6月24日に公布され、公布の日から起算して6月を超えない範囲で政令で定める日から施行することとされた。この農地法等の改正は、食料を安定供給するため、国内の農業生産を増大させる必要があり、そのためには、農地の確保とその有効利用が必要との考え方によるものとされている。

このため、農地の減少を抑制する一方で、農地の賃借を容易にするよう関係する制度の改正が行われており、農地法については、第1条の目的規定をはじめ、第3条の権利移動規制、第4条、第5条の農地転用規制等が改正されたほか、農業経営基盤強化促進法、農業振興地域の整備に関する法律、農業協同組合法等の改正が行われた。

平成21年の農地法の改正については、第1次分権改革以来の課題があり、その問題点を列挙すれば、次のとおりである。

［第1次分権改革との関係］
　① 権限移譲に伴う経過措置である国との事前協議制度の継続

② 農地転用許可の権限移譲の未実施
③ 都道府県、市町村の行為への許可制度の適用
④ 関与の強化と濫用

［第2次分権改革との関係］
⑤ 第1次勧告を無視した権限の温存
⑥ 第2次勧告を無視した省令改正による基準の厳格化

以下、これらの問題点について整理することとする。

①権限移譲に伴う経過措置である国との事前協議制度の継続

前記7（8）で述べたように、農地転用許可に係る国との事前協議は、自治体が行う個別の許認可に国が関わるという極めて異例な関与の形態であるとともに、当該許可の取扱いが円滑に行われるまでの当分の間の経過措置として導入された経緯からして、法改正が行われる際に廃止されるべきものである。

事前協議制度の継続は、第1次分権改革の際の約束を履行しない点で問題があるとともに、第2次分権改革における分権改革委員会の勧告及び政府の地方分権改革推進要綱を無視するものであると言っても過言ではなかろう。

②農地転用許可の権限移譲の未実施

平成21年の農地法改正では、第2次分権改革における重点テーマの一つである農地転用許可の権限移譲について、分権改革委員会の第1次勧告及び政府の地方分権改革推進要綱を無視して、全く手が付けられなかった。

農地法等の一部を改正する法律の附則では、「検討」という見出しが付けられた第19条の中で、「政府は、この法律の施行後5年を目途として、（中略）新農地法第4条第1項及び第5条第1項の許可に関する事務の実施のあり方、農地の確保のための施策のあり方等について検討を加え、必要があると認めるときは、その結果に基づいて必要な措置を講ずるものとする。」としており、5年間も「検討」を先送りしたうえに、「必要があると認めるときは」という分権改革委員会の勧告や政府の地方分権改革推進要綱を無視したような規定が盛り込まれた。

③都道府県、市町村の行為への許可制度の適用

　第1次分権改革の際に農水省は、権限移譲をしない理由の一つとして、「都道府県が行う農地転用、市町村が行う公共用に供する施設の建設のための農地転用は、ほとんどの場合許可が不要である。」と説明していた。また、第2次分権改革では、「自治体の自由度の拡大」が第2次勧告の副題となっているように、法令による自治体への義務付け、枠付けの見直しが重点項目となっている。

　こうした中で、平成21年の法改正では、都道府県や市町村の行為を新たに許可制度の対象とし、許可に代わって協議を義務付けており、特に、国が許可権限を有する4 haを超える農地転用の場合には、国の同意を義務付けているのと同じ意味を持つことになる。さらに、都道府県が許可をする場合に国との事前協議を要する2 haを超え4 ha以下の場合についても、新たに国の関与が改正法附則で規定された。

　第2次分権改革が進行している最中に、このような分権改革に逆行する法改正が何の疑問もなく閣議決定され国会で成立したことは問題である。

④関与の強化と濫用

　平成21年の農地法改正は、関与の点でも見過ごすことのできない問題点を有している。

　第1は、改正農地法の第59条において、「都道府県の事務の処理が農地又は採草牧草地の確保に支障を生じさせていることが明らかであるとして」地方自治法第245条の5第1項の規定による是正の要求を行う場合には、「当該都道府県知事が講ずべき措置の内容を示して行うものとする。」と規定している点である。

　地方自治法に規定されている「是正の要求」の要件は、「法令の規定に違反していると認めるとき、又は著しく適正を欠き、かつ、明らかに公益を害していると認めるとき」とされており、単に、「支障を生じさせていることが明らかである」場合に関与が可能な規定の仕方は問題がある。さらに大きな問題は、自治事務に対する是正の要求は、法定受託事務に対する是正の

指示とは異なり、「具体的措置の内容については、地方公共団体の裁量によるもの。」（松本英昭著要説地方自治法）とされているにもかかわらず、国が措置の内容を示すことを認めている点である。これでは、第1次分権改革で2ha以下の農地転用許可を自治事務とした意義が低下してしまう。しかも地方自治法で規定する関与のルールの特例を個別法で規定していることは重大な問題であると言わざるを得ない。

第2は、平成21年6月26日付けの農水省の「農地制度の見直しについて」によれば、是正の要求を行う前提として、自治事務として処理している2ha以下の農地転用許可について、地方自治法に基づく資料の提出の要求により、関係書類の提出・閲覧を毎年要求するという点である。このような関与の仕方は、地方自治法第2条第13項で規定する自治事務の処理に対する国の配慮義務に反する関与の濫用である。しかも、地方自治法第245条の4で規定する資料提出の要求は、技術的助言、勧告、事務の適正な処理に関する「情報提供」をするために行うものとされており、国が自治体を統制するためのものではないのである。

⑤第1次勧告を無視した権限の温存

平成20年5月28日の分権改革委員会の第1次勧告では、「農地転用に係る国の許可権限を移譲するとともに、国との協議を廃止する。」と勧告されていた。しかし、権限移譲も協議の廃止も行われなかった。

⑥第2次勧告を無視した省令改正による基準の厳格化

平成20年12月8日の分権改革委員会の第2次勧告では、農地転用許可の基準について、法令の義務付け・枠付けを見直すよう勧告されていた。しかしながら、平成21年の省令改正では、農地法の省令で規定している詳細な許可基準を見直して自治体の裁量の余地を拡大することはせずに、逆に基準を厳格化した。

具体的には、原則として農地転用を認めない第1種農地の面積要件について、従来の省令では20haとしていた基準を10haに引き下げ、農地転用を許可しない範囲を拡大した。また、原則として農地転用を認める第3種農地の

道路の要件について、従来は水管、下水管、ガス管の3つのうち1つが埋設されている道路としていたものを2つ以上に厳格化し、農地転用を許可できる範囲を縮小した。

このように、自治体の自主性を高めようとする第2次勧告の趣旨と逆行する省令改正が行われたのである。

(4) 平成25年12月20日の閣議決定

政府は、平成25年12月20日に「事務・権限の移譲等に関する見直し方針について」を閣議決定した。農地転用に係る事務・権限については、「地方の意見も踏まえつつ、農地法等の一部を改正する法律(平成21年法律第57号)附則第19条第4項に基づき、同法施行後5年(平成26年)を目途として、地方分権の観点及び農地確保の観点から、農地の確保のための施策の在り方等とともに、農地転用事務の実施主体や国の関与等の在り方について検討を行い、その結果に基づいて必要な措置を講ずるものとする」とされた。

(5) 平成27年の地方分権第5次一括法による農地法改正

第5次一括法によって農地法が改正された。従来は国が許可をし、都道府県が受付等の作業を行ってきた4ha超の大規模な農地転用許可の権限が都道府県に移譲され、平成28年4月から施行されることになった。ただし、権限移譲された事務は法定受託事務とされ、暫定措置として、都道府県は許可をするに当たり、国と協議することが義務付けられた。

(6) 第2次分権改革の評価

第2次分権改革においては、分権改革委員会が農地転用に係る国の許可権限を移譲するよう勧告したが、農林水産省は、大規模な農地転用の許可権限を移譲することに抵抗し続けた。

しかしながら、平成27年の第5次一括法により、農地転用許可の全ての権限が都道府県に移譲されることになった。

将来的には、第5次一括法によって権限移譲された4ha超の大規模な農地転用許可の事務を法定受託事務から自治事務に転換するとともに、暫定措置として導入された国との協議を廃止する必要がある。

第5節　保安林の指定・解除事務の分担関係

1　保安林制度の概要
（1）旧森林法制定以前の状況
①明治維新以前

　日本においては、社寺境内林の保護が古くから図られており、この本来の目的は、社寺の宗教上の尊厳を確保するという風致目的であったが、社寺と一体となった森林は、森林自体が信仰の対象ともなっていった。また、社寺境内林の中には、水源の確保や災害の防止といった目的を有するものも含まれており、全国各地に残されている社寺境内林の伐採を強く戒める言い伝えは、水源の確保や災害の防止に森林が役立つことを伝えていると言うこともできる。

　政府による森林の伐採の禁止は、古くは嵯峨天皇の弘仁9年に近江国比良山の伐採の禁令があるが、全国的に森林の保護・造林が図られるようになったのは、江戸時代の幕府・諸藩の森林施策によるものとされている。また、江戸時代には、農地等を保護するための海岸林の造成が盛んに行われており、青森県の屏風山、秋田県の後谷地水林、静岡県の千本林、鹿児島県の吹上浜、佐賀県の虹の松原などが有名である。

②明治維新から明治30年まで

　明治維新によって封建的な土地の支配関係が崩壊し、幕府、諸藩の領地及び神社・寺院の境内以外の土地は国有とされた結果、政府は膨大な国有林を有することになったが、国庫の財源確保、開墾の奨励及び武士の就業の確保を図るため、逐次払下げを行った。

　この結果、森林の荒廃を招き、水源の枯渇等の問題が発生したことから、政府は明治4年7月に官林規則を定めて官有林の伐採を制限したが、一方で同年11月には民有林の自由伐採を認めるとともに、明治5年6月には官有地払下規則を定めて払下げを推進した。

　明治9年3月、政府が官林調査仮条例を制定し、官有林のうち禁伐林とす

べきものについて規定したところ、民間への払下げを危惧した社寺が、社寺境内周辺の官有林を禁伐林に編入するよう強く求めたため、社寺境内周辺の官有林の多くは「風致林」の名称で禁伐林として存置されることになった。

明治15年2月、政府は太政官布達で民有林のうち国土保安に関係ある箇所の伐木を停止し、農商務省達で伐木を許可制とした。これは、現在の森林法における保安林の伐木の許可制度（森林法34条）の起源をなすものと言えよう。

明治前期においては、風致に関係のあるものは官有林、民有林ともに「風致林」と、風致林以外の保全すべき森林は、官有林では「禁伐林」と、民有林では「伐木停止林」と称されていた。これらの保全が図られた森林は、全体で約21万5千町歩あったとされているが、その配置状況はきわめて偏在しており、岐阜県、静岡県、三重県、和歌山県、兵庫県、愛媛県など16県には民有林はあっても「伐木停止林」がなく、島根県や福島県にもごく僅かしかなかった。

このように、日本の保安林制度は、地域間のアンバランスを生じたままスタートし、明治17年に三重県で、同18年に福島県で、同19年に滋賀県で、同20年に佐賀県で、民有林取締規則等が制定されており、国による森林法の制定に先行した取組みが行われていた。

（2）旧森林法案の審議開始まで

明治15年、最初の森林法草案が農商務卿西郷従道によって起草された。同草案は、フランス法制に倣ったもので、森林に対する強力な統制権能を国に認めたものであったが、公布されなかった。その後、明治29年の大水害を契機として、同年に河川法が、翌30年に砂防法と森林法が制定され、いわゆる治水三法が整備された。

明治29年1月24日の第9回帝国議会における森林法の提案理由には、「幕府並びに各藩の林政においては、多少の法令があって自由な殖伐を許さなかったために、今日の如く甚だしくなかったが、廃藩置県とともに従来の林制が消滅し、その後20余年間、森林制度が不備であったために、民有林の濫伐

と官有林の荒廃を生じてしまった。」としている。

　当初の法案は、6章102カ条からなっており、その中には国と地方の関係を検討するうえで参考となるものが少なくない。特に注目すべき点は次の三点である。

①府県知事の権限

　保安林の編入・解除は、郡市町村長や直接の利害関係者からの申請、又は大林区署長等からの通知を受けた府県知事が地方森林会に諮問し、意見を付して農商務大臣に具申することとされていた。この場合において、最終的には農商務大臣の権限とされながらも、府県知事は第一次的な審査権限を付与されていた。すなわち、申請に基づくものについては府県知事が必要と認めたものに限り地方森林会に諮問し農商務大臣に具申することとされ、また、地方森林会が保安林の編入・解除を否決した場合において、府県知事に異論がなければ、農商務大臣に具申せずに、府県知事が編入・解除をしない旨を決定できる仕組みであった。

　旧森林法案において府県知事に第一次的な審査権限が付与されたことは、注目すべきことである。今日では、国が決定権限の一部を保留しながら自治体に権限を委ねる方法として、自治体に決定権限を付与したうえで、一定の場合には国の承認や同意を得る仕組みが用いられているが、旧森林法案における保安林の編入・解除の仕組みは、申請先が農商務大臣ではなく府県知事とされていたことからも、実質的には、国の承認を要件として権限が府県知事に委譲されていたものと言うことができよう。

②地方森林会の権能

　地方森林会は、府県知事を議長とし、国関係機関、森林事業経験者、治山事業経験者などの議員で構成され、農商務大臣の監督を受けて、保安林の編入・解除、保安林買上価格、保安林補償金額について審議することとされていた。地方森林会は、諸外国の制度を参照したものであったが、欧州諸国の森林委員会の多くは議決機関とされているのに対し、わが国では諮問機関にすぎないものとされていた。昭和4年に開催された日本林学会大会において

は、地方森林会を強化して議決機関とすべきとの意見が強く出されている。

③複数の府県に利害が関係する場合の調整

複数の府県に利害が関係する場合については、府県間で協議を行い、連合地方森林会を開催して合同審議を行うこととされ、府県間の協議が調わない場合には、農商務大臣の指揮を請うこととされていた。

第1次地方分権改革においては、いくつかの行政分野における国から都道府県への権限委譲において、複数の都府県に利害が関係する場合の調整が重要な論点となり、後述するように、分権委員会は中間報告において、国による垂直調整ではなく、関係都府県による水平調整の仕組みの導入を打ち出した。この発想は、分権委員会の有識者ヒアリングにおいて、全国森林組合連合会の会長でもある榛村純一掛川市長から提案されたものであった。分権委員会の勧告には、水平調整の仕組みが盛り込まれなかった。

（3）旧森林法の制定

前述した旧森林法案は、衆議院で可決され貴族院の本会議に上程されたが、期日不足のために審議未了で廃案となったため、政府は法案の分量を102カ条から64カ条に整理したうえで、明治30年の第10帝国議会に森林法案を再度提出した。旧森林法は、第10帝国議会において可決成立し、明治31年から施行された。制定された旧森林法は、森林の保全に主眼を置いたもので、保安林制度を中心とした伐採等の取締法規であった。

（4）旧森林法の明治40年改正

明治40年の第23回帝国議会に政府から森林法の改正法案が提出され、改正が行われた。森林法の改正及びこれに伴う地方森林会規則の改正で注目されるのは、次の2点である。

①経由事務化と権限規定の追加

保安林の編入・解除の申請は、郡市町村長や直接の利害関係者から府県知事に対して行うこととされていたが、改正後は、府県知事を経由して主務大臣に対して行うよう改正された。通常の経由事務に基づく経由機関の権限は、申請の受付・送付に限定されており許可権限は委譲されていないわけである

第 2 章　国と自治体の分担関係の改革の検証

が、改正森林法では、申請の条件を具備しない場合等には、府県知事は申請を却下できる旨規定された。また、府県知事が地方森林会に諮問したうえで、府県知事の意見を付して主務大臣に提出することも継続された。

②連合地方森林会の開催手続の権限委譲

複数の府県に利害が関係する場合に開催する連合地方森林会の開催地及び開催日時は、従来は、関係府県知事からの申出に基づいて主務大臣が決定することとされていたが、森林法の改正に伴う地方森林会規則の改正により、関係府県知事の協議で決定し、主務大臣に報告するよう改められた。

（5）旧森林法の明治44年改正

旧森林法が改正され、保安林の編入・解除等の権限の一部を府県知事に委任することができる旨の規定が追加されるとともに、委任された場合には、保安林の編入・解除に関する地方森林会の決議書その他の関係書類並びに知事の意見書を主務大臣に提出する必要はないこととされた。

（6）旧森林法の昭和19年改正

戦時の特別措置として旧森林法が改正され、保安林の編入・解除等の権限が、原則として府県知事に委任された。この措置は、昭和23年の旧森林法の改正まで継続された。

（7）現行森林法の制定

昭和25年2月25日、GHQは、経済科学局公正取引実行部と天然資源局森林部の共同で、「森林組合改組に関する共同声明」を日本政府に提出し、森林法の改正を勧告した。この勧告を受けて、昭和26年に現行の新森林法が制定された。

新森林法においては、保安林の指定の目的、すなわち森林に期待する機能として11の目的が掲げられた（森林法25条第1項）。11の目的のうち、水源かん養、土砂流出防備又は土砂崩壊防備を目的とした保安林を一般に「流域保全保安林」と称している。

新森林法では、保安林の指定・解除の権限は、流域保全保安林については、その影響が広域に及ぶとの理由から国の権限とされ、その他の保安林につい

ては、都道府県知事に機関委任された。また、国の権限とされた流域保全保安林の指定・解除の申請は、都道府県知事を経由して行うものとされるとともに、知事は意見を付して大臣に進達することとされた。知事の審査権限については、形式的な手続き上の審査に限定され、形式を満たさない場合には申請を大臣に進達しないで却下できることとされた（森林法第27条第3項）。

2 保安林制度の分権改革の論点
（1）分権改革における論点

　分権改革においては、流域保全保安林（国有林を除く。以下同じ。）の指定・解除の権限移譲が重点テーマの一つとされた。これは、地域の土地利用に関するゾーニングの事務処理を国が行うことに対する問題提起であった。

　都市計画法の都市計画区域や用途地域、農業振興地域の整備に関する法律の農業振興地域、森林法の地域森林計画は、いずれも自治体が土地利用のゾーニングを定めており、流域保全保安林の指定・解除という地域のゾーニングを国が行う点が問題とされたものである。

　流域保全保安林の指定・解除は、都道府県の出先機関から都道府県の本庁の森林担当課へ、さらには、都道府県から林野庁へと申請が順次取り次がれることにより事務が処理されており、このような二重行政の仕組みは、地方六団体等から見直しが強く求められてきた。

　流域保全保安林の指定・解除の事務の分権改革においては、二重行政の仕組みの是正の観点から、国が処理する範囲をどこまで限定し都道府県に権限移譲するかが論点とされてきたが、国と自治体の分担のあり方についてのもう一つ重要な論点がある。

　もう一つの論点とは、国と自治体の事務の分担が、制度と実態で乖離していることである。

　個別の申請案件の審査は都道府県の段階で実質的に行われており、現地の調査や審査に必要な書類の作成は都道府県が行っており、都道府県の段階で指定・解除の見込みがある案件のみが都道府県から林野庁に送付されるので

ある。

このように、国が本来すべき事務を都道府県が実質的に処理することで、国が権限を行使し続けることが可能になっているという、国の自治体への不適切な依存の是正も論点となっているのである。

（2）流域保全保安林の指定・解除における国と自治体の分担関係の課題
①国と自治体の分担関係の建前と実態の乖離

流域保全保安林の指定・解除の申請においては、申請予定者から都道府県に対し事前相談が行われており、基準を満たしていない場合には、国の許可案件であったとしても、都道府県の担当者から申請予定者に対し問題点の指摘が行われている。

国権限の案件における都道府県の経由事務は、法制度上は申請書の記載漏れや添付書類の欠落などの形式的な審査を行う受付事務と、国への送付事務であるが、実態は、都道府県は国の審査の下請け作業を法律上の根拠なく行っている。具体的には、申請に係る現地調査を行い、意見書において指定、解除の適否の基準についての判断を国に報告している。これは、機関委任事務の時代に、国の通達で「実地調査その他十分に調査を行い、関係市町村長、森林所有者およびその森林に関し登記した権利を有する者に意見をきかなければならない」「指定調書等を添付しなければならない」とされていたこと[29]を今日も継承しているためである。[30]

指定・解除の申請書は、都道府県から林野庁に送付されるが、東京にある林野庁が全国の現地を確認することは実質的に困難であるから、都道府県が現地を調査することにならざるを得ないのである。

都道府県の意見提出の事務は、第1次分権改革で機関委任事務から自治事務とされ、自治体としての政策上の見解を国に伝えるものとなったにもかかわらず、機関委任事務時代と同様に、国の下請け機関として報告が行われて

---

(29) 保安林事務処理規定三Ⅱ
(30) 保安林及び保安施設地区に関する事務処理規定等による保安林指定調書等の様式について（昭和45年8月8、林野庁長官通達）

いることは問題である。

経由事務は法令上、都道府県が申請書に意見を付して国に送付した段階で事務は完結しており、国は申請者と直接向き合って申請内容を審査するのが制度上の建前である。しかしながら、実態上は、国は申請書の内容について、申請者ではなく都道府県に申請者の代理人のごとく説明を求め続け、都道府県は国の下請け事務として、申請者と国の取次業務を法的な根拠がなく行っている。

このように、国は最終的な決定権限を留保し、実質的な事務処理は都道府県に行わせるという形態は、機関委任事務と同様に権限と責任を曖昧にしているのである。

②経由事務における制度と実態の乖離の解消

国の権限の領域を確保するため、自治体を経由して申請する「経由事務」が法律上の制度の趣旨を逸脱して利用されてきた。また、都道府県の意見提出の事務は自治事務として処理するものであるから、国の審査の下請のためのものではなく、都道府県の政策上の見解を述べるべきものである。

経由機関にすぎない都道府県から審査に必要な情報や見解を聞かなければ国の事務処理ができないのであれば、決定権限を経由機関である都道府県に移譲すべきである。

3　保安林制度の第1次分権改革の状況
（1）第1次分権改革の焦点
第1次分権改革において、保安林制度については以下の点が焦点となった。
①国から都道府県への権限移譲

第1次分権改革前の森林法においては、全ての流域保全保安林は、国が指定・解除を行うこととされていた。保安林のうち、流域保全保安林が占める割合は95％以上に達しており、保安林のほとんどが流域保全保安林である。

第1次分権改革では、流域保全保安林の指定・解除の権限移譲が論点となり、特に、広域に影響が及ぶ場合の国と地方の役割分担が焦点となった。

②機関委任事務制度の廃止とこれに伴う事務区分

都道府県知事が行う流域保全保安林以外の保安林の指定・解除や保安林における伐採等の許可などの事務は、機関委任事務とされていた。

第1次分権改革では、機関委任事務制度の廃止とこれに伴う事務区分が論点となり、特に焦点となったのは、治山治水は国の事務という事務の性質論であった。

③国又は都道府県の関与の縮減

分権委員会が進めようとした関与の縮減の対象は、個別法に規定されていた強い関与を機関委任事務の自治事務化に伴い縮減するものと、機関委任事務制度を根拠に通達等で規定されていた関与を縮減するものの二つがあった。保安林制度においては、森林法に規定されていた国の関与はきわめて弱い関与であったが、一方で機関委任事務制度を根拠に通達で強い関与が規定されていた。第1次分権改革では、保安林については、機関委任事務制度を根拠として通達に基づいて行われていた関与の縮減が論点となった。

（2）流域保全保安林に係る権限移譲の議論

分権委員会の審議においては、流域保全保安林の指定・解除の権限移譲をめぐり、以下のような議論が行われた。

①地方意見

分権委員会のヒアリングにおいて、地方六団体からは次のような意見が出された。

ア　事務処理の実態

流域保全保安林の指定・解除手続は、実質的に知事が処理し、国は書類審査だけである。国の審査には膨大な時間がかかることから、地域の実態に対応した迅速的確な処理が必要である。知事処分と大臣処分との間で処理期間に相当の差異がある。

イ　保安林の影響の広域性

流域保全保安林の権限を国が行う論拠である保安林の影響の広域性については、流域保全保安林の218流域のうち複数都府県に関係する流域は59にす

ぎず、全体の7割強は一都府県で完結している。59流域も、流域内の都府県を単位として保安林整備計画の策定、保安林の指定・解除手続を処理している。林野庁においても下流の都府県の意見を聞くなどの調整は行っておらず、広域的調整は地方公共団体における水平調整を基本とすべきである。

　ウ　国有林と民有林の一体的管理

　流域保全保安林の権限を国が行う論拠である国有林と民有林の一体的管理については、地域における国の実際の調整は、直接国有林が関係する場合に限られ、一体的管理が行われているわけではない。

　エ　地域における保安林

　流域保全保安林は地域にとっても重要な地域資源であり、地域の住民の意向を踏まえてその保全や活用を図ることが必要である。

②農水省の説明

　分権委員会のヒアリングにおいて、農水省からは、地方六団体からの意見について次のような説明が行われた。

　ア　国の権限とする根拠

　流域保全保安林の指定・解除は、保安林の持つ国民の生命・財産の保護や国土保全の役割、災害の影響や水源のかん養の受益の広域性等から国の権限としている。知事権限とした場合には、保安林の機能が十分発揮しうるか問題があり、処分の一貫性と責任の明確化、関連事務の実施体制の点が懸念される。

　イ　事務処理の迅速化

　大臣権限に係る解除件数のうち、概ね8割は標準処理期間（3か月）以内に処理している。幅員4m以下の林道・道路等や鉄塔・無線施設等の設置を知事による作業許可で対応できるよう措置する。

③分権委員会の中間報告

　分権委員会の中間報告（平成8年3月29日）においては、次のようにとりまとめられた。

　保安林（流域保全保安林を含む）の指定・解除は、基本的には、都道府県

の自治事務とする。また、特に必要がある場合には、国に事前に協議するなど国の意見を反映できる仕組みとする。なお、都道府県の区域を越えて影響が及ぶ保安林の指定・解除については、関係都道府県相互の協議を義務付けることとし、協議が調わない場合においては、国に調整を申し出ることとする。

④中間報告以降の論議

中間報告に対しては、農水省及び地方六団体から意見が出されており、その概要は次のとおりである。

ア　農水省の意見

流域保全保安林は、流域内の保安林が集団となってその機能を発揮するものであり、流域内の民有林の流域保全保安林と国有林の流域保全保安林の配置等を調整し、国有林と民有林が一体となった保安林配備を推進する観点から、国が指定・解除を行う必要がある。仮に、流域保全保安林の指定・解除を自治事務とした場合、ほとんどの流域に国有林が所在しており、これらの流域に係る民有林の流域保全保安林の指定・解除については、国有林の流域保全保安林の配備との調整が必要である。全国の218流域のうち、214流域に国有林が所在している。

イ　地方六団体の意見

国の意見は、治山・治水に対する国の責任を強調するのみで、現在国の権限とされている流域保全保安林の指定・解除について、実際にはその事務のほとんどを都道府県において処理しており、国は書類審査のみにとどまっているという実態を無視したものである。

地方公共団体としても、流域保全保安林が治山・治水上重要な機能を果たしており、その指定・解除が広域的な影響を持つことは十分に承知しており、受益と負担が都道府県の区域をまたぎ、かつ、全国的に見て特に重要な保安林の場合、国が広域的な見地から関与する必要のあることは否定するものではない。

しかしながら、国の意見のように、都道府県がこれらの事務の実施のため

に果たしている役割に目をつぶり、現行制度を維持しようとすることには承服できない。

（3）分権委員会の第1次勧告

分権委員会の第1次勧告において、流域保全保安林の指定・解除の権限移譲について勧告されたが、その概要は以下のとおりである。

①権限の移譲

ア　国の直接執行事務

流域保全保安林のうち2以上の都府県にわたる流域並びに都道府県内で完結する流域であっても、国土保全上又は国民経済上特に重要な流域に係るものの指定・解除は、国の直接執行事務とする。

この場合、指定・解除の申請書の受理、国への進達事務は都道府県の法定受託事務とするとともに、申請書に意見を付する事務は自治事務とする。

イ　都道府県への権限移譲

ア以外の流域保全保安林の指定・解除は、都道府県に移譲する（法定受託事務）。

②従前の機関委任事務の事務区分

ア　自治事務とされたもの
- 流域保全保安林以外の保安林の指定・解除
- 流域保全保安林及び国有保安林以外の保安林における伐採許可等の行為規制

イ　法定受託事務とされたもの
- 保安施設地区における伐採許可等の行為規制
- 流域保全保安林及び国有保安林における伐採許可等の行為規制

③機関委任事務制度の廃止に伴う関与の整理

ア　指示権の法定化

国は、国が策定した保安林整備計画に即して国土保全の観点から特に必要があると認められる場合又は森林法第32条に規定する異議意見書の提出があったときで、広域的・公平な観点から特に必要があると認められる場合には、

都道府県に対し保安林の指定・解除を指示することができるものとする。

イ　協議対象事項の法定化

都道府県が流域保全保安林の解除を行う場合には、治山事業施行地に係る保安林又は一定面積以上の保安林の解除の場合に限り、都道府県は国と同意を要する事前協議を行うこととする。一定面積は、指定理由の消滅の場合にあっては1ha、公益上の理由の場合にあっては5haとする。

また、都道府県が流域保全保安林以外の保安林の解除を行う場合には、治山事業施行地に係る保安林の解除の場合に限り、都道府県は国と同意を要する事前協議を行うこととする。

（4）森林法の改正等の改革の実現

分権委員会の第1次勧告で勧告された保安林制度の改革は、政府の地方分権推進計画に盛り込まれ、地方分権一括法によって森林法が改正された。保安林制度の改革のメインテーマであった流域保全保安林の指定・解除の権限移譲については、森林法第25条が改正され、国の権限が民有林にあっては重要流域内に存するものに限定された。

前述したように、第1次分権改革前は流域保全保安林は国が指定・解除（都道府県が下請け作業）し、流域保全保安林以外の保安林は都道府県が指定・解除をしていた。第1次分権改革では、流域保全保安林のうち重要流域以外のものは都道府県の権限とされた。

[表7]　保安林の指定・解除における分担関係の変更

	第1次分権改革前	第1次分権改革後
流域保全保安林	国が指定・解除	国が重要流域内を指定・解除
		都道府県が重要流域外を指定・解除
流域保全保安林以外の保安林	都道府県が指定・解除	都道府県が指定・解除

重要流域とは、2以上の都府県の区域にわたる流域その他国土の保全上又は国民経済上特に重要な流域で農林水産大臣が指定するものとされ、218流

域のうち、約半数の122流域が指定された。122の重要流域のうち、2以上の都府県の区域にわたる流域は59流域であり、残りの63流域は都道府県内で完結しているが国土の保全上又は国民経済上特に重要な流域として指定されたものである。

都道府県内で完結している重要流域は、北海道が13流域、静岡県が4流域、富山県、三重県、兵庫県、鳥取県及び佐賀県が3流域、青森県、宮城県、秋田県、石川県、島根県、岡山県、愛媛県、熊本県及び大分県が2流域、山形県、神奈川県、福井県、愛知県、広島県、山口県、徳島県、香川県、高知県、福岡県、長崎県、宮崎県及び鹿児島県が1流域となっている。

4 第2次分権改革の状況

地方分権改革推進法に基づき、平成19年4月1日に分権改革委員会が発足し、第2次分権改革がスタートして以来、流域保全保安林の指定・解除の権限の都道府県への更なる移譲が焦点となった。

平成20年5月28日の分権改革委員会の第1次勧告では、「喫緊の課題となっている地球温暖化対策のため、国家的な見地から森林資源を確保するための措置を講ずるなどにより森林の荒廃に対処しつつ、次のとおり見直すこととする。」「・保安林に係る国の指定・解除権限を都道府県に移譲するとともに、国との協議を廃止する。」こととされた。

流域保全保安林の指定・解除手続は、実質的に都道府県が処理し国は書類審査だけであり、複数都府県に関係する流域においても、流域内の都府県を単位として保安林整備計画の策定、保安林の指定・解除手続が処理されており、林野庁が下流の都府県の意見を聞くなどの調整をしていないことから、第2次分権改革における分権改革委員会の勧告で保安林に係る国の指定・解除権限の都道府県への移譲を制度改革の方針として明確に示していることは、当然の結論と言えよう。

平成20年6月20日の政府の地方分権改革推進本部が決定した地方分権改革推進要綱では、「保安林の指定・解除については、上記水系内の一級河川の

第 2 章　国と自治体の分担関係の改革の検証

全区間の都道府県への移管に合わせて重要流域の指定を外すことにより、国による当該重要流域の保安林の指定・解除の権限を都道府県に移譲する。」こととされた。

　分権改革委員会の第 1 次勧告は、保安林に係る国の指定・解除権限の都道府県への移譲を制度改革の方針として明確に示しているが、政府の地方分権改革推進要綱は、具体的な取り組みについて、国土交通省が所管している一級河川の全区間の都道府県への移管に合わせて重要流域の指定を外すという、農林水産省と国土交通省の横並びのみを移譲の判断基準としたものとなっている。

　一級河川の管理権限の移譲があれば自動的に民有林に係る保安林の指定・解除の権限を移譲するということは、農林水産省が流域保安林の指定・解除の権限移譲を拒む理由に乏しいことを示しているものである。

　平成27年1月30日の政府の閣議決定「平成26年の地方からの提案等に関する対応方針」では、前述した「一級河川の全区間の都道府県への移管」が行われた場合に加え、「一級河川を擁さない重要流域においては、当該流域の全ての県から要請があるときに、国と当該流域の県が協議を行い、協議が整った場合、重要流域の指定を外すことにより、当該流域の保安林の指定・解除の権限を都道府県に移譲する。」こととされた。

　国土交通省所管の一級河川の全区間の管理権限が都道府県への移管がされた場合には、自動的に当該流域における農林水産省所管の保安林の指定・解除の権限が都道府県に移譲されるということであれば、一級河川以外の流域を重要流域として指定していることの必然性はないということを示している。農林水産省と都道府県の「協議が整った場合」にのみ権限移譲をするというやり方は、農林水産省に拒否権を与えているものであり、権限移譲の進展は期待し難いと言わざるを得ない。

　前述したように、流域保全保安林の指定・解除の事務は、実質的には都道府県の段階で現地調査等を行い調書を作成して指定・解除の可否を判断しており、法律に根拠のない都道府県の事務処理に依存して国が権限を持ち続け

るという状況は早期に解消する必要がある。

第6節　自然公園事務の分担関係

1　自然公園制度の経緯
（1）国立公園法制定以前の状況　—太政官布告による府県立公園の設置

日本で公園制度が整備されたのは、明治6年1月15日の太政官布告第16号が最初とされている。同制度は、従来から庶民の遊観の場として利用されてきた官地を、府県が大蔵省に申請して公園とするもので、設置・管理の主体は府県とされていた。同制度の公園には、今日における都市公園と自然公園の区別はなく、都市公園的なものとしては、偕楽園、兼六園、栗林公園などがあり、自然公園的なものとしては、松島、嵐山、天橋立、厳島などがあった。

（2）国立公園制度の創設

明治6年の太政官布告により府県立公園が設置されたが、明治末期になると国立公園の設置が議論されるようになり、明治44年の第27帝国議会において、富士山を中心とした「国設公園」を設置する旨の建議が衆議院本会議で可決された。

大正期になると、国立公園の設置をめぐって様々な議論が行われ、大正10年からは内務省による実地調査が行われた。しかしながら、国立公園制度については、その目的が不明確なまま指定に向けた動きが活発化したために、国立公園制度の本質が国民には理解されないまま制度化され、地域指定の準備が進められることになった。

①国立公園制度の目的

国立公園制度には、風景地の保護と利用という2つの異なる目的が併存しており、保護と利用のどちらを主目的とするかによって、制度の内容・運用は大きく変わってくるのであるが、国立公園制度の創設期には、次の二つの代表的な意見が対立していた。

ア 田村剛博士の見解[31]

風景地のままでは公園ではなく、公園であるためには加工がなければならない。国立公園は宿泊施設、温泉施設、運動施設、劇場等を整備したリゾート。比較的小面積のものを全国に多数分布することが有効である。国家記念物と国立公園は、全く別様のものである。

イ 上原敬二博士の見解[32]

国立公園は、世俗に考える公園という語にあてはまるものではなく、むしろ、一つの天然記念物保護区域である。国民の遊覧、来遊は主たる目的ではない。国民的に利用される公園は、国民公園であって、田村剛博士の国立公園は、国民公園である。国立公園の実用化は原始的な風景の破壊の第一歩である。世界の国立公園を通観すると、アメリカをはじめ天然記念物の保護を主目的とし、民衆の来遊が主目的ではない。

以上のように、国立公園制度の主目的を風景地の保護と利用のいずれに置くのかによって、公園の指定、施設整備、行為規制が変わってくるわけであるが、主目的が不明確なまま、実地調査と多数の陳情や請願が行われた。

②国立公園に対する時代の要請

国立公園制度の創設が準備された大正末期から昭和初期は、第一次世界大戦後の世界的な不況の時代であり、政府は昭和2年に不況対策について経済審議会を設置して諮問し、「外人の渡来を多からしめるため、名勝の保存やホテルの増設（中略）を図ること」との答申を得ており、当時は、国際的な観光地の開発を促進することが要請されていた。

このような時代の要請の中で、昭和6年2月、内務省は、前述の田村剛博士が昭和3年に刊行した国立公園に関する冊子を再刊した。このことは、田村剛博士が主張する国立公園の考え方を政府が受け入れたものと解されている。

---

(31) 自然保護行政のあゆみ（1981, p47）
(32) 自然保護行政のあゆみ（1981, p48）

③旧国立公園法の制定

国立公園法案は、昭和6年2月に第59回帝国議会に提案され、衆議院において満場一致で可決され、貴族院で可決後、4月1日に公布され、10月1日から施行された。旧国立公園法には、国立公園制度の目的は示されていないが、提案理由では「国立公園を設置し我が国天与の大風景を保護開発し一般の利用に供するは国民の保健休養上緊要なる時務にして且外客誘致に資する所ありと認む」とされており、直接の目的は国立公園を一般の利用に供することであり、究極の目的は国民の保健休養と外客の誘致にあることが示されている。

村串仁三郎（2005：115）は、旧国立公園の定義や概念が曖昧なまま法制化された結果、国立公園の目的を自然・風景の保護を重視することにおくか、利用開発を重視することにおくかは、現場の解決に委ねられることになったとしている。

（3）国立公園の指定

①戦前における指定状況

大正10年から内務省において、阿寒湖、登別温泉、大沼公園、十和田湖、磐梯山、日光、富士山、立山、白馬岳、上高地、大台ケ原、伯耆大山、小豆島屋島、阿蘇山、雲仙岳、霧島山の16か所が候補地として選定され、実地調査が開始された。

昭和6年11月の第1回国立公園委員会には、内務省の実地調査地が名称の統合などにより14か所として報告され、さらに大雪山が今後調査すべき候補地とされた。昭和7年10月、同委員会で審議の結果12か所が選定された。

その後、国立公園の区域を指定するための現地調査が行われ、日光や吉野熊野における水力発電、阿蘇における農業活動、十和田における国営開拓事業、その他、林業、畜産業、水産業等との調整を経て原案が作成され、国立公園委員会の諮問・答申を経て、昭和9年3月16日、瀬戸内海、霧島、雲仙の3地域が、国立公園として初めて指定された。その後、同年12月4日に阿寒、大雪山、日光、中部山岳、阿蘇の5地域が、昭和11年2月1日に十和田、

富士箱根、吉野熊野、大山の4地域が追加指定され、予定された12候補地の全部が指定された。これらの指定は、地域の国立公園指定運動の影響を受けて、政治的な配慮も加味されて行われたものとされている。

②戦後における指定状況

戦後の再建にとって国際観光の推進は重要な課題であったことから、全国各地では国立公園指定運動が盛り上がり、昭和22年の第1回国会では国立公園関係の請願・陳情が45件に達した。このように国立公園の指定運動が盛り上がったのは、地域が風景観賞地であることを公認する唯一の手段として国立公園制度が機能したためと考えられる。

戦後最初の指定は、昭和22年11月20日に伊勢志摩が追加され、その後も追加指定が行われた結果、旧国立公園法が廃止された昭和32年の段階では、同法に基づく指定は19地域となった。

(4) 国定公園制度の創設と指定

日本は国土が狭く土地の多目的利用を前提とせざるを得ないため、自然風景がすぐれている地域においても、人文的な景観の混入度が著しい地域が存在しており、特に、琵琶湖や英彦山耶馬渓においては、国立公園の指定を希望しながらも、指定されない状況にあった。また、昭和11年1月の第8回国立公園委員会において、国立公園の選定に漏れた地域については、さらに選定の上、国立公園法を準用するなり、都道府県立公園法を制定するなりして、適切な措置を講ずるよう要望が付された経緯があった。

このような背景から、昭和24年に旧国立公園法が改正され、主務大臣は、都道府県に諮り、国立公園審議会の意見を聞いて、国立公園に準ずる区域を指定できることとされた。この改正を受けて、昭和25年7月に、琵琶湖、佐渡弥彦、耶馬日田英彦山の3地域が国定公園に指定され、旧国立公園法が廃止された昭和32年の段階では、同法に基づく指定は14地域となった。

(5) 自然公園法の制定

昭和32年6月1日、旧国立公園法が廃止され、自然公園法が制定された。自然公園法の制定は、自然公園に関する制度を総合的に整備したものであり、

具体的には、国定公園に関する法的な不備の解消と、都道府県立自然公園に関する法的な整備を内容としたものであった。すなわち、国定公園については、国立公園に関する規定の一部が準用されるに過ぎず、法的には極めて不備であった。また、都道府県立自然公園については、条例により私有地を公園の区域に指定して公用制限を課することに法律上の疑義が生じていた。都道府県立自然公園の法制化の経緯は次のとおりである。

①都道府県立自然公園の指定

前述の太政官布告に基づいて、府県立公園が全国的に設置されたが、これらの公園は、公園用地の権原の取得を前提とした営造物公園であり、都市公園的なものと、自然公園的なものがあった。

昭和6年に旧国立公園法が制定され、地域制による新たな公園の概念が示されたことを受けて、昭和10年に千葉県が条例を制定して手賀沼、鹿野山、水郷、銚子、九十九里、清澄山の6地域を県立公園として指定した。さらに、昭和12年には広島県が道後山、芸北の2地域を、島根県が島根半島、隠岐、三瓶、浜田の4地域を、昭和13年には徳島県が剣山を、それぞれ県立公園として指定した。その後、戦争の影響で指定は中断したが、終戦後には、昭和22年に京都府と宮城県が、昭和23年には岩手県、福島県、三重県が条例を制定し、県立公園の指定を行った。

②条例による公用制限の可否

昭和26年7月の段階では、地域制の都道府県立自然公園は112地域（国立公園、国定公園との重複指定地域を含む）に達していたが、いずれも区域の指定のみに止まり、公園の保護、利用計画は定められていない状況にあった。

当初、都道府県では、行政事務条例により土地の形状変更を禁止するなどの公用制限を課する意向であったが、福岡県の質疑に対する昭和24年3月26日の法務総裁（現在の内閣法制局長官）の意見において、法律の根拠なしに条例で定めることには疑義があるとされたことから、地域指定に止まったものとされている。

法務総裁の意見で、条例による公用制限に疑義があるとされた理由として

は、次の点が示されている。
- ア　憲法第29条第2項において、財産権の内容は、公共の福祉に適合するように法律で定めるとされている。
- イ　地方自治法第2条第3項第18号（当時）の自治体の事務の例示において、「法律の定めるところにより」建築物の構造、設備、敷地、稠密度、空地地区、住居、商業、工業その他住民の業態に基づく地域等に関し制限を設けるとされていること。

以上のように、公用制限に関する条例の制定を否定的に解する見解は従来から存在していたが、近年では肯定的に解する見解が一般的となっている。

地方分権一括法による地方自治法等の改正では、公用制限や公用収用が国の専管事務であるかのような疑義が生じないように措置された。すなわち、地方自治法の改正により、自治体の事務の例示が削除されるとともに、土地収用法に基づく事業認定が都道府県の自治事務とされた。なお、土地収用法に基づく事業認定を都道府県の自治事務とすることについては、分権委員会と旧建設省の間で議論となり、旧建設省からは国の関与が必要であるとして法定受託事務とすべきとの意見が出されたが、公用制限や公用収用は国の事務であるといった見解は示されなかった。

③都道府県立自然公園の法制化

今日では、自治体の条例で公用制限や公用収用を規定することに疑義はないが、自然公園法が制定された昭和30年代においては、都道府県立自然公園における条例による公用制限が自然公園法に規定されることになった。

厚生省の自然公園法要綱案が国立公園審議会で審議された結果、特別委員長からの意見により、次のように修正されて法案が立案された。
- ア　都道府県立自然公園の指定権限については、厚生省案では厚生大臣が指定することとされていたが、都道府県立自然公園を厚生大臣が指定するのは地方自治の精神に反するため、都道府県が指定できることとされた。
- イ　特別保護地区について、厚生省案では国立公園のみに限定されていた

が、国定公園及び都道府県立自然公園にも設けることができることとされた。

昭和26年の段階で法案が作成され、国会への提出が図られたが、建設省の都市公園制度等との調整に手間取り、昭和31年まで法案の提出はされなかった。昭和31年の法案では、昭和26年の法案に次のような修正が加えられた。

　ア　都道府県立自然公園の特別地域の指定にあたっては、国立公園、国定公園と同様に、国の関係出先機関との協議を要するとされたこと。

　イ　都道府県立自然公園に関する厚生大臣の助言、勧告権限が規定されたこと。

　ウ　厳重な規制を加えるような傑出した景観を保有する都道府県立自然公園であれば、少なくとも国定公園になり得るのではないかとの判断に基づき、都道府県立自然公園には、特別保護地区を設けないこととされたこと。

以上のように、都道府県立自然公園において条例で規制することが可能なことが自然公園法に明記されたが、この規定は、条例で規制することを法律で授権した根拠規定ではなく、単なる確認規定であることに留意する必要がある。すなわち、自然公園法の規定がなくとも、都道府県の条例で規制をすることは可能である。

平成24年に静岡市が、静岡県立自然公園である日本平・三保の松原県立自然公園の権限移譲を可能とするため、総合特別区域法に基づき、国に市立自然公園制度の創設を求めたところ、現行制度の中での対応が可能であるとの回答を内閣府から受けている。

（6）自然環境保全法の制定

自然公園法は、すぐれた風景地の保護と利用を図ることを目的としており、自然環境の保全を直接の目的としたものではなく、住民の生活にとって身近な自然環境や、人手が入ることが望ましくない原生林などの原始的な自然環境を保全するための法的な制度が未整備であった。

既に米国では、昭和39年に人手の入らない原始地域を保護することを主目

的とした原始地域法が制定されており、昭和40年には日本学術会議から天然林保護区域の設置について政府に勧告が提出されていた。

また、自治体においては、自然保護条例の制定が進み、その多くは、自然環境を保全すべき地域を定め、その地域内における工作物の設置、土地の形状変更等の一定の行為について許可又は届出が必要とされており、条例が法律に先行して整備されていた。

さらに、昭和45年秋の公害国会を経て、昭和46年7月1日に環境庁が設置されて自然保護局が誕生し、従来の厚生省国立公園部とは異なり、「自然保護」を明確にした組織体制が整備された。

このようなことから、昭和47年には法案の作成作業が本格化し、各省庁との調整が行われた。環境庁の原案で注目されるのは、自然公園法を廃止して新法に一章を設け、国立公園等の自然公園は、新法に基づいて指定された地域のうちから、風景地等を形成し、かつ国民の保健、休養、教化に適している地域を指定するとされていたことである。環境庁の原案では、自然環境を保全すべき地域をまず指定し、それらのうちから、国民の利用に適した地域を自然公園として例外的に指定するというものであったが、関係省庁や自由民主党との調整の結果、自然公園法はそのまま存続されることになった。自然環境保全法は、昭和47年6月16日に国会で可決成立し、6月22日に公布された。

（7）自然公園法の目的の改正

自然公園法の制定当時は、保護よりも利用に重点が置かれていた面は否めないが、その後の時代の要請は、保護すべきエリアと利用すべきエリアを峻別し、保護すべきエリアの規制は強化すべきという傾向が強くなり、前述のように自然環境の適正な保全を目的とする自然環境保全法が制定された。

そして、平成21年の自然公園法の改正により、法の究極の目的として、従来の「国民の保健、休養及び教化に資する」に加え、「生物の多様性の確保に寄与する」が規定された。これにより、自然公園法は保護と利用という2つの目的が対等関係に並んだということができる。

2 自然公園制度の概要

(1) 日本の自然公園制度の特徴

①地域制公園としての特徴

日本の自然公園は、都市公園のように国や自治体が土地の所有権等の権原を有するものではなく、公の施設として公園を設置・管理する「営造物公園」ではない。したがって、日本の国立公園は、アメリカのイエローストーン国立公園のように、国が設置・管理する大規模な自然公園ではない。自然公園法には公園の「設置」や「管理」という概念はなく、公園内に設置した道路、広場、宿舎、休憩所等の施設ごとに、別々に設置者や管理者がいるのである。

日本の自然公園制度は、公園区域の土地の権原に関係なく、一定の素質条件を有する地域を公園の区域として指定し、風致景観の保護のため「公用制限」を行う「地域制公園」とされ、法律又は条例によって土地利用を規制する仕組みとなっている。

このように、日本の自然公園制度が「地域制」という「公用制限方式」を採用したことは、次のような理由によるものと解されている。

ア 日本の法制度

大正8年に制定された旧都市計画法の風致地区制度や、旧史跡名勝天然記念物保存法の天然記念物等の指定制度において公用制限方式をとっていたこと。

イ 日本の国土の特性

自然公園は、かなりの面積を必要とするが、米国等のように広大な国有地を有し、その一部を公園目的にのみ使用できるところとは異なり、国土が狭く、土地の多目的利用を前提とせざるを得ない日本の国土の状況の中では、やむを得ない措置であること。

以上のように、自然公園制度が「地域制」という「公用制限方式」によったことで、自然公園内の土地利用は、多目的性を前提とせざるを得なくなっ

た。日本の国土は狭く、利用できる土地も限られていることから、古くから自然と人間生活が共生しており、自然公園の区域内に集落や鉄道駅が存在している場合もある。

このため、自然公園法による規制区域は、都市計画法、農地法、森林法等の土地利用規制と重複している場合が珍しくない。また、自然公園内に都市公園の設置が可能とされている。また、自然公園制度の運用においては、自然公園内に土地を有している地域住民等との調整が重要な要素となっている。

②目的の二面性

自然公園法第1条では、自然公園法の目的は、「すぐれた自然の風景地を保護するとともに、その利用の増進を図り、もつて国民の保健、休養及び教化に資することとともに生物の多様性の確保に寄与すること」とされている。すなわち、法の究極的な目的は、国民の保健、休養、教化に資することと生物の多様性の確保に寄与することであって、すぐれた自然の風景地を保護し利用の増進を図るのは、究極目的から見れば手段にすぎないものである。

1（2）で述べたように、国立公園制度の創設の際に、風景地の保護と利用のどちらを主とするかについて、全く異なる見解が対立し、利用に重点を置いた見解が採用されたこと、また、国立公園の指定運動には、国際的な観光地として公認され、外人客を誘致したいというねらいがあったことから、制度創設から平成21年の法改正までは、利用に重点が置かれていたことは否めない。

平成21年の法改正で、「生物の多様性の確保に寄与すること」が目的に追加されたことで、利用と保全の両方が並び立つ状態となったと言えよう。

（2）自然公園の種類

自然公園には、次の3種類が制度化されている。

①国立公園

「国立公園」は、我が国の風景を代表するに足る傑出した自然の風景地とされている。

②国定公園

「国定公園」は、国立公園に準ずるすぐれた自然の風景地とされている。

③都道府県立自然公園

「都道府県立自然公園」は、地域のすぐれた自然の風景地とされている。

(3) 自然公園法に基づく事務

自然公園法に基づく事務の主な内容としては、①公園の指定（変更）、②公園計画の決定（変更）、③特別地域等の指定（変更）、④行為許可等、⑤公園事業の執行がある。

①公園の指定（変更）

日本の自然公園は、一定の素質条件を有する地域を公園として指定し、風致景観の保護のため「公用制限」を行う「地域制」の公園とされており、国立公園及び国定公園は環境大臣が指定し、都道府県立自然公園は都道府県知事が指定することとされている。国立公園は国が自ら発案して指定するに対し、国定公園は関係都道府県の申出により国が指定する仕組みとなっている。

自然公園は、自然の「風景地」が指定されるため、眺望のうえで重要な山の稜線部や海岸線が帯状に指定される場合が多い。このため、山の中腹の豊かな天然林や沢沿いの希少な野生動植物の生息地域が公園区域外になっている一方で、林業が営まれている植林された登山道の沿線が公園区域内となっていることもある。

公園の区域の境界は、境界線となる道路等が地図及び文言によって示されている。境界線の中には、道路、河川、沢等の地形・地物ではなく、山の稜線から何メートル、海岸線から何メートルといったものや、A地点とB地点を結ぶ机上の線によるものもある。なお、公園の図面の境界線は概ねの位置が示されたもので、正確には文言による表記によって定められている。

②公園計画の決定

公園計画は、本質的には一種の土地利用計画又は地域計画であるとされており、自然公園の保護又は利用のための規制や施設に関する計画を定めるものである。

第 2 章　国と自治体の分担関係の改革の検証

　公園計画には、保護計画と利用計画があり、さらに、保護計画は保護のための規制に関する計画と保護のための施設に関する計画に、利用計画は、利用のための規制に関する計画と利用のための施設に関する計画に分けられる。
　ア　保護計画
（a）保護のための規制に関する計画
　公園計画では、風致景観の保護のための規制のエリアを定めるため、特別保護地区や特別地域、普通地域などの区域の境界が図示及び文言によって記載される。また、特別地域は、風致を維持すべき程度に応じて第1種から第3種までに区分される。特別保護地区は原始状態を維持し、第1種特別地域は現在の景観を極力維持し、第2種特別地域は農林漁業活動についてつとめて調整し、第3種特別地域は通常の農林漁業活動は容認することとされている。
（b）保護のための施設に関する計画
　保護のための施設としては、植生復元施設、砂防施設、防火施設等がある。
　イ　利用計画
（a）利用のための規制に関する計画
　特別地域内において利用人数等の調整を行う利用調整地区の指定をする場合には、公園計画で区域、1日当たりの立入可能人数、禁止行為等を定める。
（b）利用のための施設に関する計画
　利用のための施設には、道路（歩道のみの道路を含む）・橋、広場・園地、宿舎・避難小屋、休憩所・展望施設・案内所、博物館等がある。
　施設計画は、公園事業として執行される可能性があるものを予め計画に位置付けておくという意味がある。公園事業は、公園計画に基づいて執行することとされている。公園計画上の施設の位置は、概ねの位置が図示されているが、具体的な位置まで決定しているものではない。また、公園計画に記載された施設の整備主体は定まっていない。かつては存在した施設

が現存しなくなったものもあり、廃業した旅館や通行不能の歩道もある。

③特別地域等の指定

自然公園内の風致を維持するため、公園計画に基づいて、特別保護地区や特別地域等を指定することとされている。特別地域等の区域は、公園計画によって具体的に定まっていることから、特別地域等の指定は、公園計画で定まっている規制区域を公示することによって対外的に土地利用の規制の網をかける手続としての意味を有している。

④行為許可等

特別保護地区内及び特別地域内における工作物の新築等については、許可を要することとされている。また、普通地域内における各種行為については、届出を要することとされている。

規制の対象となる行為は、道路や建築物、看板等の工作物の新築・改築・増築や、木竹の伐採や損傷、指定植物の採取、屋根、壁面等の色彩の変更などである。

許可の基準は、国立公園及び国定公園については自然公園法施行規則に、都道府県立自然公園については自治体の規則に規定されており、特別保護地区や第1種特別地域では原則として行為許可がされない一方、第2種特別地域や第3種特別地域では建ぺい率や高さ、色彩等の条件を満たしたものであれば原則として許可される。

⑤公園事業の執行

道路等の施設の整備は、公園計画に基づいて、自然公園の保護又は利用のための施設に関する事業を「公園事業」として執行することとされている。公園事業の法律上の主体は、国立公園にあっては国、国定公園及び都道府県立自然公園にあっては都道府県とされている。

しかしながら、法律の建前と実態には大きな乖離がある。日本の自然公園制度は、都市公園のような営造物公園ではないため、国立公園であっても国有地でない場合が多くあり、国有地であっても林野庁所管の国有林である場合が多い。また、環境省は現地で公園施設を整備・管理する組織体制が不十

分であり、そのための予算も極めて少ない状況にある。

このため、国立公園内の登山道・遊歩道や休憩所等は、都道府県や市町村が整備している場合が多く、その場合には環境大臣との協議が必要とされている。その場合、国から都道府県には若干の交付金が交付される場合がある。

法律上の建前では、国立公園に指定されると国が公園事業として施設を整備することになっているが、実態は指定前には自治体の判断で行えた登山道、遊歩道、休憩所の整備に国との調整が必要となるのである。

登山道や休憩所の整備は、都道府県だけでなく市町村も行っており、都道府県においては道路、観光、農林業を所管する課が事業主体となっている場合も珍しくない。さらに、宿舎については、ホテル、旅館は民間が、山小屋は国ではなく自治体か民間が経営している場合が一般的である。

以上のように、公園事業については、法律上の建前と実態が大きく乖離しており、国の役割を過大に設定して自治体や民間の役割を制限した上で、国のコントロールの下で特別に自治体や民間に事業の実施を認めるという論理構成で制度が構築されている。このように、国の役割を過大に設定して国の権限が及ぶ領域を確保しつつ、実際の場面では、自治体や民間に依存して執行を確保するという手法は、国の役割を肥大化させる常套手段として用いられてきた手法であり、環境省所管の他の法律でも同様の問題が見られる。

[表8] 分権改革前の国と自治体の事務の分担状況

	国立	国定		都道府県立
公園の指定 (変更)	国	[国] (都道府県の申し出が必要)		都道府県
公園計画の 決定 (変更)	国	[国] (都道府県の申し出が必要) ・保護のための規制計画 ・利用のための施設計画のうち集団施設地区計画及び重要な道路	[都道府県] ・利用のための規制計画 ・利用のための施設計画のうち国が定める以外のもの ・保護のための施設計画	

特別地域等の指定（変更）	国		国	都道府県
行為許可等	［国］ ・特別保護地区内の行為許可及び特別地域内の軽微な行為以外の行為許可	［都道府県］ ・特別地域内の軽微な行為許可 ・普通地域内の行為の届出の受理	都道府県	
公園事業の執行	国 ＊実態は自治体又は民間が多い		都道府県 ＊実態は市町村又は民間が多い	

＊国立公園における行為許可及び国定公園における公園計画の決定(変更)、行為許可の事務は機関委任事務、国定公園における公園事業の執行は団体委任事務とされていた。

3 自然公園制度の分権改革の状況

（1）第1次分権改革における論点

第1次分権改革においては、自然公園制度について以下の点が論点となった。

①国と都道府県の役割分担の見直し

国立公園及び国定公園に関する事務においては、公園の指定、公園計画の決定、特別地域等の指定、行為許可等、公園事業の執行を、国と都道府県が事務を分担して処理してきた。

第1次分権改革では、国立公園及び国定公園に関する事務について、国と都道府県の事務分担の見直しが論点となり、特に、国立公園における軽微な行為の許可、国定公園における公園計画の決定及び特別地域等の指定の役割分担が焦点となった。

②機関委任事務制度の廃止とこれに伴う事務区分

国立公園における軽微な行為の許可や国定公園における行為の許可などの事務は機関委任事務とされていたため、同制度の廃止とこれに伴う事務区分が論点となり、特に焦点となったのは、国立公園、国定公園は国の事務という事務の性質論であった。

③国又は都道府県の関与の縮減

分権委員会が進めようとした関与の縮減の対象は、個別法に規定されてい

た強い関与を機関委任事務の自治事務化に伴い縮減するものと、機関委任事務制度を根拠に通達等で規定されていた関与を縮減するものの2つがあった。自然公園制度においては、法令に規定されていた国の関与は極めて弱い関与であったが、一方で機関委任事務制度を根拠に通達で強い関与が行われていた。このため、機関委任事務制度を根拠とした通達に基づく関与の縮減と関与の法定化が論点となった。

(2) 分権委員会の第2次勧告

分権委員会の第2次勧告(平成9年7月)は、地方六団体の意見とは逆に国の役割が強化される内容が含まれたものとなった。これに従って地方分権一括法による自然公園法及び同法施行令の改正が行われた。

分権委員会の第2次勧告において、自然公園法に基づく事務について勧告された内容は以下のとおりである。

①権限の移譲

ア 国の直接執行事務化

(a) 国立公園内の特別地域内における軽微な行為許可等

国立公園の特別地域内における高さ13m以下かつ1,000㎡以下の工作物の新築・設増築等の軽微な行為許可等は、都道府県知事が機関委任事務として処理していた。第2次勧告では、これらの軽微な行為許可・届出の受理、国の機関からの通知の受理の事務は、国の直接執行が原則とされ、経過措置として、当分の間は、都道府県からの申し出により国が指定した場合においては、当該事務を都道府県が法定受託事務として処理することができることとされた。

(b) 国定公園の公園計画

国定公園の公園計画は、保護のための規制計画及び利用のための施設計画の一部は国が関係都道府県の申し出により自然環境保全審議会の意見を聴いて決定し、その他の計画は都道府県知事が機関委任事務として決定していた。第2次勧告では、公園計画は全て国が、関係都道府県の申し出により、自然環境保全審議会の意見を聴いて決定することとされた。

イ　都道府県への権限移譲
（a）　国定公園の特別地域の指定

国定公園の特別地域は、国が公園計画に基づいて指定していた。第2次勧告では、国から都道府県に権限移譲され、都道府県は法定受託事務として処理することとされた。

（b）　国定公園の特別保護地区の指定

国定公園の特別保護地区は、国が公園計画に基づいて指定していた。第2次勧告では、国から都道府県に権限委譲され、都道府県は法定受託事務として処理することとされた。

ウ　都道府県の意見の反映
（a）　国立公園の指定

国立公園は、国が自然環境保全審議会の意見を聴き、区域を定めて指定することとされていた。第2次勧告では、関係都道府県の意見を聴くことが法的に義務付けられた。

（b）　国立公園の公園計画・公園事業の決定

国立公園の公園計画及び公園事業は、国が自然環境保全審議会の意見を聴いて決定することとされていた。第2次勧告では関係都道府県の意見を聴くよう法的に義務付けられた。

②従前の機関委任事務の事務区分
ア　自治事務とされたもの

国定公園内における行為許可、公園事業の決定、公園計画に基づく集団施設地区の指定・解除・変更、損失補償等の事務は都道府県の自治事務とされた。

イ　法定受託事務とされたもの

国定公園の公園計画に基づく特別地域、特別保護地区等の指定等の事務は、都道府県の法定受託事務とされた。なお、国立公園内の軽微な行為規制については、①ア（a）で述べたとおりである。

③機関委任事務制度の廃止に伴う関与の法制化

機関委任事務制度の廃止に伴い、従来の国の通達等による都道府県のコントロールが不可能となったことから、次の事項について同意を要する協議が法定化された。

ア　公園事業の執行の承認への国の関与

国定公園において都道府県以外の公共団体が公園事業を行う場合に必要な都道府県知事の承認には、国との同意を要する協議が義務付けられた。

イ　行為許可等への国の関与

国定公園特別地域内、国定公園特別保護地区内又は国定公園海中公園地区内にける工作物の設置等の行為許可において、大規模な行為に係る場合又は国際的な登録地を含む場合には国との同意を要する協議が義務付けられた。

4　自然公園制度の分権改革の課題と今後のあり方

(1) 国と都道府県の分担

第1次分権改革では、3 (2) で述べたとおり、国立公園及び国定公園の事務について地方六団体の意見とは逆に、国の事務分担が拡大する内容を含む改正が行われた。

［表9］　第1次分権改革後における自然公園の事務分担の状況

	国立公園		国定公園	都道府県立自然公園
	原則	例外		
公園の指定（変更）	国		国（都道府県の申し出が必要）	都道府県
公園計画の決定（変更）	国		国（都道府県の申し出が必要）	都道府県
特別地域等の指定（変更）	国		都道府県	都道府県
行為の許可等	国	国都道府県	都道府県	都道府県
公園事業の執行	建前：国実質：自治体・民間が多い		建前：都道府県実質：市町村・民間が多い	

（2）国立公園の事務分担
①都道府県で異なる事務分担となっている制度のあり方
　国立公園の特別地域内における軽微な行為の許可及び普通地域内の行為の届出の受理の事務は、原則として都道府県から国に移管され国の直接執行事務とされた。

　一方で、経過措置として、都道府県の申し出に基づいて環境大臣が指定した区域では、都道府県が引き続き事務を執行することとされた。ただし、普通地域内の行為の届出の受理の事務は、従前は届出を要する全ての行為を都道府県が処理していたが、水面の埋立て等の一定の行為については、環境大臣に届け出ることとされた。

　第1次分権改革による国立公園の行為許可等の事務分担の改正の特徴は、国の直接執行事務とするか、都道府県が引き続き処理するかについて、全国一律ではなく都道府県の意向により選択できる仕組みとしたことである。これは、第1次分権改革における都道府県の意向が一律ではなかったためとされている。

　現在、国立公園が所在する42都道府県のうち、第1次分権改革による国の直接執行事務化後も経過措置によって軽微な行為の許可等を法定受託事務として執行しているは、21都県である。このように、国立公園所在の都道府県の半数が10年以上も経過措置によって事務を執行している理由は、次のような事情によるものと考えられる。

　第一は、地域における土地利用の総合調整の必要性である。前述のとおり、日本の国立公園は営造物公園ではなく、土地利用規制による地域制公園であるため、地域における土地利用制度としても機能している。日本の土地利用制度は、国土利用計画法により都市地域、農業地域、森林地域、自然公園地域、自然環境保全地域の5地域に区分されており、それぞれの地域ごとに土地利用を規制する法律が整備されている。さらに、自治体においては、民間事業者による土地利用事業と地域の将来計画との整合や地域の環境の保全を図るため、条例や要綱による土地利用の調整の仕組みを整備し、土地利用の

誘導を行っている。自治体は、法律による規制と自治体独自の制度の連携を図りながら、土地利用の総合的な調整を行っているのである。

そうした中で、国立公園の区域内における土地利用が自治体と調整を図ることなく行われることは、地域の総合的な土地利用調整を図っていく上で支障が生ずるおそれがあり、都道府県が許認可事務に関わることは、土地利用の情報を適確に把握し、誘導する上で有効な手段となっているのである。

第二は、自治体のまちづくりとの調整の必要性である。行為許可のほとんどを占める第2種・第3種特別地域は、自然環境上の核心的な地域である特別保護地区や第1種特別地域をとりまく緩衝地帯としての性質を有している。日本の狭い国土では集落地域を全て自然公園の区域から除外することは難しいため、鉄道駅や既存の集落、温泉街、住宅分譲地などを区域に含んでいる場合があり、集落内の道路整備や都市公園の整備などのまちづくりが国立公園内で行われている。

第三は、地域住民の利便性である。軽微な行為の許可等は、地域住民が申請者となることが多い。例えば、集落を区域に含んでいる富士箱根伊豆国立公園の伊豆半島地域では、住宅の新築や増改築、建替えなど、市街地で行われているような行為が日常的に発生しており、年間数百件に及んでいる。

したがって、国立公園内の軽微な行為の許可等の事務の執行者を、都道府県の選択によって決定できる仕組みは、現行では、当面の経過措置として、自然公園法の政令の附則で規定されているが、恒久的な措置として、法律に規定することが必要である。

[表10] 国立公園の事務分担の変更

	第1次分権改革前	第1次分権改革後
公園の指定（変更）	国	国（都道府県の意見を聴取）
公園計画の決定（変更）	国	国（都道府県の意見を聴取）
特別地域等の指定（変更）	国	国

行為の許可等	国と都道府県で次のとおり分担 ［国］ ・特別保護地区内の行為許可 ・特別地域内の軽微な行為以外の行為許可 ［都道府県］ ・特別地域内の軽微な行為許可 ・普通地域内の行為の届出	原則：国 例外：都道府県の申出により国と都県が次のとおり分担 ［国］ ・特別保護地区内の行為許可 ・特別地域内の軽微な行為以外の行為許可 ・普通地域内の水面の埋立て等の行為の届出 ［都道府県］ ・特別地域内の軽微な行為許可 ・普通地域内の土地の形状変更等の行為の届出
公園事業の執行	建前：国 実態：自治体又は民間が多い	建前：国 実態：自治体又は民間が多い （都道府県の意見聴取を義務化）

②制度と実態が異なる国立公園内の公園事業の主体

　国立公園内の登山道や山小屋、トイレ、標識、展望広場等の施設整備は、自然公園法上は公園事業として国が行う建前になっているが、国の予算と執行体制が極めて貧弱なために、実質的には都道府県や市町村が行っている場合が多く、建前と実態が異なっている。例えば、静岡県内の南アルプス国立公園の山小屋は、県境部分を含めて全て静岡県が設置・管理をしており、高山植物の保護のための事業も国だけでなく県事業としても実施している。また、富士箱根伊豆国立公園の富士山の登山道は、静岡県道として管理を行っている。

　自然公園法上、自治体も国と同様に公園事業の執行の主体として位置づけ、建前と実質の食い違いを是正する必要がある。

第7節　改革の重点対象となった事務の検証の小括

　分担関係の改革の重点対象となった事務の主な問題点は、第一に、分担の基準が不明確なことであり、改革に当たっては明確な基準を設定する必要がある。例えば、国道の国直轄管理については、武藤博己が指摘しているように、国道の利用者の実態により、道路の性格付けをし、国直轄管理の範囲を

決定すべきである。また、一級河川の管理については、一の都道府県で完結するか否かを基準とすべきである。さらに、国立公園内の軽微な行為許可については、都道府県の選択による事務の実施を、当面の経過措置から恒久措置に改めるべきである。

　第二の問題点は、都道府県の事務処理に依存して国が権限を持ち続けるという国の自治体への不適切な依存関係である。農地転用許可事務の権限移譲は、不適切な依存関係の解消という点で評価できるものであり、流域保全保安林の指定・解除事務についても同様に権限移譲が必要である。国立公園についても、公園事業の実施主体として都道府県を国と同様に位置付けるべきである。

　第2章では、分担関係の改革の重点対象となった事務について、従来の各論的な検討を行ったが、第3章では、分担関係の改革の総論的な検討を行い、従来の各論的な検討では見落とされてきた視点に基づいて、新たな改革の方策を提示することとする。

第3章　国と自治体の分担関係の理論的整理と今後の改革方策

　これまでの制度改革における権限移譲についての議論は、補完性の原理に基づく自治体（特に市町村）優先の原則に見られるような原理的な検討のほかは、個別の事務ごとの各論的な検討が行われてきた。

　第1次分権改革及び第2次分権改革においても、個別の事務ごとに論点が設定され、権限移譲の是非が検討された。このため、第2章では、分権改革において国から都道府県への権限移譲の焦点となった国道等の事務について、個別の事務ごとに議論となった論点を整理し、その論点を基に改革の状況を検証した。

　国から都道府県への権限移譲においては、個別の事務ごとに論点が存するため、各論的な検討になることはやむを得ない面があることは否めないと言えよう。

　しかしながら、個別の事務ごとの各論的な検討だけでは、権限移譲のいくつかの手法についての比較検討が難しく、より適切な分担関係はどうあるべきかといった検討が不十分となる可能性がある。特に、個別の事務における論点だけでは、自治体の自主性や自律性の向上に寄与しないような権限移譲に値しない結果を招くおそれも否定できない。また、権限移譲の進め方において、これまで各事務ごとに議論されてきた手法が最良であるとは限らない。

　そこで本章では、国と自治体の分担関係における総論的な検討をするために、国と自治体の間における事務の切分け方を「事務の切分け論」として理論的に整理し、これを基に第1次分権改革及び第2次分権改革における権限移譲の検証を行い、今後の改革方策を提示することとする。

第3章 国と自治体の分担関係の理論的整理と今後の改革方策

第1節 事務の切分け論

1 事務配分における事務の中身の切分け方

事務配分とは、国と自治体で事務執行の全部又は一部を分担するものである。事務配分の方法は、次の4類型に整理することができると考える。

第1番目は、道路、河川、都市計画のように法律を単位として分野別に区分（以下「分野別区分」という。）する方法である。第2番目は、分野別区分の事務を一級河川、二級河川、準用河川のように事務の客体となる対象別に区分（以下「対象別区分」という。）する方法である。第3番目は、分野別区分の事務を河川の指定、整備方針、整備計画、河川工事、河川の維持のように事務の内容別に区分（以下「内容別区分」という。）する方法である。第4番目は、内容別区分の事務を申請の受付、申請の審査のように作業別に区分（以下「作業別区分」という。）する方法である。

区分する場合の単位の基本形態は、分野別区分では法律単位であり、対象別区分や内容別区分では法律の条項（号）単位である。作業別区分では、法律の一つの条項の中で書き分けるか、又は政省令の条項（号）単位が一般的である。

分野別区分においては、国又は自治体の一方が法律に規定する事務の全てを執行することになる。対象別区分においては、事務の客体となる対象は限定されているが、国又は自治体はそれぞれ条項単位の事務を執行することになる。内容別区分においては、国と自治体は分担した条項単位の事務を執行することになる。作業別区分においては、一つの条項の事務を国と自治体が作業で分担するため、自治体が分担する作業のみでは行政の行為としては完結せず、国の作業の補助的作業を国に従属して実施することになる。

4類型について自治体が分担する事務と国が分担する事務の関連性の強度を比較すれば、分野別区分によって分担した場合は関連性が生じない。また、対象別区分や内容別区分によって分担した場合は「関連性」が生じる。さらに、作業別区分によって事務を作業ごとに分担した場合は強く生じると言え

る。

　本書における考察の対象は、第1番目の法律の単位で事務を区分するマクロレベルの事務配分ではなく、各法律に規定された様々な事務を国と自治体で分担するために切り分けるミクロレベルの事務配分、すなわち、第2番目から第4番目までのものである。

[表11]　事務の切分け方による国と自治体の分担関係と両者の事務の関連性

区分の名称	分野別区分	対象別区分	内容別区分	作業別区分
区分の特徴	国又は自治体の一方が事務の全てを執行	事務の対象により国と自治体で分担	事務の内容により国と自治体で分担	国の作業の補助的作業を自治体が分担
区分の単位の基本形態	法律	法律の条項(号)	法律の条項(号)	法律の条項の一部又は政省令の条項
事務の切分けの回数	ゼロ	1回又は複数回	1回又は複数回	2回以上
自治体が分担する場合の自治体の権限	法律に規定する全ての事務を執行	事務の対象を限って条項単位の事務を執行	分担した条項単位の事務を執行	一つの条項の事務の一部作業を実施
事務区分による自治体が分担する事務の例	墓地、埋葬等に関する法律に規定する事務	都道府県道の管理、市町村道の管理	国道の指定区間外における維持・管理(新築・改築は国)	
		大規模でない農地転用の許可		大規模な農地転用における申請の受付(許可の審査は国)
関連性	―	生じる	生じる	強く生じる

※農地転用の許可の例は第2次分権改革前の状態のものである。

2　事務の切分けの多段階性

　1では事務の切分け方に4類型があることを述べたが、実際の事務の切分けは1回だけではなく複数回にわたって行われ、多段階の構造となっている場合がある。

　複数回の切分けは、事務の対象をより細分化する場合、すなわち、対象別区分を複数回して対象を細分化して国と自治体の分担を区分する場合もあれ

第3章 国と自治体の分担関係の理論的整理と今後の改革方策

ば、事務の内容を条単位から項単位へ、さらに号単位へと細分化して国と自治体の分担を区分する場合もあれば、条項の内容を作業別に区分して国と自治体の分担を区分する場合もある。

分野別で区分した場合以外には、対象別区分、内容別区分、作業別区分の3類型は併用されることがある。例えば、分野別区分の事務を対象別に区分し、さらに内容別又は作業別に区分する、又は分野別区分の事務を内容別に区分し、さらに対象別又は作業別に区分するのである。

事務の切分けの多段階性について、道路法、農地法、自然公園法を例に述べることとする。

①道路法

道路法の主な事務の切分けは、第1次切分けによって、国道、都道府県道、市町村道の3つの対象別に区分し、第2次切分けによって、国道を指定区間と指定区間外区間に対象別に区分し、第3次切分けによって、国道の指定区間外区間の事務を新築・改築は国、維持・管理は都道府県に内容別に区分している。

[表12] 道路法の主な事務の切り分けの状況

第1次切分け [対象別]	第2次切分け [対象別]	第3次切分け [内容別]	事務の分担
国道	指定区間		国
	指定区間外区間	新築・改築	国
		維持・管理	都道府県
都道府県道			都道府県
市町村道			市町村

②農地法

第2次分権改革前における農地法の主な事務の切分けは、第1次切分けによって、農地の権利移動の許可、農地転用の許可といった事務に内容別に区分し、第2次切分けによって、農地転用の許可の事務を、4ha以下の農地転用は都道府県、4haを超える農地転用は国に対象別に区分していた。さ

らに、第3次切分けによって、4 haを超える農地転用について、申請の受付は都道府県、申請の審査は国に作業別に区分していた。

[表13] 農地法の主な事務の切分けの状況（第2次分権改革前）

第1次切分け ［内容別］	第2次切分け ［対象別］	第3次切分け ［作業別］	事務の分担
農地の権利移動の許可	農地所在市町村に住所を有する者		市町村農業委員会
	農地所在市町村に住所を有しない者		都道府県
農地転用の許可	4 ha以下の転用		都道府県
	4 ha超の転用	申請の受付作業	都道府県
		申請の審査作業	国

③自然公園法

自然公園法の主な事務の切分けは、第1次切分けによって、国立公園、国定公園、都道府県立自然公園の3つの対象別に区分し、第2次切分けによって、各公園の事務は、公園の指定、公園計画の決定、特別地域等の指定、行為の許可、公園事業の執行に内容別に区分している。

国立公園の行為許可の事務については、第2章第6節3（2）で述べたように、都道府県が希望した場合には、第3次切分けによって、特別地域内の軽微な行為許可は都道府県、それ以外の行為許可は国に対象別に区分している。その場合、国が行う行為許可の事務については、第4次切り分けによって、申請の受付は都道府県、申請の審査は国に作業別に区分している。

国定公園の指定及び公園計画の決定については、第3次切分けによって、指定・決定の申し出は都道府県、指定・決定は国に作業別に区分している。

第3章　国と自治体の分担関係の理論的整理と今後の改革方策

[表14]　自然公園の主な事務の切分けの状況

第1次切分け [対象別]	第2次切分け [内容別]	第3次切分け [国立：対象別] [国定：作業別]	第4次切分け [作業別]	事務分担
国立公園	公園の指定 公園計画の決定 特別地域の指定			国
	行為許可	特別地域内の軽微な行為許可		都道府県*
		上記以外の行為許可	申請の審査	国
			申請の受付	都道府県*
	公園事業の執行			国
国定公園	公園の指定	指定		国
		指定の申し出		都道府県
	公園計画の決定	決定		国
		計画の申し出		都道府県
	特別地域の指定 行為許可 公園事業の執行			都道府県
都道府県立公園				都道府県

＊国立公園の行為許可の事務は都道府県が事務処理の継続を希望した場合

　以上のように、道路法、第2次分権改革前の農地法、自然公園法の事務は、多段階で国と自治体の事務が切り分けられており、切分けの数が多いほど、事務は細分化されることになる。

　国と自治体が分担するために事務が何段階にもわたって切り分けられるということは、権限が細分化されることであり、細分化された事務の執行における自主的な決定の余地は縮小することになる。その典型は、申請の受付作業を自治体が担い、国が申請の審査をする作業別区分の場合であるが、それ以外でも、国立公園内の特別地域内の軽微な行為の許可のように、3段階で切り分けられた事務では、国が分担する許可との関係上、許可基準の独自性を発揮することは制約を受けることになる。

　したがって、国と自治体の分担関係を改革する場合には、できるだけ多段階ではない事務の切分けを行うことが重要であると言えよう。最も切分けの回数が少ないのはゼロ回の分野別区分であるが、切分けの回数を増やさずに、

できる限り減らす方向で国と自治体の分担関係を改めていく必要がある。

第2節 分権改革における権限移譲の検証

第1節で述べた事務の切分け論を基に、第1次分権改革及び第2次分権改革における権限移譲の状況を検証する。

まず、第1次分権改革及び第2次分権改革における権限移譲の状況を、権限移譲が実現していない事務と権限移譲が実現した事務の2つに区分し、それぞれについて、その特性を検討する。

1 権限移譲が実現していない事務

第1次分権改革及び第2次分権改革において、国から自治体への権限移譲が勧告されながら実現していない事務は、第2章第2節で述べた国道の直轄管理区間（指定区間）の管理の事務と、第2章第3節で述べた一級河川の国直轄管理区間（指定区間外区間）の管理の事務である。これらは施設管理行政であり、国の直轄管理区間については、国が一貫して事務を処理する対象別区分となっている。

そして、経費の面から見た場合には、事務費とは別に整備事業費を要する事務である。

第2章第2節及び第3節で述べたように、権限移譲の対象となる国道や一級河川の国直轄管理区間については国土交通省と都道府県・指定都市との間で合意に達しているが、事業の実施に要する経費の財源措置の仕組みが、財務省、総務省、国土交通省の間で具体化されないために、権限移譲が実現するには至っていない。

2 権限移譲が実現した事務

第1次分権改革及び第2次分権改革によって、国から自治体に権限移譲がされた事務は、いずれも整備事業費を要しない事務である。

そして、第1次分権改革から改革の対象となっている事務と第2次分権改

第 3 章　国と自治体の分担関係の理論的整理と今後の改革方策

革で新たに改革の対象となった事務には違いが見られる。

　この違いは、第 2 章第 1 節で述べたように、第 2 次分権改革においては、地方分権の推進の観点と国の出先機関の見直しの観点が並列的に扱われたことによるものと考えられる。

（1）第 1 次分権改革から権限移譲の対象となっている事務

　第 1 次分権改革から権限移譲の対象となっている事務の特徴は、次のとおりである。

①許認可等の規制行政の事務がほとんどであること

　国から都道府県に権限移譲された事務は、農地転用の許可、流域保全保安林の指定・解除等、ほとんどが規制行政の事務である。施設管理行政の事務は、漁港の指定・漁港整備計画の策定のみである。

②改革前は、作業別区分で国と自治体が分担していた事務であること

　国から都道府県に権限移譲された事務は、いずれも国と都道府県が作業別区分によって事務を分担していた事務である。しかも、本来は国の分担となってしている作業についても都道府県が実質的な作業を行っている点に特徴がある。農地転用許可については、第 2 章第 4 節で述べたとおりであり、流域保全保安林については、第 2 章第 5 節で述べたとおりである。

　保護水面の指定や国定公園の特別地域の指定、家庭用品の品質表示に係る都道府県の指示に従わない者の公表は、いずれも都道府県からの申し出に基づいて行われる仕組みであり、国が決定するために必要な作業を自治体が申し出によって担っていた。

　猟区の設定の認可、工場（5 ha以上）の新設・増設の届出の受理、水道事業（給水人口 5 ha超）の認可は、いずれも法律上は国に直接申請・届出することになっていたが、国の通達で都道府県を経由することとされ、都道府県は、法律の根拠がないにもかかわらず、受付、調査、指導、送付等の事務を処理させられていたものである。また、複数の水道事業者の統合等の合理化についても、国の勧告が行われる前に都道府県が指導をしていた。

　下水道事業（予定処理区域100ha超）の認可は、法律で市町村は都道府県

139

を経由して申請することとされていた。

　遺跡等で開発行為を行う事業者への指示権については、文化財保護法上は国のみが権限を有することとされていたが、実務上は都道府県教育委員会が対応していた。

　漁港の指定や漁港整備計画の策定については、法律上は国の直接執行事務とされていたが、実際には、都道府県や市町村が作成した案をベースに行われていた。

③改革後における自治体の分担は、作業別区分が廃止・縮減し、対象別区分又は内容別区分により分担するものであること

　国から自治体に権限移譲されたことで、改革後における自治体の分担は、作業別区分が廃止・縮減され、対象別区分又は内容別区分となっており、自治体の自主性及び自律性の向上に寄与するものと評価することができる。

［表15］　第1次分権改革から権限移譲の対象とされた規制行政の事務

事務	自治体が分担する事務		
	第1次分権改革前	第1次分権改革後	第2次分権改革後
農地転用許可（農地法）	・2ha以下の農地の転用許可 ・2ha超の農地転用の受付・送付	・4ha以下の農地の転用許可 ・4ha超の農地転用の受付・送付	全て
流域保安林の指定・解除（森林法）	受付・進達	重要流域以外の流域に係るものの指定・解除	（重要流域の限定による権限移譲が課題として先送り）
保護水面の指定・解除（水産資源保護法）	都道府県の申請に基づいて国が指定・解除	都道府県が指定・解除	―
国定公園の特別地域の指定（自然公園法）	都道府県が国に案を申し出て国が決定	都道府県が決定	―
猟区の設定の認可（鳥獣保護法）	受付・調査・進達（通達による義務付け）	全て自治体が認可	―
工場の新設・増設の届出の受理（工場立地法）	・5ha未満の工場の届出の受理 ・5ha以上の工場の届出に係る受付・進達（通達による義務付け）	全て自治体に届出	―
家庭用品の品質表示に係る公表	都道府県の指示に従わない場合に、都道府県	都道府県が公表	―

第3章　国と自治体の分担関係の理論的整理と今後の改革方策

（家庭用品品質表示法）	からの依頼により国が公表	都道府県が公表	―
水道事業の認可（水道法）	・給水人口5万人以下の申請の認可 ・給水人口5万人超の申請の受付・送付（通達による義務付け）	給水人口5万人以下及び5万人超の水道事業のうち水利調整を要しないものの認可	給水人口5万人以下及び5万人超の水道事業の一部の認可
水道事業者又は水道用水供給事業者に対する合理化勧告（水道法）	・複数の水道事業者又は水道用水供給事業者に対する統合等の合理化を国が勧告する前に都道府県が指導	同一都道府県内における複数の事業者に対しては都道府県が勧告	―
公共下水道事業計画の認可等（下水道法）	・予定処理区域100ha以下の認可 ・予定処理区域100ha超の申請の受付・送付	都道府県が認可（都道府県及び指定都市の事業を除く）	―
遺跡等で開発行為を行う事業者への指示権（文化財保護法）	・法律上は、文化庁長官に指示権。実務上は、都道府県教育委員会が対応。	・都道府県教育委員会の指示権を法律上明示	―

［表16］　第1次分権改革から権限移譲の対象とされた施設管理行政の事務

事　務	自治体が分担する事務		
	第1次分権改革前	第1次分権改革後	第2次分権改革後
漁港の指定、漁港整備計画の策定（旧漁港法、漁港漁場整備法）	国の直接執行事務（自治体が案を作成）	第1種漁港は市町村、第2種漁港は都道府県、第3種及び第4種は国が指定。国は漁港漁場整備長期計画を、自治体は特定漁港漁場整備計画を策定。	―

（2）第2次分権改革で新たに権限移譲の対象とされた事務

　第2次分権改革で新たに権限移譲の対象とされた事務の特徴は、次のとおりである。

①許認可等の規制行政の事務がほとんどであること

　国から都道府県に権限移譲された事務は、看護師等32資格（25法律）の養成施設等の指定・監督、商工会議所の定款変更の認可、自家用有償旅客運送

の登録・監査、小規模施設特定有線一般放送の業務開始届出など、ほとんどが規制行政の事務である。

規制行政以外の事務には、戦没者等の妻等に対する特別弔慰金支給法に基づく証明書の発行の事務＝現金給付に係る事務、中小企業の新たな事業活動の促進に関する法律に基づくエンジェル税制に係る確認事務や中小企業における経営の承継の円滑化に関する法律に基づく事業承継税制適用の認定事務＝税制優遇措置に係る事務がある。

②改革前における国と自治体の分担関係は、作業別区分、内容別区分、対象別区分、分野別区分の４つの場合があること

国から都道府県に権限移譲された事務には、全く異なる４種類のものがある。

第一は、前記（１）②と同じく、作業別区分で国と自治体が分担していた事務である。自治体が分担していた補助的な作業の内容は、保育士の養成施設等の指定では申請の受付を、理容師の養成施設等の指定では施設の実地検査を行っており、同じような資格の養成施設等の指定・監督の事務であっても、作業の内容は一様ではない。

第二は、内容別区分によって国が分担していた事務、すなわち、特定の事務内容については自治体が関わることなしに国が事務処理を行っていた事務である。

第三は、対象別区分によって国が分担していた事務、すなわち、特定の対象については自治体が関わることなしに国が一貫して事務処理を行っていた事務である。

第四は、分野別区分によって国が分担していた事務、すなわち、当該法律の事務については、全て国が執行していたものである。

③改革後における国と自治体の分担関係は、対象別区分又は内容別区分であること

（３）第１次分権改革の対象と第２次分権改革以降の対象の比較

第２次分権改革で新たに権限移譲の対象となった事務については、規制行

政の事務が主な対象となっている点は第1次分権改革と同じであるが、第1次分権改革では作業別区分で自治体が何らかの作業を既に分担をしていた事務が移譲の対象となったことと異なり、内容別区分、対象別区分又は分野別区分によって国が分担していた事務、すなわち自治体が当該事務の処理に関わっていなかった事務まで移譲の対象が拡大した点が大きく異なっている。

また、事務の切分けの回数は、第1次分権改革では減少又は同じであったが、第2次分権改革では切分けの回数が増えたものが存在している。

(4) 第2次分権改革における事務の切分け回数の状況
①事務の切分けの回数が減少したもの

[表17]　自治体が作業別区分で事務を分担していた主なもの

事　　務	第2次分権改革前	第2次分権改革後
各種資格の養成施設等の指定・監督 (保育士、はり師・きゅう師、理容師、保健師・助産師・看護師、歯科衛生師、診療放射線技師、歯科技工士、美容師、臨床検査技師、調理師、理学療法士・作業療法士、柔道整復師、視能訓練士)	国が主として事務を執行。 都道府県は、受付、実地検査等の補助的な作業を実施。	都道府県等が事務処理
二以上の都道府県で病院開設する医療法人の認可等（医療法）		
生活衛生同業組合の振興計画の認定 (生活衛生関係営業の適正化及び振興に関する法律)		

[表18]　内容別区分で分担していた主なもの

事　　務	第2次分権改革前	第2次分権改革後
食品の誇大表示等に対する勧告・命令 （健康増進法）	自治体は検査・収去 国は勧告・命令	自治体は検査・収去に加え、勧告、命令も可能に
自動車運転代行業の認定等に係る同意・監督（自動車運転代行業適正化法）	都道府県公安委員会が国（地方運輸局）に協議して認定。 地方運輸局は、損害賠償措置の状況を審査	都道府県公安委員会が都道府県知事に協議して認定。 都道府県知事は、損害賠償措置の状況を審査

[表19] 対象別区分で分担していた主なもの

事　　　務	第2次分権改革前	第2次分権改革後
国が開設した指定療養機関等の指定・監督（児童福祉法・母子保健法）	国が開設した機関は国が、それ以外は都道府県が分担	全て都道府県が分担

②事務の切分けの回数が変わらない主なもの

[表20] 事務の切分けの回数が変わらない主なもの

事　　　務	第2次分権改革前	第2次分権改革後
商工会議所の定款変更の認可・届出（商工会議所法）	定款変更のうち、目的、名称使用の許可、事業、地区、会員、役員、議員、常議員、経理に関する事項は国、所在地、会費、事務局、事業年度等に関する事項は都道府県	定款変更のうち、目的、名称使用の許可、地区に関する事項は国、これら以外は都道府県
二以上の都道府県の区域の事業協同組合等（地方厚生局所管に限る）の認可（中小企業等協同組合法）	二以上の都道府県の区域のものは国、一の都道府県の区域のものは都道府県、	地方厚生局の区域を超えるものは国、地方厚生局の区域内のものは都道府県
二以上の都道府県の区域の社会福祉法人（地方厚生局所管に限る）の認可等（社会福祉法）		
麻薬小売業者の取締（麻薬及び向精神薬取締法）	内容別区分により、業の免許は都道府県、小売業者間の売買の許可は国	対象別区分により、業の免許及び小売業者間の売買の許可は都道府県
エンジェル税制に係る確認事務（中小企業の新たな事業活動の促進に関する法律）	・第1次切分け（内容別）新規の創業者に係る事務、既存の中小企業者に係る事務等に区分 ・第2次切分け（対象別）既存の中小企業の経営革新に係る事務を中小企業の事業区域により国と都道府県に区分	・第1次切分け（内容別）同左 ・第2次切分け（内容別・対象別）新規の創業者に係る事務のうち、投資に係る確認の事務は都道府県、それ以外は国。既存の中小企業者に係る事務については変更なし

③事務の切分けの回数が増加した主なもの

[表21]　事務の切分けの回数が増加した主なもの

事　　務	第2次分権改革前	第2次分権改革後
指定調査機関（一部）の指定・監督 （土壌汚染対策法）	第1次切り分け（内容別）土壌汚染の指定調査機関に係る事務は国、汚染区域の指定、汚染除去等の措置の命令等の事務は都道府県	第2次切分け（対象別） 土壌汚染の指定調査機関に係る事務のうち、一の都道府県内で調査を行う機関は都道府県、それ以外は国
特定特殊自動車の使用者に対する技術基準適合命令・指導・助言・報告徴収・立入検査 （特定特殊自動車排出ガスの規制等に関する法律）	分野別区分により全て国	・第1次切分け（内容別） 技術基準を定める事務は国、使用者に対する適合命令・指導・報告徴収・立入検査等の事務は都道府県 ［使用者に対する報告徴収・立入検査は、国も並行権限を留保］
事業承継税制適用の認定事務 （中小企業における経営の承継の円滑化に関する法律）	分野別区分により全て国	・第1次切分け（内容別） 相続に係る民法の特例に関する事務は国、支援措置に関する事務は都道府県
社会福祉士及び介護福祉士に係る養成機関の指定 （社会福祉士及び介護福祉士法）	分野別区分により全て国	・第1次切分け（内容別） 試験の実施、指定試験機関の指定、登録、登録機関の指定は国、養成機関の指定は都道府県
米穀の品位等の検査を国から受託する指定検査機関の登録・監督 （農産物検査法）	分野別区分により全て国	・第1次切分け（内容別） 農産物検査規格を定める事務、登録検査機関の登録及び検査、改善命令等の事務に区分 ・第2次切り分け（対象別） 登録検査機関の登録及び検査、改善命令等の事務のうち、一の都道府県のみを検査区域とするものは都道府県、それ以外は国 ［国は並行権限を留保］
自動車有償旅客運送の登録・監督 （道路運送法）	分野別区分により全て国	・第1次切分け（対象別） 旅客自動車運送事業、貨物自動車運送事業、自動車道事業、自動車有償旅客運送事業に区分 ［希望する自治体のみに移譲］

自動車道事業(一部)に係る供用約款の認可等 (道路運送法)	分野別区分により全て国	・第1次切分け(対象事業別区分) 旅客自動車運送事業、貨物自動車運送事業、自動車道事業、自動車有償旅客運送事業に区分 ・第2次切分け(内容別区分) 自動車道事業について、経営の免許、工事施行の認可、供用約款の認可、事業計画の変更の認可・届出、事業の休止の届出、事業の廃止の届出に区分 ・第3次切分け(対象事項別区分) 工事方法、事業計画のうちの軽微な事項とそれ以外の事項に区分 ・第4次切分け(対象区域別区分) 自動車道事業の工事方法、事業計画のうちの軽微な事項に係る届出・許可・命令等の事務のうち、一の都道府県内で完結する事業に係るものは都道府県、それ以外は国
小規模施設特定有線一般放送の業務開始届出等(放送法)	分野別区分により全て国	・第1次切分け(対象事業別区分) 日本放送協会、基幹放送、一般放送、有料放送等に区分 ・第2次切分け(対象設備別区分) 一般放送を無線によるものと有線によるものに区分 ・第3次切分け(対象規模別区分) 有線設備によるものを、501端子以上の施設と500端子以下の小規模施設に区分 ・第4次切分け(対象放送別区分) 小規模施設を基幹放送の同時再放送のみを行うものとそれ以外に区分 ・第5次切分け(有料・無料区分) 第4次切分けの前者を無料のもの有料のものに区分 ・第6次切分け(対象区域別区分) 第5次切分けの前者のうち、一の都道府県の区域内のみの施設に係る事務は都道府県、それ以外は国

(5) 事務の切分けの回数が増加したものの検討

　事務の切分けの回数が増加したものについては、分担のあり方として適当かどうかを検証する必要があるので事務ごとに検討をする。

第3章 国と自治体の分担関係の理論的整理と今後の改革方策

①土壌汚染対策法に基づく指定調査機関（一部）の指定・監督

　土壌汚染対策法に基づく指定調査機関（一部）の指定・監督の事務については、第2次分権改革前は、第1次切分け（内容別区分）により、土壌汚染の指定調査機関に係る事務は国、汚染区域の指定、汚染除去等の措置の命令等の事務は都道府県が分担していた。

　第2次分権改革によって、従来は国が分担していた土壌汚染の指定調査機関に係る事務について、第2次切分け（対象別区分）により、一の都道府県内で調査を行う機関は都道府県、それ以外は国に区分された。

　土壌汚染対策法の主要な事務である汚染区域の指定、汚染除去等の措置の命令等の事務を都道府県が分担してきたことから、土壌汚染の指定調査機関に係る事務についても都道府県が担うことは事務の一体的処理や事務処理の相乗効果の観点から望ましいものである。

　ただし、指定調査機関のうち、一の都道府県内で調査を行う機関は都道府県、それ以外は国に区分したことで、切分けの回数が増加している。指定調査機関のうち、一の都道府県内で調査を行う機関は51機関、それ以外の機関が719機関となっており、9割以上の機関は、国が分担することになる。また、一の都道府県内で調査を行う機関は、北海道が28機関、静岡県が4機関、その他の都府県では0～2機関である。

　土壌汚染の調査の能力を有するか否かは、調査の対象区域が一の都道府県内であるかどうかとは無関係であり、一の都道府県の区域以外で調査を行う機関についても、主たる事務所の所在の都道府県が指定等の事務を処理することで、全てを都道府県が分担することは可能であると考えられる。

　したがって、第2次分権改革において、第2次切分け（対象別区分）により、一の都道府県内で調査を行う機関は都道府県、それ以外は国に区分したことは適当ではなく、指定調査機関に係る事務の全てを都道府県に移譲することが適当であると言えよう。

②特定特殊自動車の使用者に対する技術基準適合命令・指導・助言・報告徴収・立入検査

　第2次分権改革前は、特定特殊自動車排出ガスの規制等に関する法律に基づく事務は分野別区分により全て国が分担していた。

　第2次分権改革においては、第1次切分け（内容別区分）により、技術基準を定める事務は国、使用者に対する適合命令・指導・報告徴収・立入検査等の事務は都道府県が分担することとされた。なお、国は報告徴収・立入検査については並行権限を留保している。

　国による並行権限の留保はあるものの、1回の切分けにより、命令、指導、報告徴収・立入検査等の事務を一括して都道府県に移譲しており、権限移譲の仕方としては妥当なものであると言えよう。

③事業承継税制適用の認定事務

　権限移譲の対象となった事務は、中小企業の後継者が事業を承継するに当たっての税制特例である事業承継税制の適用を受けるための認定等の事務である。

　中小企業における経営の承継の円滑化に関する法律に基づく事務は、第2次分権改革前は分野別区分により全て国が分担していた。

　第2次分権改革においては、第1次切分け（内容別区分）により、相続に係る民法の特例に関する事務は国、支援措置に関する事務は都道府県に区分された。

　1回の切分けにより、企業の支援に関する事務を一括して都道府県に移譲しており、権限移譲の仕方としては妥当なものであると言えよう。

④社会福祉士及び介護福祉士に係る養成機関の指定

　社会福祉士及び介護福祉士法に基づく社会福祉士及び介護福祉士に係る養成機関の指定の事務については、第2次分権改革前は全て国が分担していた。社会福祉士及び介護福祉士と同様に、養成機関の指定の事務を国が全て分担していたものは、次表のとおり多数存在する。これらの養成施設の事務は、社会福祉士及び介護福祉士法とは異なり、社会福祉法をはじめとする行政分

第3章　国と自治体の分担関係の理論的整理と今後の改革方策

野別の法律に規定されている。社会福祉士及び介護福祉士法は、通常の行政分野別の法律とは異なり、他の法律では分野別の法律の一部として規定されるものが、別個の法律として制定されているものである。

[表22]　国が事務を分担していた養成機関の主なもの

事　　　　務	第2次分権改革前	第2次分権改革後
各種資格の養成施設等の指定・監督 （食品衛生管理者、社会福祉主事、知的障害者福祉司、製菓衛生師、社会福祉士、臨床工学技士、義肢装具士、食鳥処理衛生管理者、救急救命士、言語聴覚士）	国が自治体を介さずに直接事務を処理	都道府県等が事務処理

　上記の各種の養成機関の指定・監督の事務が国から都道府県等に移譲されたことは、自治体が事務の執行を担っている福祉・衛生・医療関係の行政分野の事務の処理における一体的処理や事務処理の相乗効果の観点から適当であると考えられる。

⑤米穀の品位等の検査を国から受託する指定検査機関の登録・監督

　第2次分権改革前は、農産物検査法に基づく事務は分野別区分により全て国が分担していた。

　第2次分権改革においては、第1次切り分け（内容別区分）により、農産物検査規格を定める事務と登録検査機関の登録及び検査、改善命令等の事務とに区分され、さらに、第2次切り分け（対象別区分）により、登録検査機関の登録及び検査、改善命令等の事務のうち、一の都道府県のみを検査区域とする登録検査機関に係るものは都道府県、それ以外は国が分担することとされた。なお、国は一の都道府県のみを検査区域とするものについても並行権限を留保している。

　農産物検査法は、昭和20年代の食糧の安定確保を目的とした食糧政策として制定され、平成12年の法改正までは国が直接検査を行うこととされていたが、平成18年以降は全て民間による農産物検査が行われている。法律制定時の国による食糧の安定確保の手段としての意味はなくなり、「農家経済の発

展と農産物消費の合理化」に寄与するために、「農産物の公正かつ円滑な取引」と「農産物の品質の改善」を助長することが目的となっている。

農林物資の規格化及び品質表示の適正化に関する法律（JAS法）に基づく登録格付け機関の登録や改善命令等の事務については、一の都道府県の区域を超えないものは都道府県の事務とされている。農産物検査法に基づく指定検査機関についても、地産地消の推進や地域の産品のブランド化などの産業振興策を推進している自治体の施策との関係上、都道府県が事務を分担することは適当であると考えられる。

ただし、指定検査機関のうち、一の都道府県内で検査を行う機関は都道府県、それ以外は国に区分したことで、切分けの回数が増加している。指定検査機関のうち、一の都道府県内で調査を行う機関は1,370機関、それ以外の機関が167機関となっており、9割近くの機関は、都道府県が分担することになる。農産物の品位や成分の検査の能力を有するか否かは、検査機関の対象区域が一の都道府県内であるかどうかとは無関係であり、一の都道府県の区域以外で検査を行う機関についても、主たる事務所の所在の都道府県が指定等の事務を処理することで、全てを都道府県が分担することは可能であると考えられる。

したがって、第2次分権改革において、一の都道府県内で検査を行う機関は都道府県、それ以外は国に区分するために第2次切分け（対象別区分）をしたのは適当ではなく、指定検査機関に係る事務の全てを都道府県に移譲することが適当であると言えよう。国は、都道府県への権限移譲後も、並行権限を留保し、一の都道府県内で検査を行う機関に対する監督権限を保持している。並行権限を留保するのであれば、全ての機関の登録・監督を都道府県が分担したとしても何ら支障はないはずである。

さらに、農産物検査法に基づく事務のうち、農産物検査規格を定める事務は全て国が分担することとされている。前述のJAS法においては、都道府県は条例で定めるところにより日本農林規格による格付けを行うことができることとされており、農産物検査規格を定める事務についても、国だけでな

第3章　国と自治体の分担関係の理論的整理と今後の改革方策

く都道府県も分担できるようにする必要がある。

⑥自動車有償旅客運送の登録・監督

　道路運送法に基づく自動車有償旅客運送事業は、過疎地域での輸送や福祉目的での輸送といった地域住民の生活維持に必要な輸送が、バスやタクシー事業によって提供されない場合に、国土交通大臣の登録を受けた市町村やNPOが自家用車を用いて有償で運送できるよう、平成18年に創設されたものである。

　第2次分権改革前は、道路運送法に基づく事務は、分野別区分により全て国が分担しており、自家用有償旅客事業についても、登録や是正命令、立入検査等の監督を全て国が分担していた。

　第2次分権改革によって、自家用有償旅客事業の登録・監督の事務を希望する自治体は、全ての事務を分担できることとされ、市町村が都道府県に優先して移譲を受けられることとされた。登録済の事業者（団体）は全国で3000団体を超えており、地域住民の移動手段を確保するために、市町村を優先的に移譲の対象としたことは評価できる。

　国と自治体の分担のための事務の切り分け方については、第1次切分け（対象別区分）により、旅客自動車運送事業、貨物自動車運送事業、自動車道事業、自動車有償旅客運送事業に区分し、自動車有償旅客運送事業に係る事務の全てを一括して移譲対象としていることは、事務の一体的な処理を可能としており、評価することができる。

⑦自動車道事業（一部）に係る供用約款の認可等

　第2次分権改革前は、道路運送法に基づく事務は、分野別区分により全て国が分担しており、自動車道事業については、事業免許、工事施工の認可、事業計画の変更認可、使用料金の認可等の主要な事務は国土交通省の本省で、軽微な工事方法の変更の届出、供用約款の認可、軽微な事業計画の変更の届出等の軽微な事項は地方運輸局が実施していた。

　第2次分権改革においては、地方運輸局が実施している事務のうち、一の都道府県内で完結する自動車道事業に係るものが都道府県に移譲された。こ

のため、国と都道府県との分担は、4回にわたって事務が切り分けられ、都道府県の事務は自動車道事業に係る事務全体の軽微な事項のみを分担することとされた。

　都道府県は、国道の指定区間外の維持・管理や、都道府県道の管理全般を担っており、地域の道路交通のネットワークの形成を図る観点から、都道府県が道路運送法に基づく自動車道事業の事務の全てを担うことが適当であると考えられる。

　なお、自動車道事業の供用路線数は全国に33路線あり、このうち一の都道府県で完結するものが29路線、県境に跨って2府県にわたるものが4路線となっている。県境を跨る都道府県道ついては隣接する都道府県間で協議が行われており、道路運送法に基づく自動車道事業についても、事業者が関係する2府県に申請を行い関係2府県が協議して認可することで、事務処理は十分可能であると考えられる。

　したがって、自動車道事業に係る第2次分権改革の成果は、権限移譲としては不十分であり、今後、一層の移譲に取り組む必要があると言えよう。自動車道事業の事務の全てを都道府県が分担することになれば、事務の切分けの回数は1回となる。

　また、第2次分権改革で移譲された事務は、軽微な事項であるだけでなく、法定受託事務とされたことも問題である。主要な事務が国に分担されたことが、自治事務化も阻害した点は注意を要すると言えよう。

⑧小規模施設特定有線一般放送の業務開始届出等

　第2次分権改革前は、放送法に基づく事務は、分野別区分により全て国が分担しており、一般放送事業についても、登録や届出の受理、是正命令、立入検査等の監督を全て国が分担していた。一般放送事業は、総務大臣への登録制が基本とされているが、500端子以下の小規模なものについては、総務大臣への届出制とされている。

　第2次分権改革においては、放送法に規定する事務を6回にわたって切り分け、一般放送のうち、有線設備によるもので、かつ、500端子以下の小規

模施設で、かつ、基幹放送の同時再放送のみを行うもので、かつ、無料のもので、かつ、一の都道府県の区域内のみの施設に係るものを「小規模施設特定有線一般放送」と新たに定義し、業務開始の届出、立入検査等の事務が都道府県に移譲された。

　第2次分権改革によって都道府県に移譲された「小規模施設特定有線一般放送」に係る事務は、登録制を基本としている一般放送事業のうち、登録を要しない軽微な事業の届出制の事務であり、国が主たる事務を執行し、都道府県は付随的な事務を執行する分担関係になっている。

　各種の規制法において国と自治体が事務を分担する場合には、許可制度や登録制度などの同じ仕組みの中で、規制対象となる事業者の活動のエリアや事業所の所在によって区分しており、国と自治体で事務の質的な違いがないことが一般的である。

　「小規模施設特定有線一般放送」に係る事務のように、一般放送事業の規制における付随的な事務のみを都道府県に移譲することは権限移譲とは言い難いものである。

　このような権限とは言えないような瑣末な事務を都道府県が処理することを推進した場合、都道府県では自主性や専門性を発揮し難い事務が拡大し、国の出先機関のような事務処理が拡大するとともに、国と都道府県を通じた行政改革の観点からも国の出先機関の組織にまで影響が及ぶものではなく、分権改革、行政改革のいずれの観点からも評価することはできないものである。

　一般放送事業の本体である登録事業者については、総務省令で定める電気通信設備に関する技術基準が適用されるため、登録・監督の事務を執行するためには専門技術者が必要であり、都道府県が登録・監督の事務を分担するためには、新たに電気通信技術者の確保が必要となる。

　地域交通や福祉、農業振興といった自治体が事務を分担している分野において一体的な事務処理が可能な一団の事務の移譲を受ける場合とは異なり、放送法の分野は、自治体が事務を分担しておらず担当部署も存在しなかった

事務である。そのような分野において、6回もの事務の切分けをして、国の事務に付随する瑣末な事務の執行を都道府県に分担させたことは、自治体の自主性と自律性を高めるという分権改革の趣旨に合致しておらず、むしろ、逆行していると言っても過言ではないと言えよう。

第3節　分権改革における権限移譲の整理と今後のあり方

第2節における検証を基に、第1次分権改革及び第2次分権改革における権限移譲の状況を整理し、今後のあり方を検討する。

1　権限移譲の実現性

まず、権限移譲の実現性の観点から考察すると、規制行政については実現し易く、施設管理行政については実現し難い状況になっている。施設管理行政であっても、漁港に関する指定・整備計画策定のように当該事務の処理に整備事業費を要しない事務については権限移譲が行われているが、国道や一級河川の直轄管理の移譲のように整備事業費を要するものについては移譲が行われていない。整備事業費を要する事務の権限移譲の実現には、財源措置が課題となっていると言えよう。

分権改革において目指した国と自治体の分担関係の見直しを施設管理行政の整備事業において実現するためには、移管の前提となる財源措置の仕組みの構築が大きな課題として残っているのである。

経費の点から見れば、規制行政は権限移譲がし易いが、施設管理行政や人的サービス行政、現金給付行政のような、いわゆる給付行政においては、相当規模の財源措置が伴わなければ権限移譲は難しいと言えよう。

[表23]　行政の種類別の経費の相対比較

	必要な経費	経費
規制行政（都市計画、許認可等）	人件費（事務処理のみ） 事務費	小

第3章　国と自治体の分担関係の理論的整理と今後の改革方策

施設管理行政 (道路、河川、公園等の管理)	人件費（施設の整備・修繕、事務処理） 施設の整備・修繕費 事務費	大
人的サービス行政（福祉・教育等のサービス）	人件費（サービス給付、施設の整備・修繕、事務処理） 施設の整備・修繕費 事務費	大
現金給付行政 (手当の支給等)	給付費 人件費（事務処理のみ） 事務費	大

＊人的サービス行政の用語は、本書において便宜上用いているものである。人的サービス行政は、自治体が事務を処理している場合が多いことから、分権改革における権限移譲の論点となっていない。
＊現金給付行政は、国の役割に係るものが多いことから、分権改革における権限移譲の論点となっていない。

2　事務の分担の改革のあり方

　第2節における第1次分権改革及び第2次分権改革の検証を踏まえ、事務の分担の改革のあり方を整理すれば、（1）権限移譲の対象と事務の切分け方、（2）事務の切分けの回数、（3）自治体が分担する事務の性質（自主性の発揮の可能性）、の3つを論点として挙げることができる。

（1）権限移譲の対象と事務の切分け方
①作業別区分の縮減による事務の下請の廃止
　権限移譲の対象については、作業別区分によって自治体が作業を分担している事務を最優先で対象とし、作業別区分を縮減すべきである。
　保安林の指定・解除や国立公園内の行為の許可は、対象別区分によって国と自治体の事務を区分したうえで、さらに、国の許可事務について、作業別区分によって受付事務を自治体が分担している。
　作業別区分の事務では、法律上の建前では、自治体は補助的な作業、例えば許可申請書の受付しか担っていないにもかかわらず、実質上は、自治体が内容の事前審査や違反の指導、現地調査、制度への苦情処理といった権限外の事務を担うことを当然のこととして国の事務執行が行われている場合が少なくない。このような場合、国は自治体に依存して権限を確保しているのである。

自治体が分担する作業別区分の事務を対象に、国が形式的に権限を有している作業について自治体に権限移譲をすることは、自治体の分担を拡大するとともに、国に従属した事務処理を縮減することができる。従来から自治体が権限移譲を要請している事務には、このような事務のものが存在している。
　一方、作業別区分のままで自治体が処理する国の下請作業を増やすべきではない。例えば、許可の申請の受付を自治体が行い、許可を国が行っている場合において、許可に当たって国が行っている許可書の交付を自治体を経由して行うことは、自治体が処理する国の下請作業を拡大するものであり、分権改革の観点からは適当ではない。作業別区分の事務については、自治体が分担する作業を拡大するのではなく、国が形式上有している許可の審査・決定などの作業を全て自治体に移譲し、作業別区分から対象別区分又は内容別区分に転換することが必要である。
　作業別区分によって自治体が処理している事務は、第1次分権改革前は機関委任事務であったものであり、第1次分権改革による機関委任事務制度の廃止によって法定受託事務とされたものである。分権委員会が設定し、政府が閣議決定した地方分権推進計画において決定した法定受託事務とするメルクマール（7）では、「国が直接執行する事務の前提となる手続の一部のみを地方公共団体が処理することとされている事務で、当該事務のみでは行政目的を達成し得ないもの」とされている。
　このように、作業別区分事務は法定受託事務の中でも、自治体の自主性や自律性を発揮することが困難な事務であり、作業別区分の事務を縮減することは、法定受託事務を縮減し、自治事務を拡大することにも寄与するものである。この成功事例が、国が権限を有し、自治体が受付事務をしてきた大規模な農地の転用許可の権限移譲であることは既に述べたとおりである。
　今後は、重要流域内における流域保全保安林の指定・解除の事務をはじめとする作業別区分の事務をターゲットとして、重点的に権限移譲に取組む必要がある。

②対象別区分又は内容別区分の事務の拡大による相乗効果の発揮

作業別区分の縮減の次に対象とすべきは、対象別区分又は内容別区分の事務の拡大である。事務の切り分け方については、分野別区分によって法律単位で切り分けることが理想的であるが、現実に改革を進めるうえでは、各法律の中身の切分けの現状を見直していく必要があり、自治体が分担する対象別区分又は内容別区分の事務の拡大を図ることにより、できる限り自治体の分担を分野別区分に近付けていく必要がある。

対象別区分又は内容別区分における自治体の事務を拡大することにより、自治体が既に分担している事務と関連性がある事務を移譲し、事務の一体的な処理による相乗効果を図るべきである。

③新たな線引きを行う場合の課題と対応策

新たな線引きが必要となるのは、国が執行している事務の一部を自治体に移管する場合である。国が処理している事務を、新たな線引きによって権限移譲の対象とする場合には、一団のまとまりのある事務を対象としなければ、権限移譲としての効果を発揮することはできず、かえって、自治体を国の事務の下請機関にしてしまうおそれがある。

特に注意すべきは、新たな作業別区分の創設である。例えば、国が全ての管理を直轄で行っている国道の指定区間の事務について、作業別区分による新たな線引きによって、維持の事務を苦情・問い合わせ受付、日常の道路パトロール、契約業者への応急対応指示、通行止め等の措置などの作業別に区分し、日常の道路パトロールだけを自治体に移す場合である。

このような作業別区分による新たな線引きは、国が分担する事務と自治体が分担する事務との関連性が極めて強く、かつ、国に従属した補助的な機能を分担するものであり分権改革としては適当ではない。こうした事務の移管は、自治体に国の事務の下請けをさせ、国が自治体に依存することで国が分担する事務の領域を確保するという、分権改革に逆行した結果を招くおそれがあることに留意する必要がある。

新たな線引きを行う場合には、法律の章、節単位でまとまった一団の事務

を移譲することが重要であり、法制度上の瑣末な事務のみの移譲はかえって自治体の自主性、自律性を阻害するおそれがあることに留意する必要がある。

[表24] 新たな作業別区分の創設の不適当な例

維持管理の作業	現行	不適当な例
苦情・問い合わせの受付	国	国
日常の道路パトロール	国	都道府県
契約業者への応急対応指示	国	国
通行止め等の措置	国	国

（2）事務の切分けの回数

　国と自治体の事務配分については、第1節で述べたように、国と自治体の事務の分担を多段階で切り分けることは国と自治体の事務の関連性が強くなり、自治体の自主性を発揮することが困難となる。

　切分けの回数については、最終的には分野別区分によるゼロ回を目指すべきであるが、改革においては事務を細分化しないよう、1回が最も望ましく、多くとも条項単位での区分が可能な2回以下にすべきである。3回以上の切分けをする場合には、法律の条項単位で切り分けることが難しくなり、号単位や1つの条項の中での書き分け、政省令への委任が必要となる場合が多くなる。事務が細分化されることにより、自治体が分担する事務が軽微な行為の許可や小規模な行為の届出のように国が分担する主要な事務の付随的な事務を担うことになり、自治体が条例等を活用して自主性を発揮することは困難となる。

　自治体が当該分野の事務をすでに分担している場合には2回までの切分けによって事務が細分化されたとしても、既に自治体が分担している事務との相乗効果が期待できる。しかし、国が分野別区分によって専属的に事務を処理している事務における新たな線引きの場合は、そうした相乗効果が期待できないので、新たに自治体が分担する事務は、1回の切分けで線引きが可能な一団のまとまりが必要である。何回もの事務の切分けによって重要性の低

第 3 章　国と自治体の分担関係の理論的整理と今後の改革方策

い事務を国の行政機関のスリム化を目的として自治体に移管することのないよう留意する必要がある。

（3）自治体が分担する事務の性質

　自治体が分担する事務の性質については、自治体が自主性を発揮できるよう、法定受託事務ではなく自治事務とするべきである。

3　第1次分権改革及び第2次分権改革の成果の比較

　第1次分権改革及び第2次分権改革に共通する点としては、改革が実現した事務が整備事業費を要しない事務であることである。この原因は、移譲に伴う財源措置のルールが整備されないことによるものである。本書では、国と自治体の行政関係を対象としているため、財政関係のルールには言及しない。

　また、自治体が分担する事務の性質は概ね自治事務となっており評価できる。

　第1次分権改革と第2次分権改革の相違点は、第1次分権改革では、作業別区分によって自治体が何らかの作業を分担していた事務が対象となったが、第2次分権改革では、作業別区分だけでなく内容別区分や対象別区分で国が分担していたものや、分野別区分で国が当該法律の全ての事務を分担していた事務も対象となった。

　このため、第2次分権改革では、事務の切分けの回数が増加するものが生じ、例えば、道路運送法の自動車道事業や放送法の一般放送事業については、事務が細分化されて移譲されており、このような権限移譲のあり方は不適当である。

　第2次分権改革においてこのような不適当な権限移譲が行われた背景には、第2次分権改革が、地方分権の推進の観点と国の出先機関の見直しの観点を並列的に扱ったことによるものと言える。国の本省の権限ではなく、出先機関に与えられた権限のみを移譲するという点において、権限移譲としては不十分な面があることは否めない。

特に、放送法の一般放送事業の事務のように、都道府県に関連する事務がなく、しかも、細分化された事務が権限移譲の対象となったことは、国の出先機関のスリム化のために自治体に事務を移管したものと言わざるを得ない。

事務の切り分けの回数の多い事務については、権限移譲とは言えないのであり、都道府県は、そのような事務の移管については拒否することも必要となると考えられる。

[表25] 第1次分権改革及び第2次分権改革の成果の比較

	第1次分権改革	第2次分権改革
対象となった事務	規制行政が主	規制行政が主
改革の対象	作業別区分の事務のみ	全ての区分の事務
事務の切分けの回数	減少又は同じ	減少又は同じ又は増加
自治体の事務の性質	概ね自治事務	概ね自治事務

第4節　主な事務の分担関係の改革方策

第2章では、分権改革において国から都道府県への権限移譲の焦点となった国道等の主要な事務について、個別の事務ごとに議論となった論点を整理し、その論点を基に改革の状況を検証した。

第3章では、第1節で国と自治体の間の事務の切分け方について独自の考察を行い、第2節では第1節で述べた事務の切分け論を基に第1次分権改革及び第2次分権改革の検証を行い、第3節では第2節の検証を基に分権改革における権限移譲を整理し今後のあり方を提示した。

本節では、第2章において従来の論点に基づいて検証を行った国道等の主要な事務について、第3章第1節から第3節までの検討を基に、従来の取組みとは異なる新たな改革方策を提示することとする。

1　国と自治体の分担の改革における2つの方法

法律に定めのある事務を国と自治体で分担している場合に、自治体の分担

第3章　国と自治体の分担関係の理論的整理と今後の改革方策

を拡大するためには、（１）事務の切分けの線引きを変えずに事務の対象を移動する方法と、（２）事務の切分けの線引きを変える方法の２つがある。

２　事務の切分けの線引きを変えずに事務の対象を移動する方法
（１）従来の取組み

前述したように、昭和30年台から昭和40年代を中心に、都道府県道の国道化、二級河川から一級河川への変更、都道府県立自然公園の国立公園化、国定公園化が行われ、事務の対象が自治体から国に移管された。事務の対象となっているものの法的位置づけを変えることによって、国と自治体の間で分担関係が変更されたのである。このような事務の対象の移管によって国と自治体の分担を変更できるのは、国と自治体の事務の切分け方が「対象別区分」となっている場合である。

対象別区分において、特定の対象の法的位置づけを変更することは、事務の切分けの線引きを変えるわけではないので、当該事務の分担の枠組みの変更、すなわち法制度の改正はない。また、事務の切分けが行われないため、切分けの回数が変化することはない。

対象別区分の事務を対象とした分権改革においては、第２章で国道や一級河川の国直轄管理区間について述べたように、国から自治体に事務の対象を移管することで、自治体の分担を拡大することが目指されてきた。また、流域保全保安林についても、重要流域としての位置づけの変更による権限移譲が目指されている。

[表26]　線引きを変えない方法—従来の取組対象

事　　務	国権限	都道府県権限	改革方策
道路の管理	国道（指定区間内）	国道（指定区間外） 都道府県道	国道の国直轄管理区間の限定 国道の限定
河川の管理	一級河川 （指定区間外）	一級河川（指定区間） 二級河川	一級河川の国直轄管理区間の限定 一級河川の限定

161

| 保安林の指定・解除 | 流域保全保安林のうち重要流域内のもの | 流域保全保安林のうち重要流域外のもの及び流域保全保安林以外の保安林 | 重要流域の限定 |

＊国道の指定区間外の都道府県権限は維持・修繕
＊一級河川の指定区間の都道府県権限は整備計画の策定・改修・維持管理

(2) 新たな取組みの提案

　自然公園の分野においては、これまでの分権改革では、事務の対象を変更する方法は検討されてこなかったが、国立公園の区域から国定公園や都道府県立自然公園への区域への変更や、国定公園の区域から都道府県立自然公園の区域に変更する方法が考えられる。

　国立公園や国定公園の区域の中には、元々は都道府県立自然公園であったものが存在している。第2章第6節で述べたように、かつては、都道府県立自然公園において、条例で土地利用規制を行うことが法的に疑義が示されていたが、現行の自然公園法の下では、都道府県立自然公園であっても、特別地域の指定による規制は可能となっている。

　山岳地帯のような自然環境上の核心的なエリアについては、国立公園として国が主な役割を果たすとしても、人間の生活と共生している山里等のエリアについては、国定公園又は都道府県立自然公園として、都道府県が主な役割を果たすことも十分に可能であると考えられる。

[表27]　線引きを変えない方法—新たな改革対象

事　　務	国権限	都道府県権限	改革方策
自然公園内の行為許可	国立公園	国定公園	国立公園の区域の限定
自然公園の公園計画の策定	国定公園	都道府県立自然公園	国立公園の区域の限定

3　事務の切分けの線引きを変える方法

　線引きの変更によって、国から自治体に事務を移管する方法には、対象別区分における対象の拡大、内容別区分における内容の拡大、作業別区分における作業の拡大の3つの場合がある。これらのうち、作業別区分における作

第3章 国と自治体の分担関係の理論的整理と今後の改革方策

業の拡大については、前述したように、全ての作業を自治体が分担することで、作業別区分から内容別区分又は対象別区分に転換するのであれば意義があるが、単に作業の一部を拡大する場合には、国に従属した事務処理が拡大するだけで、分権改革としての意義は逆効果になるおそれがある点に留意する必要がある。

（1）対象別区分において自治体の事務を拡大する線引きの変更

対象別区分では、線引きの変更によって、国から自治体に事務の対象を移すことで、自治体が分担する事務を拡大することができる。

①従来の取組み

対象別区分における線引きの変更の成功事例は、農地転用許可の権限移譲である。第2章第4節で述べたように、農地転用については、大規模な農地転用は国が許可する一方、大規模でない農地転用は都道府県が許可してきた。第1次分権改革では、大規模な農地の面積基準を2ha超から4ha超に変更し、国の許可対象の農地をより大規模なものにすることにより、自治体が処理する事務の対象が拡大された。

第2次分権改革では、4ha超の大規模な農地についても、国から都道府県に権限移譲され、平成28年度からは農地転用許可は農地の規模にかかわらず全て都道府県の権限となった。

［表28］　第1次分権改革における農地転用許可の対象別区分の変更

事　　　務	国権限	都道府県権限
大規模な農地転用許可 （2ha超→4ha超）	許可	受付 （実質的には内容を審査・指導）
大規模でない農地転用許可 （2ha以下→4ha以下）		許可

②新たな取組みの提案

対象別区分における線引きの変更は、国立公園内の行為許可において適用が可能であると考えられる。

国立公園内の特別地域内における行為許可については、第2章第6節3（2）で述べたように、希望する都道府県においては、一定の行為の許可の権限を有するとともに、当該都道府県では国の許可事項についても受付事務を行っている。例えば、住宅の建築は都道府県の許可であるが、住宅が建築されていない分譲地の住宅建設予定地や道路の沿道、展望広場の周辺における木竹の伐採行為は国の許可が必要である。

　受付事務の処理においては、実質的には許可申請前の事前相談が行われており、国の許可が可能かどうかや許可を受けるためには何が条件となるかを都道府県が申請者に指導している。

　国定公園や都道府県立自然公園における行為の許可は、全て都道府県が実施しており、国立公園内における行為の許可を行うことは十分可能である。

　特別保護地区や第1種特別地域は、保全の必要性が高いため国の権限とするとしても、特別保護地区や第1種特別地域の保全のための緩衝地域である第2種特別地域や第3種特別地域は、地域住民の生活や農林水産業等の生業の場となっており、全ての行為の許可を都道府県の権限とすることで、作業別区分の事務を縮減し、対象別区分の事務を拡大することができると考えられる。

[表29]　国立公園における事務の分担の改革案

事務		国権限	都道府県権限
国立公園の指定、公園計画の決定、特別地域等の指定		全て国の権限	
国立公園内の行為許可	・特別保護地区及び第1種特別地域内の行為の許可	許可	受付
	・第2・3種特別地域内の行為の許可		許可

＊行為許可の事務を処理する都道府県を対象に記載

第3章　国と自治体の分担関係の理論的整理と今後の改革方策

［表30］　国立公園の特別地域における許可権限の区分の状況

許可の対象となる行為	都道府県権限	環境省権限
1　工作物（仮設工作物を含む。）の新・増・改築 (1)　建築物	水平投影面積1,000㎡以下かつ高さ13m以下（住宅及び仮設の建築物は全て）	○水平投影面積1,000㎡超又は高さ13m超（住宅及び仮設の建築物を除く。）
(2)　道路その他の工作物	○水平投影面積1,000㎡以下かつ高さ13m以下（仮設道路は全て）	○水平投影面積1,000㎡超又は高さ13m超（仮設の道路を除く）
2　木竹の伐採	○地域森林計画に適合するものに限る	○全ての権限（地域森林計画に適合するものを除く）
3　指定区域内における木竹の損傷	○全ての権限	
4　鉱物の掘採又は土石の採取		○全ての権限
5　河川、湖沼等の水位、水量に増減を及ぼす行為		○全ての権限
6　広告物等の掲出、設置、工作物等への表示	○全ての権限	
7　屋外における指定物の集積又は貯蔵	○全ての権限	
8　水面の埋立又は干拓		○全ての権限
9　土地の形状変更	○全ての権限（ゴルフコース用に供する1,000㎡超を除く）	○ゴルフコースの用に供するための面積1,000㎡超
10　高山植物等（指定植物）の採取又は損傷	○全ての権限	
11　指定区域内における植物の植栽、播種動物の放出	○全ての権限	
12　屋根、壁面等の色彩の変更	○全ての権限	
13　車馬の乗入れ、航空機の着陸等	○全ての権限	

（2）内容別区分において自治体の事務を拡大する線引きの変更

内容別区分では、線引きの変更によって、国から自治体に事務の内容を移すことができる。

①従来の取組み

内容別区分の線引きの変更は、これまでほとんど実施されていない。第2

次分権改革においては、健康増進法に基づく食品の誇大表示に対する監督の事務について、自治体は検査・収去の事務だけでなく勧告・命令も可能となった。

内容別区分の線引きの変更は、対象別区分の場合に比べて外形上はわかりにくいため議論になりにくい面があるが、国と自治体の分担関係を制度的に見直すためには、避けて通れない重要な観点である。

②新たな取組みの提案

内容別区分の線引きの変更による改革として、国道の管理、一級河川の管理、国定公園の管理の3つの事務を例に、次のとおり改革方策を提示することとする。

 ア 指定区間外国道の管理(路線の指定、新築・改築、維持・管理)の事務について、従来は維持・管理を担っていた自治体が、線引きの変更によって新築・改築も執行する。

 イ 一級河川の管理(河川指定、整備方針、整備計画、工事、維持・管理)では、整備計画、工事、維持・管理を担っている自治体が、一の都道府県で完結する一級河川については、整備方針も都道府県が策定する。

 ウ 国定公園の事務(公園の指定、公園計画の決定、特別地域等の指定、行為の許可等)では、特別地域等の指定、行為の許可等を担っている自治体が、公園計画も決定する。

以下、3つの事務の改革について述べることとする。

 ア 国道の指定区間外の区間の管理の改革

国道の管理における国と自治体の分担関係は、都道府県道から国道への昇格や国が直轄管理する指定区間の拡大によって、事務の客体が自治体から国へと移管されたが、そればかりではなく、第2章第2節で述べたように昭和33年及び昭和39年の道路法の改正によって、それまで都道府県知事が機関委任事務として処理していた事務が国の直接執行事務とされ、国への事務配分が二重の意味で拡大した。

第1次分権改革及び第2次分権改革においては、前者の国道の国直轄管理

第3章　国と自治体の分担関係の理論的整理と今後の改革方策

区間の量的拡大の是正の観点から改革の方向が示されているが、後者の国の直接執行事務化の是正の観点からは改革の方向が打ち出されていない。つまり、線引きを変えないで事務の対象を移動する方法のみが検討されてきたが、線引きの変更による権限移譲の方法は検討されていないのである。そこで、国と自治体が事務を内容別で区分している指定区間外国道の管理について、線引きの見直しを検討する。

（a）指定区間外の管理の現状

国道の管理における国の役割の拡大の過程では、旧二級国道（現行の指定区間外の路線が基本）の新築・改築といった、かつては都道府県が主体として執行していた事務の内容が国の直接執行事務に改められており、国が直轄で管理している国道の指定区間を見直すだけでなく、指定区間外の国道の管理についても見直す必要がある。

国は国道の管理を行うため、都道府県内にいくつかの工事事務所を設けるとともに、その出先機関として国道の沿線に出張所を配置しており、国土交通省（本省）—ブロック単位の整備局—都道府県にいくつかの工事事務所—国道沿道の出張所という四階層の体制となっている。四階層で事務を執行することは、予算・事業の管理や現場の意見・情報の把握のうえでも非効率である。

国の出張所のエリアには、都道府県の土木事務所が設けられ、都道府県道の新築・改築や修繕、維持管理が行われている。事務の効率の観点からすれば、必要な財源措置を講じたうえで、都道府県が国道と都道府県道を一元的に管理することが適当であることは明らかであろう。

（b）指定区間外の新築・改築の権限移譲

指定区間外の路線の新築・改築については、道路法の原則では国が執行の主体とされているが、現実には都道府県が地域高規格道路の整備を実施するなど、例外が常態となっている。これは、国が都道府県に依存して自らの領域を制度上は確保した上で、国の都合によって国の執行と自治体の執行を決定できるという国にとって都合のいい分担関係となっているのである。

第2次分権改革では、国が直轄で管理している指定区間の路線を国道の位置づけを変えずに指定区間外の路線として都道府県が維持・管理を行うよう改める方針が示されているが、現行の制度のままでは、国が引き続き新築・改築を行うことが原則となる。

　指定区間外の路線の管理は、制度上の建前は新築・改築は国、維持・修繕等は都道府県とされているが、実態に合わせて制度を改め都道府県が新築・改築から維持・管理を一貫して執行することにすれば、国道としての路線の指定は国が行うとしても、都道府県道の管理とあまり変わらなくなる。

　分権改革委員会の勧告どおり国道の位置づけを変えずに、指定区間から指定区間外に路線を変更し、維持・修繕等の事務を国から都道府県に移管するだけではなく、指定区間外の新築・改築の事務についても、都道府県を制度上の執行主体として位置づける必要がある。

[表31]　国道（指定区間外）の管理の分担関係の改革案

	現　行	改革案
路線の指定	国	国
新築・改築	建前：国 実質：都道府県	都道府県
維持・管理	都道府県	都道府県

　イ　一級水系の河川の管理の改革

　一級河川の管理における国と自治体の事務配分は、二級河川から一級河川への昇格や国が直轄管理する区間の拡大によって、事務の客体が自治体から国へと移管されたが、そればかりではなく、昭和39年の河川法の改正によって、それまで都道府県知事が機関委任事務として処理していた事務が国の直接執行事務とされ、国への事務配分が二重の意味で拡大した。

　第1次分権改革及び第2次分権改革においては、前者の一級河川の国直轄管理区間の量的拡大の是正の観点から改革の方向が示されているが、後者の国の直接執行事務化の是正の観点からは改革の方向が打ち出されていない。

第3章　国と自治体の分担関係の理論的整理と今後の改革方策

つまり、線引きを変えないで事務の対象を移動する方法のみが検討されており、線引きの変更による権限移譲の方法は検討されていないのである。そこで、国と自治体が事務を内容別で区分している一級河川の管理について、線引きの見直しを検討する。

（a）一級河川の管理の現状

第2章第3節で述べたように、一級水系の河川については、水系一貫の管理の建前によって、一級河川は国が河川管理者とされているが、実際には、主要な区間を国が直轄で管理し、その他の区間を指定区間として都道府県が管理する分担管理が行われている。なお、二級河川については、全ての事務を都道府県が行っている。

河川の整備については、河川整備基本方針によって河川の合流地点等の主要な地点における計画高水位や川幅等の整備水準が決定されている。一級河川の場合には、国が策定した河川整備基本方針に沿って、国や都道府県は、それぞれ管理する区間の当面（20年〜30年）の整備計画を策定している。

（b）河川整備基本方針の策定の権限移譲

分権改革委員会の勧告では、一級河川のうち一の都道府県で完結する河川の管理権限を都道府県に移譲すべきとしており、そのために、従来の分権改革においては、国直轄管理区間の都道府県への移管の実現が図られてきた。

国直轄管理区間の都道府県への移管は、前述したように財源措置の仕組みが整備されないために実現には至っていない状況にある。

こうした状況を打開するためには、まず、一級河川のうち一の都道府県で完結する河川の管理者を国から都道府県に移管することから取り組むべきである。そのためには、河川整備基本方針の策定権限を都道府県に移譲する必要がある。

都道府県が河川整備基本方針を策定するということは、本来的には、都道府県が責任を持って当該水系全体を管理すべきものであることを意味することになり、都道府県を河川管理者として河川法で規定する根拠となる。

河川法第79条の規定により、一級河川の河川整備計画を都道府県が定め又

は変更する場合には、国土交通大臣に協議し同意を得なければならないとされているが、河川整備基本方針について同様の措置を講ずれば、国との調整を図ることは十分可能であり、一級河川としての位置づけとの整合を図ることもできる。また、国が管理する区間について国が河川整備計画を策定・変更する場合には、都道府県の同意を要することとすることで、河川管理者である都道府県との調整もできる。

　一の都道府県で完結する一級河川については、都道府県を河川管理者とし、国の直轄管理区間を含め都道府県が整備基本方針を策定し、都道府県と国は、それぞれその管理区間において整備計画を策定し、改良工事、維持工事、維持管理を行うこととすべきである。

［表32］　一級河川の整備基本方針の権限移譲による改革案

	現行制度		改革案 （一の都道府県で完結する場合）	
	指定区間外	指定区間	指定区間外	指定区間
河川指定	国		国	
河川管理者	国		都道府県	
整備基本方針	国		都道府県	
整備計画	国	都道府県	国	都道府県
改良工事				
維持工事				
維持管理				

　ウ　国定公園の事務分担

　第1次分権改革によって、国定公園の公園計画の決定権限については、一部の事項は都道府県が決定していたものを全て国が決定するよう改める一方で、特別地域の指定は公園計画に基づいて都道府県が行うよう権限が移譲された。

　第1次分権改革の結果については、これまで問題点の指摘はされてこなかったが、分担のあり方としては次に述べるように不適当な状況にあると言わ

第3章　国と自治体の分担関係の理論的整理と今後の改革方策

（ａ）公園計画決定の国一元化と特別地域等の指定権限の移譲の問題点

　国定公園の公園計画は、都道府県が作成した案を国に申し出ることによって国が決定・変更する仕組みとなっており、実質的には都道府県が策定する公園計画に国が関与をしているのと同じである。

　また、国定公園のエリアは都道府県を跨る場合があるが、公園計画は地理的区分ごとに決定・変更することが可能とされており、公園計画の変更に係る都道府県からの申し出は各都道府県のエリアごとに別々に年度も異なって行われ、その都度、各都道府県のエリアごとに変更が行われている。

　国定公園の特別地域・特別保護地区等の指定の権限移譲については、国から都道府県への権限移譲の成果とされているが、特別地域等の区域は国が決定する公園計画で定めているため、特別地域の区域の指定は告示等の形式的な行為にすぎない。公園計画の決定権限が移譲されなければ、特別地域の区域の決定権限を移譲したことにはならないものである。

　また、「申出」といった仕組みは、国と自治体の事務処理を強い融合関係で一体化させるもので、分権改革のめざす役割分担の明確化には合致していないものである。

　このような建前と実質が食い違った状況は、事務処理の権限と責任を不明確にするものであり、建前上の分担関係を実質上の分担関係に改める必要がある。

　そのためには、公園の区域の指定や公園計画の決定は都道府県が主体となって行うこととすべきである。

[表33]　国定公園の事務分担の変更

	第1次分権改革前	第1次分権改革後
公園の指定（変更）	国 （都道府県の申出が必要）	国 （都道府県の申出が必要）

公園計画の決定（変更）	［国決定］ （都道府県の申し出が必要） ・保護のための規制計画 ・利用のための施設計画のうち集団施設地区計画及び重要な道路 ［都道府県決定］ ・利用のための規制計画 ・利用のための施設計画のうち国が定める以外のもの ・保護のための施設計画	国 （都道府県の申出が必要）
特別地域等の指定（変更）	国	都道府県
行為の許可等	都道府県（機関委任事務）	都道府県（自治事務） 大規模な行為の許可の場合は国の同意が必要

（ｂ）国定公園の事務における国と都道府県の関係のあり方

　国定公園の事務の主体を全て都道府県とした場合、「国定」という名称を使用するうえでは、国との調整を図る仕組みが必要である。

　現行の制度においては、国定公園は、都道府県の申し出により国が指定し、その公園計画は都道府県の申し出により国が決定し、行為の規制や公園事業等の事務は全て都道府県が行うこととされている。

　国定公園の指定については、実質的な主体である都道府県と形式的な主体である国の役割を整理し、国定公園としての認定と公園の区域の指定を分けて考えるべきである。現行における国定公園の指定は、都道府県が申し出た地域を国が国定公園という名称を使用するにふさわしい地域として「認定」したことと同じであり、国定公園としての「認定」は国、公園の区域の指定は都道府県と主体を明確に整理すべきである。

　国が認定という関与を行うことで、事務の主体は都道府県、国は関与者と役割を明確にすることができる。これによって、国定公園における事務分担の建前と実質の食い違いが解消し、国と都道府県の分担関係と相互関係が明確化することになる。

　また、都道府県の申出により国が決定している公園計画については、前述

したように決定の主体は都道府県、関与者は国という相互関係を明確にし、都道府県が公園計画を決定するに当たっては国と協議を行うこととするよう改めることが適当である。

さらに、第1次分権改革で法定化された大規模な行為の許可等における国との協議については、個別の許認可事務について国と協議するという仕組みは、関与の形態として異例であり、国の意向に従って行政処分をしたとしても法的な紛争になった場合には都道府県が被告となるのであるから、協議は廃止すべきである。

[表34] 国定公園の国と都道府県の事務分担と相互関係のあり方

	現行	改革案
公園の指定（変更）	国（都道府県の申出が必要）	公園の認定は、都道府県の申し出を受けて国が行う。 国定公園の区域の指定（変更）は都道府県が行う。
公園計画の決定（変更）	国（都道府県の申出が必要）	都道府県（自治事務） ＊国と協議する
特別地域等の指定（変更）	都道府県（法定受託事務）	都道府県（自治事務）
行為の許可等	都道府県（自治事務） ＊大規模な行為等の許可には国との協議する	都道府県（自治事務） ＊関与の廃止

第5節　事務の分担関係の改革の検証と改革方策の小括

本節では、分権改革が従来の機能分担論ではなく役割分担論を理念として進められたことを踏まえ、事務の分担関係の改革を機能分担と役割分担の視点から小括する。

第2章第1節で述べたように、国と自治体の分担関係の改革は、各分野に共通する改革である機関委任事務制度の廃止と、特定の行政分野における改革の2種類がある。

機関委任事務制度の廃止は、自治体が実施している事務の位置付けを国の事務から自治体の事務へと転換させ、自治体による条例の制定を可能にした

という点において、従来の機能分担論（企画は国、実施は自治体）から脱却し、役割分担論（企画機能の国、自治体の二元論）に基づき自治体にも企画機能を認めたものと言える。

　特定の行政分野における改革については、第1次分権改革が作業別区分の事務を対象にしたことは、国が自治体に依存して権限を留保するという不適切な依存関係を解消し、自治体の事務の実施の自主性を高めたものといえる。ただし、作業別区分の解消は、自治体の事務の実施の機能が充実（明確化）したものであり、企画機能を含めた役割分担が行われたものではない。各行政分野における事務の実施の分担関係は、第1次分権改革前は機能分担すら不明確な状況であったのであり、第1次分権改革では、機能分担の明確化が行われたものと言うことができる。

　また、第2次分権改革では、作業別区以外にも内容別、対象別、分野別の区分の事務が改革の対象となり自治体が分担する事務が拡大したが、対象となった事務は国の出先機関で事務が完結している実施事務であり、国と自治体の分担関係は、機能分担の見直しが行われたものである。中には、何回も事務が切り分けられたうえで自治体が分担するという点で、機能分担としては不適切なものもある。

　特定の行政分野における改革においては、現実には機能分担の見直しが行われてきたが、今後は、役割分担の観点からも見直しを行っていく必要がある。具体的には、第4節において述べたように、従来の対象別ではなく内容別区分の切り分けを行うことで、指定区間外国道の道路の新設・改築、一級河川の河川整備基本方針の決定、国定公園の公園計画の決定などの企画を伴う事務の権限移譲を行い、自治体の企画機能を充実するのである。

第4章　国と自治体の相互関係の改革の検証

第1節　関与の定義と分類

1　国と自治体の相互関係における国の関与の課題

　第1次分権改革の地方分権一括法による地方自治法の改正により、同法に助言・勧告、資料提出の要求、是正の要求、同意、許可・認可・承認、指示、代執行、協議といった「関与」の定義が規定された。このため、地方自治法の関与を「狭義の関与」と呼び、国会や裁判所による自治体の統制を含めた広い意味での関与を「広義の関与」[33]と呼ぶようになっている。

　本書における「関与」は、いわゆる広義の関与を対象とした上で、その分類を行い、検討の対象を限定している。なお、広義の関与の定義に確定したものはないが、本書において検討を進めるため、広義の関与の定義を示している[34]。

　日本における国と自治体の関係は、日本国憲法の制定前は監督関係[35]とされていたが、日本国憲法とこれに基づく地方自治法の制定により、地方自治の本旨、すなわち、住民自治と団体自治の理念が法制化され、監督関係ではなく対等な協力関係が基本とされた。

　分権改革で国の自治体への関与が改革の対象とされるのは、国と自治体は

---

(33) 西尾勝（2007, p.11）は、第1次分権改革における「『地方六団体の総意』として提出された改革要望事項の大半が広義の関与の廃止縮小を要望する事項になっていた」と述べている。

(34) 稲葉馨（2002, p.125）は、「『関与』という言葉は、今日、広汎に用いられているものではあるが、すぐれて学説上・理論上の用語であり、しかも、学説上、明確な定義が与えられてきたわけでもない」と述べている。

(35) 蠟山正道（1937, pp.35-40）は、「従来の監督の観念と異なって、むしろ、中央政府が指導的地位に立って自治体と協力して行うという方式に基くのである」と述べ、命令の形式によらない自治監督が必要な場合を指摘している。

対等な協力関係が基本とされたにもかかわらず、依然として、個別の法制度やその運用などでは国と自治体の不平等な関係が相当の強いレベルで維持され、自治体の自主性・主体性が損なわれていることを問題としているためである。

　国と自治体は、国民・住民の福祉の増進に協力して取り組むべき関係にあり、両者が関係・連携することは必要なことであるが、自治体が処理する事務の多くの分野において、不平等な関係の下で、一方的に国の意思が優先する服従関係が存在することは、対等な協力関係を基本とした地方自治の理念とは異質のものである。

　特に、国の行政機関による自治体の事務処理への関与は、政策判断の裁量権を国が留保し、実質的には上級官庁として自治体の意思決定に関わる仕組みである。国の関与の仕組みによって、自治体の行政機関は国の行政機関の稟議制に組み込まれ、一体として意思決定を行う中央集権型のシステムが構築されている。この結果、稟議制の持つセクショナリズムと後見的な上下関係といった問題が関与においても自治体の事務処理に影響を与えている。[36] 国の行政機関による自治体の事務処理への関与は、一つの行政機関の内部における決裁権限の配分と同じ性質を有している。行政機関の本庁と出先機関で決裁権限を配分する場合においては、個別の事務処理の決裁を本庁にまで求めることはせずに、本庁が事務処理要綱を定めて運用基準を示し、決裁は出先機関の内部で完結することが通例である。一方、出先機関とその出張所の関係では、出張所に決裁権限を委ねることはせず、出先機関に進達して決裁を行うことが通例である。国の行政機関が、自治体の事務処理の運用基準を示して関与するということは、本庁と出先機関と類似の関係であり、自治体の個別の案件の事務処理に国が許認可等で関与するということは、出先機関と出張所との関係に類似したものである。

---

　(36) 武藤博己（2009, p.153）は、日本の稟議制の「『セクショナリズムの温存や後見的な上下関係の確保、情実の要因の混入』といった問題点については、全体として、辻清明の指摘は現在でも正しいと思われる」と述べている。

第4章 国と自治体の相互関係の改革の検証

　このように、自治体の事務処理に、国、都道府県、市町村の行政機関が重層的に関わる状況は、わが国の融合型の中央集権体制の特徴を最も端的に表している。関与は、国、都道府県、市町村の間における行為であるために、その問題点が顕在化しにくい状況にあるが、国によるコントロールが、自治体の事務処理の様々な段階にまで及んでいることは、住民自治の前提となる団体自治を阻害しているものであり、住民自治によって自治体を運営していく上で、関与の改革は避けて通れない課題であると言えよう。(37)

　また、改革の効果は、地方分権の推進だけでなく、国、都道府県、市町村を通じた行政改革に寄与するものであることも重要なポイントである。自治体の担当者が国の担当者に説明するために資料を作成する労力、国の担当者に説明するために出張する職員の労力、関与する国の職員の労力の総量は膨大なものがあり、その人件費、旅費も相当の額に達する。

　国と自治体の不平等な関係は、国の自治体への関わり方だけでなく、国の事務処理への自治体の関わり方についても大きな問題を有している。本書では、国の自治体への関わり方を論点としている関係上、こうした問題については論じないが、国と自治体の対等な協力関係を構築していく上では、国の自治体への関与の問題と国の事務処理への自治体の関わり方の問題はパラレルな関係にあると言えよう。

2　関与の定義

　国と自治体の不平等な関係を生じさせる国の自治体への関わりを「統制」(38)

---

(37) 武藤博己（2008, p.223）は、道路行政の分野について「国の省庁が地域で解決すべきことにまで口を出すという日本の法制度と慣例は、戦前のすべての道路が国の営造物であり、国にお伺を立てないと何も決定できないという法制度・慣例をいつまでも引きずっているようなものである」と述べている。

(38) 統制の用語は、英国におけるCentral Controlの訳語である中央統制の略語として広く用いられている。小滝敏之（1983, p.37）は、「Central Controlという用語自体、日本語でいう中央の『支配』というよりは、中央による『制御』といったニュアンスを帯びていることに注意しなければならない」と述べている。

「監督」(39)又は「関与」(40)と称している。

それでは、国と自治体の不平等な関係を生じさせ、自治体の自主性・主体性を損なう関与とは、どのようなものなのであろうか。関与を構成する2つの要件、すなわち、国が関わる「関与の対象」と、自治体の自主性・主体性を損なう「国の行為」について整理すれば、次のとおりである。

(1) 関与の対象

関与の対象は、自治体の組織、運営又は事務処理である。地方自治法に規定する自治体の組織や運営に関する定めは、日本国憲法に基づく法律による関与にほかならない。道路法で都道府県道や市町村道について規定することは、法律がなくとも農道や林道の整備、管理が自治体によって行われていることからも明らかなように、自治体が条例で定め得る事項を道路法で定めているものであり、自治体の事務処理に関与していることになる。

生活保護制度や国民健康保険制度のように、国の責務として全国的に一定の水準を確保することが求められる政策であったとしても、法律で自治体の事務とした以上は、その基準を定めることは、その是非は別として、自治体の事務処理に関与していることになる。

(2) 国の行為

関与に該当する国の行為は、自治体の自主性・主体性を損なう行為であり、代行、統制、誘導の3つの行為であると考えられる。

①代行＝自治体に代わって国が行う行為

地方自治法の規定に基づく各大臣による代執行（第245条の8第8項）や、都市計画法の規定に基づく国土交通大臣による都市計画決定等の直接執行

---

(39) 塩野宏（1990, pp.106–107）は、「法的に不平等な関係（及びこれに準ずる事実上の関係）の生ずる場合、及びそれに基づく国の一方的行為に関しては、法形式的にいう限り、これに監督の語を与えるのは必ずしも不適切ではないであろう。」と述べている。また、「対等な当事者として協力する関係」「における国の行為を狭義の関与といい」、監督と狭義の関与の「両者を含めた国の行為を広義の関与と称するのがより便宜であろう」している。

(40) 小林與三次（1956, p.70）は、「中央政府の地方公共団体に対する関與は、形式的には、立法的、行政的及び司法的の別がある」と述べている。

(第24条第4項、いわゆる並行権限の行使)のように、自治体に代わって国(内閣又は府省)が事務を処理する行為である。

②統制＝自治体に一定の作為又は不作為を求める行為

法律による自治体の組織、運営又は事務処理の義務付け、法令による自治体の事務処理の基準の設定、国の行政機関による自治体に対する指示、勧告、許可・認可・承認、同意、地方自治法の規定に基づく機関争訟に関する判決(176条)等のように、国会、内閣・府省又は裁判所が自治体に対して一定の作為又は不作為を求める行為である。

③誘導＝自治体の意思決定を誘導する行為

処理基準による事務処理の方法等の通知、技術的助言による法令の解釈等の通知、補助金交付要綱のように、国(内閣又は府省)が自治体の意思決定を誘導する行為である。

以上を総合すれば、国の自治体への関与とは、「国会、内閣・府省(府省の機関を含む)又は裁判所が、自治体の組織、運営又は事務処理に関し、代行、統制又は誘導を行うこと」であると言えよう。

なお、関与の目的については、後述する関与の分類ごとに異なる目的を有しており、それらを総合的に示すことは困難である。

3 問題となる関与と必要な関与

関与のうち、分権改革で取り上げられる関与は、自治体の自主性・主体性を損なうことが問題となるものである。関与によって自治体の自主性・主体性が損なわれたとしても、関与の目的、手段と関与を受ける自治体の状況によっては、国が関与することが合理的な場合もある。国勢調査のように国が一定の基準を示すことが当該事務の目的を達成するうえで必要不可欠な場合や、海外からの伝染病対策のように広域かつ緊急に住民の安全を確保するため、国の強力なリーダーシップで自治体に指示すべき場合がある。

関与の最大の問題は、関与の必要性と関与の行為の形態のミスマッチの存在である。分権改革で自治体側から見直しが求められた関与は、関与の目的

と手段の関係が不均衡で、合理性に欠けるものが指摘されている。中には国が関与することの意味がないというものもあるが、多くのものは、全国的な統一性・画一性が徹底しすぎているために自治体の創意・工夫の余地が全くない基準や、事後に国に報告する程度で良いものを事前に国の認可を必要とするなど、関与の手段が目的に対して過大なことが問題となっているのである。

　全国的な統一性や画一性は、事務の創生期において自治体の事務処理のレベルを確保する上では有効であったが、自治体の事務として同化・定着した後において一律の基準を維持することは、自治体の創意工夫の余地がなくなり、より効果的・効率的な事務処理を行う可能性を制約することになる。

　国の自治体への関与は、国の政策を全国的に普及するうえでは有効であったが、国のコントロールによって自治体の思考停止を招いてしまうことにも留意する必要がある。国の出先機関の職員が本省が示したマニュアルを金科玉条のものとして思考停止状態に陥っている場面に遭遇することがあるが、自治体職員は、地域に目を見開いて、創造的な思考を持って地域の課題に取り組んでいく必要があり、そのためには、国の自治体への関与は必要最小限度のものとする必要がある。

4　関与の改革の対象の変遷

　関与の改革における対象は、改革の重点の変化とともに変遷を遂げてきた。

（1）神戸勧告

　昭和25年の地方行政調査委員会議（神戸正雄議長）の行政事務再配分に関する勧告は、次のような構成になっており、「関与」の範囲に法律による基準の設定や処理の義務付けが入っており、行政機関の行為だけでなく、国会による行為も関与の対象とされている。

第一　行政事務再配分の基本方針
第二　国と地方公共団体との関係
　一　国と地方公共団体との基本的な関係

二　地方公共団体に対する国の関与[41]
（１）地方公共団体の事務に対する関与
「当該地方公共団体又はその住民のみに関係があり、他の地方公共団体に対する影響も国家的影響も少ない事務については、国は、原則として関与すべきではない。法律によって基準を定め又は処理を義務づけることはもとより、非権力的な関与をすることもできないものとすべきである。」
「国の地方公共団体に対する関与の方法としては、許可、認可、承認、命令、取消、変更、代執行等のいわゆる権力的な監督は、原則としてこれを廃止すべきである。」
（２）国の事務で地方公共団体に委任して行うもの
　　１　機関委任
　　２　委託
三　国の出先機関
四　府県と市町村の関係
（２）第９次地制調答申以降の国の答申
　昭和38年の第９次地方制度調査会の答申では、機関委任事務制度の廃止の方向が打ち出されるとともに、「現行の許認可その他の権力的関与については、整理すべきものが少なくないので、これらについては思い切って廃止する方向で検討すべきである。」としており、個別法の関与については、国の行政機関による自治体への権力的関与に改革の対象が絞られている。
　これ以降の改革は、機関委任事務制度の廃止にまでは踏み込まず、むしろ活用しながら機関委任事務の一部を整理し団体事務化する方向が定着するとともに、国の行政機関による権力的関与の廃止・縮減を目的とした改革の流れは、その後の第２次臨時行政調査会、第１次行政改革推進審議会、第２次行政改革推進審議会、第３次行政改革推進審議会を経て、旧地方分権推進法へと受け継がれた。

---

(41) 行政事務配分に関する勧告（1950, pp.7-10）

(3) 第1次分権改革

地方分権推進法第5条においては、関与について「地方公共団体又はその機関の事務の処理又は管理及び執行に関し、国の行政機関が、地方公共団体又はその機関に対し、許可、認可等の処分、届出の受理その他これらに類する一定の行為を行うことをいう。」と定義された。

その後の分権委員会の勧告では、関与の定義は示されなかったが、政府の地方分権推進計画では、「地方公共団体の事務の処理に関し、国の行政機関又は都道府県の執行機関が、次に掲げる行為を行うことをいう」ものとし、「①地方公共団体に対する助言及び勧告、資料提出の要求、是正措置要求、同意、許可、認可及び承認、指示、代執行、②地方公共団体との協議、③①及び②のほか、これらの行為に類する一定の行為」とした。

平成11年に改正された地方自治法第245条では、地方分権推進計画の定義をベースとして、③の「これらの行為に類する一定の行為」がより明確化され、「普通地方公共団体の事務の処理に関し、国又は都道府県の行政機関が、一定の行政目的を達成するため普通地方公共団体に対して具体的かつ個別的に関わる行為」と規定された。

第1次分権改革では、第9次地制調答申以降の国の答申で改革の対象とされた許認可等の権力的な関与だけでなく、助言等の非権力的関与も含めて改革の対象とされ、関与の法定主義及び一般法主義の原則等により関与の基本原則が確立された。地方自治法第245条に規定された関与の定義は、国又は都道府県の行政機関が行う許認可や助言等の行為に限定されているため、「狭義の関与」と呼ばれている。

第1次分権改革において、狭義の関与の改革と並んで重要なことは、機関委任事務制度の廃止によって通達による関与が廃止されたことである。その意味では、第9次地方制度調査会の答申に立ち返ったということができる。

(4) 第2次分権改革

第2次分権改革では、地方分権改革推進法第5条第1項において、国の自治体に対する法令による「事務の処理や方法の義務付け」が改革の対象とし

第4章　国と自治体の相互関係の改革の検証

て明記され、「義務付け・枠付け」の見直しが改革の重点とされた。

第1次分権改革の成果として地方自治法に規定された「関与」は、前述のとおり「狭義の関与」というべきものであり、第2次分権改革における義務付け・枠付けの見直しは、地方自治法が規定する狭義の関与ではないが、広い意味での国の自治体への関与の改革であると言うことができる。

(5)　関与の改革の対象の変遷の総括

以上のように、関与の改革は、神戸勧告では法律による事務処理の義務付けや基準の設定が「関与」の改革の対象に含まれていたが、第9次地方制度調査会の答申では、機関委任事務制度の廃止と個別法による権力的関与の改革に重点が置かれ、その後の改革では、機関委任事務の団体事務化と国の行政機関による許認可等の権力的行為に対象が限定され、次第に関与の改革の対象が限定されていった。

第1次分権改革では、機関委任事務制度の廃止に加え、個別法による関与についても行政機関による権力的行為と非権力的行為の両方が改革の対象とされるなど、関与の改革の対象が拡大した。

第2次分権改革では、法令による「義務付け・枠付け」が、「狭義の関与」とは別の改革として重点対象とされた。

神戸勧告以降の改革で次第に限定化された改革の対象が、分権改革の過程で次第に広がりをみせ、今日では、神戸勧告の当時と同様に、広い意味での関与が改革の対象となっていると言えよう。

5　国の関与の分類

国の自治体への関与は、一般に立法的関与、行政的関与、司法的関与に大別される。[42]この分類は、国による自治体の統制について、立法的統制、行政

---

[42] 小早川光郎 (1998, pp.102-103) は、「地方公共団体に対する関与という表現は、広義においては、国の立法の形式で行われる立法的関与と、国の行政機関が行う行政的関与と、国の裁判所による裁判を通じて行われる司法的関与とをすべて含めた全体を言う」と述べている。

的統制、司法的統制という用語が用いられてきたことに由来し、国の権力が国会、内閣、裁判所の三権に分かたれていることに基づくものである。⁽⁴³⁾⁽⁴⁴⁾

　関与の分類には様々な方法があるが、関与のあり方を検討するうえでは、「誰が何のために関与するのか」が最も重要な観点である。抽象的に国の関与と言っても、具体的な関与者の権能によって、関与の具体的な目的が違ってくるからである。特に府省による関与が大きな問題となってきたことから、府省による関与を検討するうえで、国の関与の全体の中での位置づけを明らかにし、本当に府省が関与する必要があるのかを検証する必要がある。

　したがって、本書においては、従来から用いられてきた関与者別の分類を基本に検討を加えることとする。ただし、その名称については、検討の都合上、従来の立法的関与、行政的関与、司法的関与の名称に代えて、「国会による関与」を「立法関与」、「内閣又は府省による関与」を「行政関与」、「裁判所による関与」を「司法関与」とする。なぜならば、内閣や府省が、法律の委任を受けて政令・府省令の制定といった準立法的行為や裁定といった準司法的行為を行っており、行為の性質による区分との違いを明確化する必要があるためである。

（1）立法関与（国会による関与）

　憲法第92条は、「地方公共団体の組織及び運営に関する事項は、地方自治の本旨に基いて、法律でこれを定める。」としており、自治体の組織及び運営に関する法律を制定する行為そのものが、国会による自治体への関与である。改めて言うまでもなく、当該法律は地方自治の本旨、すなわち、団体自治イコール分権と、住民自治イコール民主主義の両方の理念に基づくものでなければならない。地方自治法については、組織規範の規定が詳細にすぎる

---

(43) 蠟山政道（1949, p.157）は、「立法機関たる議会によるものを立法的統制というならば、裁判所によるものを司法的統制というべく、また、行政官省によるものを行政的統制といいうるのである」と述べている。

(44) 辻隆夫（1985, p.57）は、「イギリスの地方自治体に対する中央統制は、伝統的区分に従えば3つのパターンに分けられる。議会による立法統制、大臣及び各省による行政統制、裁判所による司法統制の3つである」と述べている。

第4章　国と自治体の相互関係の改革の検証

との指摘があり、自治体の自由度を増す方向で改正が行われてきた。

一方で憲法は、「国会は、(中略) 国の唯一の立法機関である。」(第41条)、「行政権は、内閣に属する。」(第65条) としながらも、それらの例外として第94条は「地方公共団体は、(中略) 事務を処理し、及び行政を執行する権能を有し、法律の範囲内で条例を制定することができる」としており、基本的には自治体は法律の委任がなくとも、住民福祉の増進を図るために、福祉、教育、社会基盤整備等の様々な事務を企画し、法律に反しない限りで条例を制定し、事務を執行する権能を憲法上有している。しかしながら、実際は法律によって事務の内容が一律に定められ、自治体は法律の定めに従って事務を処理するよう義務付けられている場合が多い。

立法関与 (国会による関与) については、憲法上法律で定めるように規定されている自治体の組織・運営の定めのあり方と、憲法上は自主性が認められている自治体の事務に対する法律の定めのあり方の2つの論点が存在している。多くの自治体からの要望が強いのは、後者の事務に対する法律の定めを見直し、自治体の創意工夫の余地を認めるようにすることである。

自治体の組織・運営に関する立法関与は憲法上の要請によるものであるが、自治体の事務に関する関与を国会がするのはなぜであろうか。これは、国と自治体の役割分担を定め、自治体の役割を明らかにするためであると考えられる。内閣や府省の役割を定めるものは法律によるほかはなく、また、自治体の役割を示すためには、法律による必要がある。自治体の役割を示す方法としては、多くの場合、事務処理を義務付ける方法が用いられているが、「○○することができる。」というように、あたかも法律で自治体に権限を授与したような形式で定められる場合もある。なお、憲法等との関係で自治体の事務処理に法律の授権が必要な場合においては、法人格の付与や土地収用等の形成的な行為にあっては個別的な授権が、刑罰を条例で定立する行為にあっては包括的な授権が行われている。また、立法関与では、必置規制とい[45]

---

(45) 西尾勝 (1999, p.135) は、第1次分権改革による関与の縮小・廃止の対象について、「関与の3類型」の1つとして、「必置規制」を挙げている。

われる組織に関する統制も行われている。

　立法関与のあり方を検討するうえでは、自治体の役割を示すだけでなく自治体に一定の責務を課すことの必要性、さらに、自治体に責務を課すだけでなく政策立案を国が代行し事務の枠組や組織を統制することの必要性、事務の枠組みや組織を統制した場合における自治体の裁量の余地の確保が議論される必要があろう。こうした問題は、公害、景観など、自治体が政策的に先行してきた分野に、後から法律を制定する場合に顕著となるが、法律が先行した分野においても、時代の要請に適合しない旧態依然とした政策が固定化している問題があることに留意する必要があろう。

（2）行政関与（内閣又は府省による関与）

　行政関与（内閣又は府省による関与）は、行為の性質や目的、対象によって、いくつかに分類することができる。蠟山政道（1949：218-219）は、英国の行政的統制（中央官庁による統制）について、事項的性質と機能的性質に着目して、立法的又は指令的行為、司法的又は是正的行為、財政的又は補正的行為、人事的又は知識的行為、予防的又は指導的行為の5つに分類している。

　また、吉富重夫（1960：160-179）は、日本の現状における行政関与の分類として、準立法的、準司法的、狭義の行政的の3つに分類し、さらに「狭義の行政的」を目的に応じて細分化するとともに、将来における行政関与の目的による分類として、全国的若しくは総合的計画の立案、技術的援助、最低基準の設定、財政的援助、実態的把握の手段としての報告等、効果是正措置としての行政査察と財務監査の6つへの再編を示している。

　行政関与を分類する方法としては、行政、財政（地方債を含む）、組織、人事といった関与の対象による区分もある。地方債制度や、必置規制、戦前の地方官官制、第1次分権改革で廃止された地方事務官制度、今日も存続し

---

(46) 地方債の発行に対する国の関与は、関与手段としては法律で総務大臣の同意を義務付けるという点で行政関与であるが、関与の対象としては自治体の財政に対する関与となる。必置規制は、法律に基づく義務付けであれば関与手段としては立法関与であるが、関与の対象としては自治体の組織に対する関与となる。

第4章　国と自治体の相互関係の改革の検証

ている地方警務官制度等を中心に検討する場合には、関与の対象による区分をした方が論じやすい場合がある。

自治体側から指摘されている関与の最大の問題点は、関与の目的と手段の関係が合理的でないことであり、行政関与のあり方を検討する上では、①国（中央政府）が関与する必要があるのか、②国会や裁判所ではなく内閣・府省が関与する必要があるのか、③内閣・府省が関与する場合に、どのような手段が最も適当か、という3段階の検討を関与の仕方の面から行うことが必要となると考えられる。

したがって、本書では、関与の仕方に焦点をあてて、第1次分権改革による機関委任事務制度の廃止や関与のルール化、第2次分権改革による義務付け・枠付けの見直し等を検討するため、関与の手段の性質による区分を基に論ずることとする。

関与の手段の性質による区分について田村達久は、国の自治体への関与の法制について論ずるうえで、国の行政機関による関与を手段の性質により区分するものとして、立法的手段による関与を「準立法的関与」、行政的手段による関与を「行政的関与」、司法的手段による関与を「準司法的関与」と呼んでいる。[47]

関与の法制的検討においては、この3種の区分が適当と思われるが、行政学の観点からより広く対象を捉えれば、内閣又は府省による行政関与の手段としては、①準立法的行政関与、②行政的行政関与、③財政的行政関与、④人事的行政関与、⑤政策的行政関与、⑥準司法的行政関与の6つに分類できるものと考えられる。

①準立法的行政関与

準立法的行政関与としては、法律の委任に基づいて制定される政令、府省令（法規たる性格を有する告示を含む。）がある。本来は国会が法律で定め

---

(47) 田村達久（2006, p.121）。なお、田村の分類では、処理基準が準立法的関与に分類されているが、本書では、後述するように「一律的行政関与」の概念を用いて行政的行政関与に分類している。

るべき事項を、内閣又は府省大臣に委任しているという意味で、準立法的である。

準立法的関与の目的は、何であろうか。なぜ、国会は委任する必要があるのであろうか。これは、自治体の事務処理の適正を確保するための基準を能率的に立案するためであると考えられる。自治体の事務処理の基準を内閣・府省が代行して定めるのである。自治体の事務処理を制約するためには、法律の委任が必要であるから準立法的関与となる。

高度経済成長の時代のように現代的な社会問題が顕在化した時代においては、国がまず一律に制度の詳細を設計し、全国の自治体に普及することの意義は大きかったと思われるが、その後自治体に定着した事務について、いつまでも国が企画した詳細な基準を一律に維持する必要性が低下していることは、繰り返し自治体側から指摘されているところである。

②行政的行政関与

行政的行政関与の廃止・縮減は、長年にわたる未解決の課題である。行政的行政関与の目的は、何であろうか。稲葉馨（2002：147）は、「一般的に言えば、自治体における事務の『適正な処理』を『確保』するためであろう」と述べている。また、松本英昭（1999：29）は、「今なら上下関係だから『関与』でもいいかもしれませんが、今後あるべき姿は『調整』というふうに理解しています」と述べている。適正な事務処理の確保は塩野宏のいう「監督」であり、調整は塩野宏のいう「狭義の関与」と同じではなかろうか。国道と県道が交差する工事を実施する場合のように、自治体の事務の個別の執行の段階で、国と自治体の行政機関が「相互に」連絡調整することは地方自治法に規定する国の「一方的な」関与とは異質のものであり、「調整」の概念を現行の関与の形態にあてはめるのは無理がある。関与を必要最小限に

---

(48) 薄井一成（2008, p.132）は、横浜市の勝馬投票券発売税の新設に国の行政機関が関心を示したのは、国の経済施策（中央競馬システム）に重大な影響を及ぼすためであるとし、自治体によって事務が適正に処理されなかった場合に害されうる利益の内容・性質や当該利益の侵害程度等によって、国の関心と責任の程度が左右されるとしている。

第4章　国と自治体の相互関係の改革の検証

すべきとする地方自治法の考え方からすれば、「適正な事務処理の確保」を目的として、真に当該関与を手段とする必要がある場合に限られるものと言うべきである。

　第1次分権改革以前の関与の定義では、地方分権推進法第5条に規定されているように、許認可等の処分、届出の受理及びこれらに類する行為であり、現行の地方自治法第245条第3号に規定されたものが定義となる。すなわち、国の行政機関又は都道府県の機関が、「一定の行政目的を実現するため、普通地方公共団体に対して具体的かつ個別的に関わる行為」である。個別具体的な事案に対応して行われる関与である点に特徴がある。これを「個別的行政関与」と呼ぶこととする。

　一方で、地方自治法第245条第1号では、助言又は勧告、資料提出の要求が関与として列挙された。これらの関与のうち勧告は別として、助言及び資料提出の要求は、個別具体的な事案に対応して行われることもあるが、当該事務を処理する全ての自治体に対して一律的に行われることもある。旧通達の廃止に伴い発せられた通知は、大別すれば（技術的）助言と処理基準になる。こうしたものを「一律的行政関与」と呼ぶこととする。

　このように、行政的行政関与には、個別的行政関与と一律的行政関与があり、地方自治法では、法定受託事務に関する処理基準は、同法第245条で規定する関与には該当しないとされているが、本書では、処理基準が運用上の基準を設定するものであることから、一律的行政関与の一形態として分類する。

　そして、技術的助言や資料提出の要求は、個別的行政関与と一律的行政関与という全く異なる2つの形態の関与として行われる場合があるにもかかわらず、地方自治法では一律的行政関与の概念が明確に規定されていないために、後述するように一律的行政関与を規律するルールを欠いた状態になっている。

189

③財政的行政関与

財政的行政関与としては、国庫補助金、国庫負担金、国庫委託金、地方交付税交付金、会計検査等がある[49]。財政的行政関与は、特定の事業を促進するためや、地方財政を支援するために行われている。財政的行政関与における最大の問題点は、国庫補助金等による関与が自治体行政の能率を阻害していることであり、府省の担当課単位の縦割りで自治体の事業に関与することに特に問題がある[50]。

財政的行政関与の問題を解決するためには、個別の補助事業等の問題だけでなく、国と地方の税源の配分や自治体間の税源の偏在といった地方財政全体の問題としても捉える必要があり、この点が他の関与とは異なっている。

④人事的行政関与

人事的行政関与としては、いわゆる地方警務官制度や旧地方事務官制度がある。また、国と自治体とのいわゆる交流人事は、運用の仕方によっては関与の手段となり得る[51]。こられの関与は、国の行政機関が自治体の組織で勤務する職員に対して有する人事権限（将来の人事を左右する潜在的人事権限を含む。）を利用して、自治体を統制・誘導している点に特徴がある。

なお、必置規制[52]は、組織や職を置くこと等を義務づけるに止まり、人事権限を利用して自治体を統制・誘導しようとするものではないため、関与の手

---

(49) 金井利之（1991, p.12）は、福祉国家においては、「中央政府が政治的統制・行政的統制の代わりに、財政的統制を目指すという点で、財政的連関が重視される」と述べている。

(50) 山口道昭（1993, p.33）は、「自治体では、国庫補助を受けるために、国庫補助基準イコール住民に対する給付基準としている場合がある」と述べている。

(51) 喜多見富太郎（2010,pp.124-125）は、地方出向には、出向元省庁に出向先自治体をコントロールする目的が全く含まれない形態が考えられるとし、一方で、当初の出向目的はもっぱらコントロールの目的であったが、一定数の職員を出向させた段階でコントロールの目的は達成され、それ以降の出向目的はもっぱらコントロール以外の目的に変化するといったことが考えられ、また、その逆のケースも同様に考えられるとしている。

(52) 森田朗（1998, p.184）は、「必置規制が設けられている理由としては、通常、国が法令等で想定している一定の事務に関して、その行政活動の水準を確保する必要があるためであると主張されている」と述べている。

第4章　国と自治体の相互関係の改革の検証

段の分類上は、法律による立法関与又は法律に基づく政令による準立法的行政関与として分類する。

⑤政策的行政関与

政策的行政関与としては、全国計画や地方計画の策定、審議会・研究会の審議・答申、全国会議やブロック会議での見解の表明や情報の提供、自治体職員を主な対象としたシンポジウム・研修会の開催などがある。内閣や府省による自治体の政策の啓発、誘導である。

これらの政策的手段は、自治体が主体的に参画する方法がとられるならば、国と自治体が対等・協力の精神で政策を推進していくうえで有効な手段となり得るものである。国が行う計画の策定や審議会等での審議に自治体側が主体的に参画し意見を述べるとともに、自治体側が主催する活動に国の関係機関の参画を求めるなど、コラボレーションの工夫が重要となろう。

⑥準司法的行政関与

準司法的行政関与は、講学上は「裁定的関与」と呼ばれており、例えば、地方自治法第176条第6項に規定する機関争訟に関する総務大臣又は都道府県知事の裁定がある。同条第4項は、「普通地方公共団体の議会の議決又は選挙がその権限を超え又は法令若しくは会議規則に違反すると認めるときは、当該普通地方公共団体の長は、理由を示してこれを再議に付し又は再選挙を行わせなければならない。」と規定している。さらに、同条第5項は、再議による議決又は再選挙がなおその権限を超え又は法令若しくは会議規則に違反すると認めるときは、都道府県知事にあっては総務大臣、市町村長にあっては都道府県知事に対し、審査を申し立てることができるとし、同条第6項は、総務大臣又は都道府県知事は、権限を超え又は法令若しくは会議規則に違反すると認めるときは、当該議決又は選挙を取り消す旨の裁定をすることができるとしている。また、第1次分権改革の成果として地方自治法に制度化された、国地方係争処理委員会による勧告も、準司法的行政関与に該当する。

準司法的行政関与の特徴は、主として法令に違反した行為の是正を対象と

していることと、準司法的手段による判断に不服がある者は、一定の場合に裁判所に出訴し司法審査を求めることができることである。

　違法か適法かを確定させるのは司法の権能であるが、準司法的手段は、紛争の迅速な解決を目的としたものであると言えよう。ただし、前述した地方議会の議決等に対する不服申立てのような自治体内部の運営に対する裁定的な関与については、廃止すべきとの指摘がなされている。[53]

（3）司法関与（裁判所による関与）

　司法関与（裁判所による関与）の例としては、前述の準司法的行政関与で述べた地方自治法第176条の機関争訟に関する裁判がある。すなわち、同条第7項は、「総務大臣又は都道府県知事の裁定に不服があるときは、普通地方公共団体の議会又は長は、裁定のあった日から60日以内に、裁判所に出訴することができる。」としている。

　このほかにも、地方自治法第242条の2に規定する住民監査請求の結果等に不服がある場合の住民訴訟における裁判所の判決、同法第245条の8に規定する法定受託事務の代執行手続における高等裁判所等の判決、同法第251条の5に規定する国の関与に関する訴えに対する高等裁判所等の判決も、裁判所による関与に該当する。

　司法関与は、紛争の法的解決と違法行為の是正を目的としたものである。自治体の議会と首長、自治体と住民、国の行政機関と自治体の行政機関といった、一種の内部関係のように見られがちな当事者間の争いについて、司法の最終的な判断が下される仕組みが保障されていることの意義は大きいと言えよう。

　司法関与は、住民や自治体、国から訴訟が提起されてはじめて発動する消極的なものであり、しかも、住民自治や団体自治の保障の一環をなしているものである点で、他の国の関与とは大きく異なっていると言えよう。

---

(53) 人見剛（2005, p.273-275）は、「本来並立的関係にあるべき自治事務領域における国―自治体関係において設定されたこのような権力的関与法制は、憲法が保障している地方自治制度との矛盾をはらんでいることは否定しがたい」と述べている。

第4章　国と自治体の相互関係の改革の検証

6　本書の対象とする関与

本書においては、第1次分権改革において、地方分権のための制度改正が行われ、第2次分権改革においても重点的な改革分野として位置づけられている、立法関与、準立法的行政関与、行政的行政関与（一律的行政関与、個別的行政関与）を対象とする。なお、これらの関与の手段の名称は、本書において関与の改革を論ずるための独自の名称であることを承知いただきたい。

また、関与については、都道府県と市町村の関係も重要な課題であるが、国と自治体の関係が改革されれば、都道府県と市町村の関係は、これに準じて改革することになると考えられることから、本書では、国と自治体の関係と共通の課題を取り上げる必要がある場合に限り、都道府県の市町村に対する関与に言及することとする。

[表35]　国の関与の分類と本書の対象とする関与

関与者	関与の目的	関与の手段の名称	関与手段の例	
国会による関与	・自治体の組織・運営の統制 ・国と自治体の役割分担	立法関与	法律	
内閣・府省による関与	・事務処理の基準の統制	準立法的行政関与	政令・府省令	
	・事務処理の運用の統制 ・技術支援	行政的行政関与	一律的行政関与	処理基準、技術的助言
			個別的行政関与	同意、許可、指示
	・特定の事業の促進 ・財政支援	財政的行政関与	国庫補助金、国庫負担金、国庫委託金、地方交付税交付金、会計検査	
	・自治体の組織・運営、事務処理の統制・誘導	人事的行政関与	地方警務官制度、旧地方事務官制度、交流人事	
	・政策の啓発・誘導 ・技術支援	政策的行政関与	全国・地方計画の策定、審議会等の答申、全国会議の開催	
	・紛争の早期解決	準司法的行政関与	裁定、勧告	
裁判所による関与	・紛争の法的解決 ・違法行為の是正	司法関与	判決	

＊ゴシックの部分が本書の対象とする関与である。

第2節　第1次分権改革による国の関与の改革の状況

1　国の関与の改革の意義

　分権改革の目的は、住民自治の前提となる団体自治の拡充である。団体自治を拡充するための手段としては、権限を移譲して自治体が分担する事務を拡大する方法と、自治体の事務処理に対する国の関与を改革して自治体の自主性を向上する方法がある。第1次分権改革の特徴は、自治体が分担する事務の拡大よりも、自主性の向上に重点が置かれたことである[54]。この背景には、同一の事務を国、都道府県、市町村が上下の関係で処理し、国の関与が自治体の事務処理の細部にまで及んできたという実情がある[55]。国の関与を維持したまま自治体に権限を移譲しても、国の出先機関として事務を処理するだけで、住民自治の前提となる団体自治の拡充にはあまり寄与しないとの認識が、分権改革の基本にあったものと考えられる。

　第1次分権改革以前は、国や都道府県が法令上の範囲を逸脱して自治体に過度に関与したり、自治体が国や都道府県に依存し主体性を十分に発揮しないなど、国、都道府県、市町村が必要以上に融合した上下・主従関係を形成していた。

2　第1次分権改革の成果の概要

第1次分権改革における国の関与の改革で重要な内容は、次の4つである。
（1）国の立法の原則の法制化
（2）機関委任事務制度の廃止

---

(54) 西尾勝（1999, p.139）は、分権委員会は、地方六団体からの要望を出発点にしていたところ、地方側からの要望が権限移譲ではなく関与の縮小廃止を求めるものが多かったと述べている。

(55) 水口憲人（2001a, pp.13-16）は、第1次分権改革について「中央の地方への『関与の仕方』に関わるもの」であり、「『関与の仕方を変える』とは統合の仕方を変えることの別の表現だと見なすことができる」と述べている。
　さらに、水口憲人（2001b, p.38）は、第1次分権改革とは、統合＝行政統制から統合=立法統制に変えることであったとしている。

第4章　国と自治体の相互関係の改革の検証

（3）関与のルールの整備
（4）個別的行政関与の見直し
これらについて、順次、改革の検証を行う。

3　第1次分権改革による国の立法の原則の導入
（1）分権委員会での審議と第1次勧告

　分権委員会の審議の中では、平成8年6月13日に開催された委員会と行政関係検討グループとの合同会議が重要な場面であった。同合同会議において、行政関係検討グループの参与は「行政上の決定を行う場合には、情報を集めてきて判断・決定しコントロールする必要があるが、ピラミッド型の構造で余りにも事務量が増えてくると、結局全部上でやり切れないので下へ下ろしていく。それは事務量の関係と事務の性質によって区分がなされているのではないか。そういう観点から言うと、結局情報を国の方が全部集めたとしても、コントロールしきれないという一定の値、閾値があるはずであり、一定の範囲を事務量なり何なりの基準で切るという考え方も適用できるのではないか」と指摘し、国による自治体の事務処理の基準の設定を一定のレベルで限定する必要があるとの認識を示した。

　分権委員会の第1次勧告では、国の立法の原則として、
　①地方自治の本旨に適合し、かつ国と地方の役割分担の原則に沿った立法
　②地方自治の本旨及び国と地方の役割分担の原則に基づく解釈運用
　③自治事務に関する法令の基準等の設定における条例制定への配慮義務
の3つが勧告された。特に、③の条例制定への配慮義務については、「国は、自治事務について基準等を定める場合には、全国一律の基準が不可欠で、条例制定の余地がないという場合を除き、地方自治体がそれぞれの地域の特性に対応できるよう、法律又はこれに基づく政令により直接条例に委任し、又は条例で基準等の付加、緩和、複数の基準からの選択等ができるように配慮しなければならない。」とされた。

(2) 第1次分権改革における国の立法の原則の法制化

第1次分権改革においては、地方自治法第2条第11項、第12項、第13項に国の立法の原則が規定された。⁽⁵⁶⁾⁽⁵⁷⁾

①地方自治の本旨に適合し、かつ国と地方の役割分担の原則に沿った立法

第11項では、「地方公共団体に関する法令の規定は、地方自治の本旨に基づき、かつ、国と地方公共団体との適切な役割分担を踏まえたものでなければならない。」とされた。

②地方自治の本旨及び国と地方の役割分担の原則に基づく解釈運用

第12項では、「地方公共団体に関する法令の規定は、地方自治の本旨に基づいて、かつ、国と地方公共団体との適切な役割分担を踏まえて、これを解釈し、及び運用するようにしなければならない。」とされた。

③地域の特性に応じた自治事務の処理に対する配慮

第13項では、「法律又はこれに基づく政令により地方公共団体が処理することとされる事務が自治事務である場合においては、国は、地方公共団体が地域の特性に応じて当該事務を処理することができるよう特に配慮しなければならない。」とされた。第13項は、分権委員会の第1次勧告で示された国の立法の3原則のうち「条例制定への配慮」を特に念頭に置いたものである。⁽⁵⁸⁾

---

(56) 北村喜宣（2009, p.31）は、「分権改革を踏まえれば、解釈論としては、まず、上記の諸原則は、憲法92条を分権改革に即して解釈し確認的に規定したものと整理できる」と述べている。松永邦男（2003, p.17）は「改正後の自治法1条の2及び2条11項から13項までの規定」は、「条例制定権の有無の問題をめぐって関係法令の規定の趣旨・解釈が問題となる際においても、指針として、大きな意味を持つこととなるものと考えられる」と述べている。

(57) 岩橋健定（2001, pp.370–378）は、「これらの条文の存在を踏まえた場合、法律と条例の抵触があるようにみえる場合であっても、自治体の自主性・自立性を尊重し、できるだけ抵触が存在しない（すなわち、条例が適法である）ものとして解釈することが求められるであろう」と述べ、「領域先占論から規範抵触論へ」と表現している。

(58) 北村喜宣（2004, pp.64–65）は、「地方自治法第2条第13項の法意からは、たとえ、規律密度高く規定されている法令であっても、それは、例示であって一応の標準的なものと、受け止められるべきであろう」と述べている。

4　第1次分権改革による機関委任事務制度の廃止

　第1次分権改革の最大の成果は、機関委任事務制度の廃止であると言われている。機関委任事務制度の廃止は、それまでの行政改革では部分的な見直しが行われてきた中央集権の仕組みを抜本的に改革するものである。

　機関委任事務制度の廃止により、従来は指揮監督の手段として多用されていた通達の方式が廃止された。法定受託事務について国が定める処理基準は、旧機関委任事務制度の指揮監督権限に基づく通達とは異なり、自治体の事務処理を法的に拘束するものではないものと解される。処理基準は「よるべき基準」であって「よらなければならない基準」ではないからである。

　また、自治事務については、従前の通達の多くは、廃止されるか、又は「指針」等の名称に変更され「技術的助言」として通知されており、自治体の事務処理を法的には拘束しないものとされている。自治事務に関する指針等の助言の文書は、自治体の事務処理への国のサービス的な情報提供の面も有しているが、自治体の事務処理への影響力があることから、一律的行政関与として個別的行政関与としての「技術的助言」とは別に検討を要するものである。

　なお、二級河川の管理など本来は自治事務として整理すべき事務が法定受託事務とされているものがあり、自治事務と法定受託事務の仕分けの見直しが将来の検討課題となっている。

---

(59) 辻山幸宣（1983, pp.59-65）は、「『機関委任事務』という概念は法律上のものではなく、いわば講学上のものである」とした上で、「概念の不確定さが自治事務の領域を不分明にしている」と指摘している。白藤博行（1997, p.48）は、「単なる法律の解釈で『機関委任事務』であるかが決せられている状況のもとでは、ますます解釈によって国の行政機関が作り出されることになる」と述べている。

(60) 西尾勝（2007, p.57）は、「第1次分権改革の最大の成果は機関委任事務制度を、整理合理化でも原則廃止でもなく、全面廃止したことである」と述べている。

(61) 東田親司（2008, p262）は、「機関委任事務制度の廃止とその後の新しい事務制度により地方公共団体の行政面の自由度とそれに伴う責任の度合いが大きくなり、積年の中央集権構造を短期間に分権構造に移行させる改革内容であった」と述べている。

(62) 武智秀之（2002, p.139）、島田恵司（2007, p.22-35）参照。

(1) 機関委任事務制度の廃止の意義

　機関委任事務制度の下では、自治体の首長を国の機関とみなして国が指揮監督することが可能とされ、自治体は法令の委任がなければ当該機関委任事務に関する条例が制定できなかった。また、通達によって事務処理の細部にわたり統制を受けてきた。さらに、個別の事案について指揮監督権を行使し、命令することや認可を要するとすることも可能とされていた。辻清明（1976：195）は、「機関委任事務が、大幅に戦後の地方自治体系の中に継承されたため、せっかく地方自治法が、伝来の中央統制の諸方法を廃棄したにもかかわらず、各省による中央統制が隠然たる形で、存続することになった」と述べて、機関委任事務制度を戦後の地方自治制度における大きな課題として指摘している。

　機関委任事務制度の廃止は、自治体の事務処理に対する国の統制を抜本的に改革し、戦後の地方制度の未解決の課題を解決したものと言えよう。

　機関委任事務制度の廃止によって、制度的には、自治事務はもとより、法定受託事務についても条例の制定が可能となった。また、通達の廃止によって、自治体が独自の運用基準を定める余地が拡大した。そして、個別の事務処理に対する国の指揮監督権限が廃止された。機関委任事務制度の廃止に伴

---

(63) 白藤博行（1996, p.32）は、「国の機関委任事務の受任機関のすべてが自動的に国の機関となるといった解釈論がまかり通ったことへの反省が必要」という。
(64) 小滝敏之（1983, p224）は、「英米に比べ、わが国においては、中央政府の統制が単に量的に多いばかりでなく、質的にも相当厳しい内容となっている。それは、わが国に機関委任事務及びこれに対する指揮監督という英米にはみられない特殊な制度が存在するためである」と述べている。
(65) 室井力（1981a, p122）は、「地方自治法150条の指揮監督は、包括的であるが、事実上、行政指導的性格のものといえる」と述べている。
(66) 辻山幸宣（1997, p71）は、機関委任事務廃止の意味について「国・地方の関係は機関委任事務制度のもとでのそれと原理的には大きく転換することになる」と述べている。
(67) 磯崎初仁（2002, p.105）は、「自治体の事務を定める法律の規定は、全国最低限の規制と解すべきであり、特に自治事務については、全国一律の規制を定めたと解することはごく一部の例外を除いて認められないと解すべきである」と述べている。

う自治体の裁量権の拡大は、①法律に基づかない国の関与の廃止による自治体の判断権限の拡大、②自治体独自の運用基準の決定、③規則制定の領域の拡大、④条例制定の領域の拡大、の4つに整理できる。

　これらの4つのうち、機関委任事務制度の廃止で最も重要なことは、国の通達による自治体の統制が否定され、②の自治体による独自の運用基準の定めが可能となったことである。[68] 通達は、行政内部において上級官庁が下級官庁の権限行使を指揮監督する手段として書面で発する命令であり、国の中央省庁が発する通達については国家行政組織法で「各省大臣、各委員会及び各庁の長官は、その機関の所掌事務について、命令又は示達するため、所管の諸機関及び職員に対し、訓令又は通達を発することができる」(同法第14条第2項)と規定されている。

　機関委任事務については、改正前の地方自治法第150条において、主務大臣が自治体の長に対して指揮監督権を行使できるとされていたことから、中央省庁から自治体に対して通達を発することができたわけである。

　したがって、本来は「通達」という命令の形式を中央省庁が自治体に対して用いることができるのは機関委任事務に限られていたわけであるが、現実には、団体委任事務に対する「通達」は、地方自治法に基づく技術的助言であり法的拘束力はないとの説明の下に、「通達」の形式が濫用されてきた。

　第1次分権改革で機関委任事務制度が廃止されたことによって、「通達」という命令の形式を用いて中央省庁が自治体の事務処理を統制することが不可能になった。通達廃止の最大の意義は、これまで通達が自治体の事務処理の判断基準や運用方法を細かく定めてきたことから、自治体の事務処理要綱、要領を抜本的に改正することが可能になったことである。また、通達による統制が事務処理の細部にまで及んでいたことが、条例や規則の活用を困難なものにしてきたことも指摘しておきたい。

---

(68) 西尾勝 (2007, p.67) は、機関委任事務制度の全面廃止によって生ずる自治体の裁量の余地は、条例制定の余地の拡大と法令解釈の余地の拡大であるとし、より重要なのは法令解釈の余地の拡大の方であるという。

（2）第1次分権改革前における国の通達行政

　第1次分権改革前においては、許認可の要件や基準等を法令で定める一方で、運用の細部にわたった通達等を発することが一般的に行われていた。中には、通達等で自治体に国との事前協議を義務付けたり、行政機関や職の設置を求めたものもあった。ここで言う通達等とは、大臣名、事務次官名、局長名、課長名の「通達」はもとより、「係長事務連絡」、課長の私文書として出されていた「課長内かん」を含むものである。

　このような事態が生じた要因は、機関委任事務制度に象徴される日本の中央集権型の行政システムにあったことは言うまでもないが、事務処理の実務上も、中央省庁と自治体の両方に次のような要請があったからであると考えられる。

①制度創設時における中央省庁の自治体に対する説明責任

　国の中央省庁が新たな制度を企画した事務で自治体に処理を委ねるものについては、運用上の支障が生じないように自治体の意見や実情を十分に聞いて検討を行い、中央省庁が自治体に事務処理の運用基準を具体的に示すことが当然のこととされていた。

　国の通達の多くは、法令の制定等の制度創設時に出されたものが基本となって、その後あまり見直しが行われないまま新たな項目が追加されてきたものが多かった。制度の創設時には、中央省庁と自治体の間で情報の共有が図られ、通達が中央省庁の説明責任の一環として出されていたものも多かったと考えられる。

　問題は、制度の創設後は次第に自治体の事務処理が成熟していったにもかかわらず、国の通達が自治体にとって法的拘束性のある一律の基準とされ続けたことにある。

②国における与党・省庁間調整への対応

　制度の創設や改正などの場面において、与党の部会や他省庁から法律所管省庁に対し様々な条件が付けられる中で、本来は法令で措置すべき事項を安易に通達で措置するということが行われていた。例えば、許可制度において、

許可不要施設や許可対象施設であることを通達で示すといったことや、法令上は可能のようであるが、実務上は法令の趣旨が骨抜きにされた形で通達が出されたものがあった。

③制度改正の猶予・代替手段としての通達の活用

時代の変化に伴い本来は法令を改正すべきであるが、通達で法令の定める例外規定の拡大解釈を行い、原則と例外を実質的に逆転させるなど、通達行政は機動的な運用により制度改正を猶予し、又は代替する手段として活用される面があった。

④自治体の中央省庁への依存体質

自治体が独自の事務処理要綱を定めるためには、相当の時間と労力が必要であるが、国の通達をそのまま活用すれば、新たな運用基準を設ける必要もなく簡単にできる。また、自治体が許認可の申請者に説明を行う場合、国の定めた基準であるので自治体ではどうしようもないと説明し、納得してもらうことが最も簡単な説明方法である。国の通達は、中央省庁と自治体の担当課が縦割行政の垂直的な一体関係において、国会や議会を抜きに行政機関同士の馴れ合いで事務を処理するのであれば、便利な道具であった。[69]

（３）分権委員会における通達に係る審議の経緯

分権委員会の関係者によって通達の廃止について議論されたのは、委員会事務局職員による検討会の場面が最初であった。委員会の発足時から2か月間、委員会事務局のメンバーで検討会が開催された際、中央省庁が通達を発する法的根拠が議論となった。その際の結論としては、自治体の首長は機関委任事務制度によって国家行政組織法第14条第2項に規定する国の「機関」に位置付けられるというものであった。なお、中央省庁が指導監督する業界

---

[69] 今村都南雄（2002, p.9）は、「『主任の大臣』による『行政各部』中心の硬直した行政体制の弊害を克服することをめざした省庁等改革と機関委任事務制度の廃止を主眼とする地方分権改革との関係にこそ注目すべき」と述べている。

堀江堪（2008, pp.50-51）は、2001年1月6日にスタートした中央省庁の再編について「国の役割を純化限定し規制緩和と地方分権を進め、政府のスリム化を図る」ものと述べている。

に対して「通達」を発する根拠は不明確のまま議論が終わっている。

分権委員会の審議においては、地方六団体から分権委員会に対し、国の通達によって自治体の事務処理が強い拘束を受けており、地域の実情に即した行政の執行を疎外している状況が具体例で示され、中央省庁が「箸の上げ下ろしにまで口を出す」ことで、地域の自主性を損なっていることが、分権委員会の委員、専門委員の共通認識となっていった。

平成8年3月の地方分権推進委員会中間報告では、機関委任事務制度が廃止された場合、自治事務に関する法解釈は全て技術的助言・勧告により、運用基準は技術的助言・勧告又は法定化により対応することになることが図解方式で明示され、少なくとも自治事務については、機関委任事務制度の廃止イコール通達の全面廃止となることが明らかになった。(70)

中間報告後の平成8年5月23日に開催された分権委員会の旧建設省ヒアリングにおいて、旧建設省の幹部は「機関委任事務の実施の仕方として、国と地方の合理的な関係を新しく構築していく場合に、余り細かいことを地方に手とり足取り的に言ってはならないと思う。過去、そういうことが非常に国と地方の関係の不信を呼んできたとうい面は反省しており、任せるものは任せるという方向が必要だと思っている。」と述べて、機関委任事務制度の問題点を指摘したうえで、従来の通達事項のうち、法令に規定するものと、参考図書で情報提供するものとを峻別していく意向を表明した。同幹部の意向は後任者にも引き継がれ、旧建設省の中でも同幹部及びその後任者が所管した局では、通達の再点検作業が早い段階から着手されていた。

平成8年5月23日の旧建設省ヒアリング及び平成8年6月13日の合同会議は、国の通達による自治体のコントロールのあり方が議論された貴重な機会であり、この際の議論がその後の方向に大きな影響を与えたと考えられる。その後、分権委員会と中央省庁との間では、機関委任事務制度の廃止に伴う事務区分と個別法に基づく個別の関与の廃止・縮減が争点となったが、自治事務に対する通達の廃止は中央省庁に受け入れられていった。

---

(70) 分権委員会中間報告(1996, p26)

平成8年12月の分権委員会第1次勧告では、通達が廃止された場合の対応策について、「法令に基づいて処理される自治事務（仮称）に係る基準のうち必要なものは、通達によらず、法令（法令の委任に基づく告示）に定めるものとする。法律を所管する省庁は、その法令の解釈を地方公共団体に示すことができるものとする。」とされた。

平成10年5月の政府の地方分権推進計画では、「基準の設定」と題する中で、自治事務に関しては、「法令に基づいて処理される自治事務に係る基準のうち必要なものは、通達によらず、法律又はこれに基づく政令（法律又はこれに基づく政令の委任に基づく省令又は告示を含む。）に定める。」とされた。また、法定受託事務に関しては、「法令所管大臣は、都道府県の処理する法定受託事務について、その根拠となる法律又はこれに基づく政令の定めに従って処理するに当たりよるべき基準（「処理基準」という。）を定めることができる。」とされ、市町村の処理する法定受託事務については、「都道府県知事その他の執行機関は処理基準を定めることができる。」とされた。

（4）旧通達の全面廃止に至る経緯

旧機関委任事務や旧団体委任事務については、旧通達（旧通達の中には、旧団体委任事務に係るものも混在していたことは前述のとおり）で法令の解釈や運用の基準等が示されていたが、平成12年4月1日の地方分権一括法の施行により、通達は全面的に廃止され自動的に失効した。一方、通達とは別に、従来から助言としての通知が数多く出されていたが、これらは引き続き有効であるとともに、旧通達で示していた事項についても、助言としての位置付けを明確にすれば、自治体に示すことは可能であるとの認識の下に、多くの通知が出されている。[71]

前述したとおり、分権委員会の中間報告では、旧機関委任事務が自治事務に移行した場合においては、法的に拘束すべき基準については法定化したう

---

(71) 小早川光郎（1998, p.108）は、「法令の解釈に関しては、当該行政機関はそれを助言・勧告として示すことができるが、法令執行上必要な基本的事項と、単に推奨すべき事項や事務連絡等にとどまる事項とは明確に区分すべきである、とされている」と述べている。

えで、法令の解釈や運用については、改正前の地方自治法第245条に規定する「技術的助言」により示すことが可能とされた。

分権委員会の第1次勧告では、技術的助言について、「法律を所管する省庁は、その法令の解釈を地方公共団体に示すことができるものとする。この場合においては、違法又は著しく不当の範囲など法令を執行する上で統一されることが必要な基本的な事項に関するものと推奨すべき事項に係る情報提供、事務連絡等にとどまる事項とを明確に区分して、示すべきである。」とされた。[72]

分権委員会事務局が各省庁とやりとりをする中では、通達が廃止されても技術的助言として国が法令の解釈を自治体に示すことは可能であり、自治体がこれに従うかどうかは、自治体の自主的な判断によるとの説明をした経緯がある。

第1次分権改革による自治体に対する国の通達の全面廃止は大きな成果であり、行政実務のうえで大きな変革をもたらした。通達の全面廃止は、分権委員会の第1次勧告(平成8年12月)で通達の廃止が勧告されてから2年後の平成11年になって行われた。地方分権一括法案の作業が完了し、政令、府省令の整備に向けた検討が本格化する中で、従来の通達を再点検し、技術的助言又は処理基準(法定受託事務に限る)として整備することになったのである。

しかしながら、過去に発せられた膨大な通達の内容を再点検して時代の変化に適合したものとして整備するには多大な時間と労力を要することから、前々から想定していたか、たまたま制度改正を進めていた一部の行政分野を除いては、通達の廃止に向けた対応は間に合わず、平成12年3月31日をもって従来の通達は失効してしまったのである。このため、省庁の各局・課の多くから自治体に対し、従来の通達は通達としての効力はなくなったものの地方自治法に基づく技術的助言又は処理規準としての効力を有するものとする

---

(72) 分権委員会第1次勧告 (1996, p.13)

第 4 章　国と自治体の相互関係の改革の検証

旨の通知が発せられている。なお、農地法の農地転用許可に係る基準に関する通達をはじめ、一部の通達については、従来の通達の内容が政令、府省令、告示で規定するよう改められた。

5　第 1 次分権改革による関与のルールの制度化

第 1 次分権改革によって、関与のルールが導入された。すなわち、（1）関与の法定主義、（2）関与の必要最小限度の原則及び自治体の自主性・自立性への配慮義務、（3）一般法主義の原則に基づく自治事務と法定受託事務の関与の類型化、（4）公正・透明の原則に基づく関与の適正な手続の確保、（5）関与の係争処理制度の創設、の 5 つの「関与のルール」が平成11年の地方自治法改正により制度化された。[73]

なお、各省庁と分権委員会の委員との長時間の折衝により、関与の一部が廃止又は縮減されたが、これについては、本節の 6 で論ずることとする。

（1）関与の法定主義の導入

地方自治法第245条の 2 では、「普通地方公共団体は、その事務の処理に関し、法律又はこれに基づく政令によらなければ、普通地方公共団体に対する国又は都道府県の関与を受け、又は要することとされることはない。」とされ、関与の法定主義が明示された。

関与の法定主義には、次の 3 つの意義があるものと考えられる。

①法治主義の徹底

憲法第92条では、「地方公共団体の組織及び運営に関する事項は、地方自治の本旨に基づいて、法律でこれを定める」とされており、関与の法定主義は、事務処理に関する事項にまで法治主義を徹底したものと言えよう。

この結果、従来横行していた旧通達に基づいて創設された事前協議等の関与が、技術的助言としての指針や処理基準に基づく関与として存置すること

---

[73] 小早川光郎（2002, p.65）は、これらの関与のルールについて「これらは、自治体の独立主体性にてらして要請されるものであると同時に、逆に自治体の独立主体性を制度的に裏付ける意味を持つものである」と述べている。

205

を阻止することができたものと考えられる。[74]

②立法府からの授権による総量の抑制

関与の根拠として法律又はこれに基づく政令の定めを必要とすることは、国の各省庁が本来的に自治体に関与する権限を有しているのではないことを意味している。

この結果、省令や告示に基づく関与が否定され、制定根拠の限定によって関与の総量を縮減することができたものと考えられる。また、新たな関与の発生を抑制する効果があることは言うまでもない。

③都道府県と市町村の対等関係の徹底

都道府県の条例に基づく市町村への関与を不可能にしたことで、都道府県と市町村の対等な関係を徹底し、都道府県が市町村の事務処理に関与する後見的な役割はないことを明確にしたものと言えよう。

（2）関与の必要最小限度の原則及び自治体の自主性・自立性への配慮義務

地方自治法第245条の3第1項では、「国は、普通地方公共団体が、その事務の処理に関し、普通地方公共団体に対する国又は都道府県の関与を受け、又は要することとする場合には、その目的を達成するために必要な最小限度のものとするとともに、普通地方公共団体の自主性及び自立性に配慮しなければならない。」とされた。

自治体側から指摘されてきた関与の最大の問題点は、達成しようとする目的に対して手段が過大であるなど、比例原則に適合しない関与の存在である。

地方自治法に関与の必要最小限度の原則及び自治体の自主性・自立性への配慮義務が規定されたことは、関与を立法する際の原則として機能するだけでなく、国の行政機関が関与を行う際の関与手段の選択、さらには、国と自治体の間で関与を巡る係争が生じた際の係争処理の基準としても機能するものと考えられ、大きな意義があるものと言えよう。

---

(74) 宇賀克也（2007, p.228）は、「国・地方公共団体と私人間では、法律の留保に服さないとされる助言・勧告等の非権力的関与も含めて、本条が関与の法定主義を定めたことは注目に値する」と述べている。

（3）関与の一般法主義の原則の整備

関与の一般法主義の原則は、分権委員会の第1次勧告で示されたものであり、その内容は、次の3点である。

① 国又は都道府県の関与の基本類型は、国と自治体との関係のルールに関する一般ルール法（地方自治法）に定めること。

② 個別の事務に対する関与は、原則として、その類型の中から、当該事務に関する法律又はこれに基づく政令で、その必要に応じ定めること。

③ 技術的助言・勧告、報告徴収、是正措置要求（法定受託事務に関する是正措置を講ずべき旨の指示を含む。）、代執行は、直接、一般ルール法に基づきできるものとすること。

これらの原則が地方自治法第245条の3第2項から第6項までの規定により、次のとおり関与の基本類型のルールとして定められるとともに、地方自治法に基づいて直接行うことができる関与については、第245条の4から第245条の8までに規定された。[75]

① 地方自治法に基づいて直接行うことができる関与

技術的助言・勧告、資料提出の要求、是正の要求、是正の勧告、是正の指示、代執行

② 個別法の規定を要する関与

同意、許可・認可・承認、指示、協議

③ 自治事務の関与類型の原則

技術的助言・勧告、資料提出の要求、是正の要求、協議（協議については、第245条の3第3項の趣旨から例外的に認められるものと解される。）[76]

④ 法定受託事務の関与類型の原則

技術的助言・勧告、資料提出の要求、是正の指示（勧告）、協議、同意、

---

(75) 大橋洋一（2004, pp.246-247）は、「立法者拘束の趣旨を形式面からも明確にする趣旨で、国・地方関係を対象とした基本法を制定し、その中に立法者拘束原則を定めるべきであった」と述べている。

(76) 白藤博行（2001, p.324）は、「文言上は『協議』についても例外的関与類型と読まざるを得ず」と述べている。

許可・認可・承認、指示、代執行[77]

①と②の区分は、地方自治法に基づいて直接行うことができる関与と、地方自治法の定める基本類型の中から個別の法律又はこれに基づく政令の規定により定める関与とを区別することで、前者に比べ後者は例外的に認められるものであることを明らかにする点に意義があると言えよう。[78]

これらの関与のうち、地方自治法第245条の5の自治事務に対する各大臣の「是正の要求」については、各方面から問題点が指摘されている。問題点の指摘の中には、改正前の地方自治法第246条の2の内閣総理大臣の「是正措置要求」が法制化された昭和31年の地方自治法改正以来、議論となってきた論点が継承されているものもある。

新たな問題点としては、地方分権一括法に伴う地方自治法の改正で、関与の主体が内閣総理大臣から各大臣に変更されたことから、関与者が拡大し、かつ、関与の行使が容易になるとともに、「普通地方公共団体は、（中略）違反の是正又は改善のため必要な措置を講じなければならない」と規定されたことから、関与の権力的な性格が強化されたとの指摘がされている。[79] なお、是正の要求においては、何らかの是正を求めるにとどまり、是正又は改善のための具体的な措置までは要求できず、具体的な措置内容については、自治体の裁量によるものとされている。また、要求に従わなかったとしても国は自力執行の手段を有していない。

是正の要求についての問題点の指摘の中で、対象を違法の場合に限るべき

---

(77) 芝池義一（1997, p.39）は、分権委員会の第1次勧告で示した機関委任事務制度の廃止に伴う法定受託事務への国の関与について、「現行の主務大臣の包括的かつ無限定な指揮監督権が解体され、助言・勧告権と3種の指示権に個別化されたことを制度の改善として評価すべきであろう」と述べている。

(78) 高木健二（1999, p.240）は、「自治省が関与の類型とは別に『組織及び運営の合理化に係る助言及び勧告並びに資料提出の要求』（第252条の17の5）を個別の関与として残したことは、一般法主義の原則を率先して犯すことになった」と述べている。

(79) 佐藤文俊（2000, p.57）は、地方自治法改正案について、「問題とされたのは、主として次の2点である。第1に、権限行使の主体を各大臣としていること。第2に、是正改善義務を課していること」と述べている。

との指摘は、改正前の是正措置要求においても指摘されてきたところである。「著しく適正を欠き、かつ、明らかに公益を害していると認めるとき」という限定があると言っても、違法性だけでなく合目的性の観点からも国（府省）が自治事務の処理の是正を要求できるというのは府省による過剰な関与であり、助言又は勧告で対応すべきものであると言えよう。

府省から自治体に対しては、是正の要求をするという牽制をして、廃止されたはずの事前協議を事実上求める場合も生じていることから、牽制手段としての濫用が拡大しないうちに、違法な場合に限定するよう制度的な手当てをしておく必要がある。[80]

一方で、地方自治法の関与の一般ルールと個別法の関与の状況との乖離が著しい状況の中で、個別法による関与を廃止又は縮減していくためには、①個別法による関与から一般法による関与へ、②事前の関与から事後の関与へ、の2つの転換をセットで実現することが現実的、かつ、有意義であると考えられる。是正の要求の対象が違法の場合に限られていないことには、こうした事情もあるものと考えられるが、自治事務に対する合目的性の確保のための手段は、是正の要求ではなく、助言、勧告によるということを明確に示した方が、府省の役割と責任を明確にする上で適当であると言えよう。

現状における関与の最も大きな問題は、地方自治法に、助言、勧告、是正の要求といった関与の規定があるにもかかわらず、後述するように、地方自治法の原則に適合しない個別法による関与が存置されていることである。

（4）関与の手続きのルール化

第1次分権改革以前においては、現行の地方自治法に規定されているような関与の手続きのルールが存在しなかった。また、自治体がその固有の資格において処分の名あて人となる場合には、行政手続法の適用が除外されていた。「固有の資格」とは、「一般私人が立ち得ないような立場にある状態」を

---

(80) 稲葉馨（1997, p.47）は、分権委員会の第1次勧告について「是正措置要求は、一般ルール法を根拠としてただちに行使可能な一般的関与権であり、自治体の自律（立）的な公益判断の尊重と濫用防止の観点から、厳に違法行為の是正に限るべきではないかと思われる」と述べている。

指すものとされている。このため、国、都道府県、市町村の間における公正・透明の確保のルールの整備が課題となっていた。

　第1次分権改革による関与の手続のルールの第一の意義は、行政手続きの適正の確保の空白領域が解消されたことと言えよう。

　第二の意義は、国と地方の関係を対等・協力の関係へと転換させていくうえで、基本となる関係のルールを構築したことであると言えよう。

　地方自治法に盛り込まれた関与の手続きのルールの主な事項は、次のとおりである。

①　関与を行う場合の書面の交付義務
②　助言等に従わなかったことを理由とした不利益な取扱いの禁止
③　協議における相互の誠実対応の努力義務
④　許認可等の基準の公表義務及びその取消しの基準の公表の努力義務
⑤　標準処理期間設定の努力義務と審査開始義務
⑥　届出義務の履行要件の明確化

（5）国から自治体への関与に係る係争処理の仕組みの導入

　第1次分権改革において、中央省庁の抵抗が特に強かったものの一つが、国と地方の係争処理の仕組みの導入である。分権委員会は、平成9年10月19日の第4次勧告において、国と自治体の関係を上下・主従の関係から対等・協力の関係に転換するため、国と自治体の行政機関相互の関係を行政内部の関係ではなく、法律的に独立した外部関係として位置づけ、国の自治体への関与を法的に争う仕組みを創設するよう勧告した。

　この勧告を受けて、地方自治法第250条の7から第250条の20にかけて、総務省に設置された国地方係争処理委員会による審査及び勧告等の仕組みが、また、同法第251条の5に国の関与に関する高等裁判所への訴えの規定が整備された。

　係争処理制度の創設に当たっては、分権委員会の原案から同委員会の勧告を経て、さらに政府の地方分権推進計画から地方自治法の改正に至る過程で修正が行われ変遷を遂げたが、国と自治体の行政機関の相互の関係を、行政

内部の関係ではなく、役割を分担した主体間の関係として明確に位置付けたことは、第1次分権改革の理念を具現化するうえで、大きな意義を有していると言えよう。

6 第1次分権改革による個別的行政関与の見直し
(1) 第1次分権改革スタート時の個別的行政関与の状況

分権委員会が発足した当時の個別的行政関与（以下、本節において「関与」という。）の状況を、平成8年3月末現在で旧総務庁が取りまとめた「国の関与の現況表」を基に整理する。国の関与の現況表では、法律、政令及び省令に基づく関与を根拠法令の項ごとに1件（前段、後段、ただし書きはそれぞれ別）とし、同一の項に用語の異なる数個の関与が規定されている場合には、それぞれ一件として数えている。「国の関与」には、知事が国の機関として市町村長等に関与する場合も含まれるが、関与者が国の機関と知事の双方の場合は、それぞれ1件としている。

平成8年3月末における国の関与の状況は、延べ総数で3,346件に及んでおり、前年対比で13件、昭和63年末に比べ271件増加している。[81]複数の省庁に共管のものをダブルカウントしない場合は、2,638件となっている。省庁別では、旧建設省598件、農林水産省505件、旧自治省440件、旧厚生省295件、旧文部省241件、旧通商産業省204件、旧国土庁210件、旧運輸省194件、旧環境庁151件などとなっている。

国の関与は、大別すれば許可、認可、承認を求めさせ、措置命令、指示等を発し、若しくは監査、検査などを行う「権力的な関与」と、届出、報告を求め、勧告、助言を行い、若しくは協議を求めるなどの「非権力的な関与」に区別される。権力的な関与は、国の判断に自治体が従うことを強制するものであることから、非権力的な関与に比べ、自治体の自主性をより制約する

---

(81) 東田親司（2002, p.211）は、国の関与の件数について「1988年末時点では総数3075件であったが、1999年3月末時点では3412件となっている」と述べており、分権改革の以前はもとより、分権改革の検討の対象となっていた際も関与の件数は増加を続けていた。

ものである。

　権力的な関与の総数は、1,210件で、内訳は、承認456件、許可149件、命令145件、指示110件などとなっている。非権力的な関与の総数は、2,136件で、内訳は、報告589件、届出269件、通知218件などとなっている。

　また、関与の時点から区分した場合、許可、認可、承認、協議のように、事務や事業の実施の前に事前審査を行う「事前の関与」と、命令、指示、勧告のように、事務や事業の実施後にその是正を図る目的で行われる「事後の関与」があり、事前の関与は、自治体の事務や事業の執行の自主性を強く阻害することから、事後の関与に比べ特に問題が大きいとされている。

　関与を受ける事務を性質別に区分した場合、旧機関委任事務には953件（うち、権力的関与337件）、旧団体委任事務には2,248件（うち、権力的関与840件）、国の機関としての知事と市町村の双方に関与する場合のように、旧機関委任事務と旧団体委任事務が混在している事務は145件となっている。関与の問題が旧機関委任事務以上に旧団体委任事務にあったことは注目すべき事実であり、この問題は、今日の自治事務にも共通していることに留意する必要がある。

（2）事務の性質と国の自治体に対する関与手段との関係

　旧機関委任事務については、主として通達による関与が行われ、旧団体委任事務に対しては、主として許認可等の関与が行われた。これは、国の自治体に対する関与手段が事務の性質によって異なっていることを意味している。

　旧機関委任事務の中には、自治体が私人（法人を含む。以下同じ）の行為に対して行う許認可事務が多かった。この場合、法令に適合していれば許可しなければならず、迅速かつ公正な事務処理が求められ、訴訟も意識しなければならないため、国は許認可の基準を法令で定め、運用を通達で示すことによって自治体の事務処理を統制していた。このように、個別の許認可に国が関与する余地は極めて少なくなるため、旧機関委任事務では、個別の法令による関与の数が少なかったのである。旧機関委任事務の中でも、都市計画決定のように都道府県知事が行う事務の場合には、国の認可や承認が必要と

第4章　国と自治体の相互関係の改革の検証

されてきた。私人からの申請ではないため国との事前協議に数ヶ月の期間を要するとしても問題とはならなかったのである。

一方、旧団体委任事務には、自治体が主体となる行為が多かった。こうした場合、私人の行為に対する許認可とは異なり、適法性は当然必要であるが、それ以上に政策性が重視され、国は政策的な見地から自治体の個別の行為に対して具体的に関与しようとするのである。問題は、国の省庁の担当課における政策性が、地域における政策性と整合しない場合が少なくないことである。

（3）第1次分権改革による関与の廃止・縮減

第1次分権改革では、地方六団体から関与の廃止・縮減の要請があったものを中心に、関与の廃止・縮減のための議論が分権委員会と各省庁との間で行われ、特に、自治事務に対する指示、許可・認可・承認が焦点となった。このため、分権委員会の委員と各省庁の幹部との膝詰め交渉が繰り返し行われ、十分とは言えないものの、一定の成果を得ることができた。その主なものは次のとおりである。[82]

①関与が廃止されたもの
- 生活保護法　　　　　　　大臣及び知事の指揮監督
- 保健婦助産婦看護婦法　　准看護婦試験の実施に際しての指示
- 自然公園法　　　　　　　国立公園事業の執行に係る改善命令
- 災害対策基本法　　　　　地方防災会議に関する事務に係る指示
- 農業委員会等に関する法律　農業委員会の解散命令
- 植物防疫法　　　　　　　病害虫防除員に関する命令
- 漁業法　　　　　　　　　漁業調整委員会に対する命令・処分
- 漁港法　　　　　　　　　漁港修繕事業の許可
- 港湾法　　　　　　　　　規定違反に係る停止又は変更命令

---

[82] 金井利之（2007, p.35）は、「関与に関して、平均化、一般化が進んだ。例えば、旧地方教育行政法（地教行法）に見られた『特定』的に強い関与が、分権改革によってなくなった」と述べている。

- 公有水面埋立法　　　　都道府県の職権事項に対する認可（一部廃止）
- 公営住宅法　　　　　　市町村公営住宅管理等への都道府県の指示等
- 建築基準法　　　　　　被災市街地における建築制限等の期間の延長に対する承認
- 河川法　　　　　　　　準用河川の流水占用許可に係る認可
- 下水道法　　　　　　　不適切な公共下水道工事の中止等の措置命令
- 地方教育行政の組織及び運営に関する法律　　都道府県・指定都市教育長の任命の承認

②許可等が協議に縮減されたもの
- 温泉法　　　　　　　　隣接都道府県に影響を及ぼすおそれのある温泉掘削許可の承認
- 土地改良法　　　　　　農業用用排水施設等の管理規定に係る認可
- 集落地域整備法　　　　基本方針の承認、整備計画策定の認可
- 市民農園整備促進法　　市民農園区域の指定に係る知事の同意
- 森林法　　　　　　　　市町村森林計画に係る知事の承認
- 道路法　　　　　　　　都道府県道の路線の認定に係る認可
- 道路整備特別措置法　　有料道路の工事方法等の変更に係る認可
- 河川法　　　　　　　　二級河川の改良工事実施の認可
- 海岸法　　　　　　　　重要港湾の港湾管理者が海岸保全区域の指定の協議に応じようとする場合の大臣の同意

7 第1次分権改革の課題
(1) 個別的行政関与の存置

第1次分権改革では、関与のルールが地方自治法に規定されたが、個別の法令に規定された関与は、一部が縮減されたにとどまり、多くは文言が許認可から同意、命令から指示へと改められて維持された。

第1次分権改革で、自治事務の関与の基本類型が示されたにもかかわらず、個別法に基づく特別の関与として多くの例外的な関与が維持された原因は、機関委任事務制度の廃止に伴う事務の区分における、分権委員会と各省庁との折衝の経緯が反映されたためである。分権委員会は、旧機関委任事務の廃止後の事務区分について検討を進める中で、各省庁と調整を繰り返し行ったが、各省庁側は、自治事務にすることを承諾する代わりに、既存の法令で定めている関与のうち特に必要なものは例外的に認めてほしいとの条件闘争を行った。

また、機関委任事務制度の廃止に伴い、通達による指揮監督権限を失う各省庁からは、自治事務とすることを受け入れる代わりに、特に緊急の必要がある場合等の指示権限を対象を絞った上で創設したいという要求が行われ、新たに指示等の関与が個別の法令に規定された。

田中靖之（2005：31）は、地方分権推進計画の独自の集計結果から、「縮減が314件、廃止が119件であるが、存続する257件に加えて、新設されるものが216件」としており、「関与の法定主義が招いた結果ではあるが、関与の縮小・廃止を基本戦略とした改革の意図が反映されたとは言い難い数字となっている。」と指摘している。

分権委員会は、旧機関委任事務に占める自治事務の割合を高めることを最優先する方針であったから、個別法令に基づく関与については、一部の縮減で妥協せざるを得なかったわけである。なお、例外的な事例として、旧建設省河川局は、都道府県が管理している二級河川の事務については、法令に基づく関与を縮減する代わりに法定受託事務にしてほしいという立場であった。

個別的行政関与については、地方分権一括法の成立過程において、衆参両

院で付帯決議がされ、今後、地方自治法に定める関与の基本原則に照らして検討を加え、必要な措置を講ずることとされている。

　国の関与の法定主義や自治事務に対する関与の原則など、国の関与のルールが地方自治法に規定されたが、当該ルールに適合しない関与が個別の法令に多く残されており、これらの関与の廃止・縮減が課題として残ったわけである。

（2）個別法令の規律密度

　機関委任事務制度の廃止により、従来は国の事務とされていた旧機関委任事務について、条例の制定の制約がなくなった。第1次分権改革によって条例制定の領域が大幅に拡大したことは確かであるが、個別の法令の規律密度が高い場合には、事実上の制約を含め、条例の活用が抑制されることになる。法令の規定と異なる内容を条例で定めることが理論上は可能な場合であっても、自治体の実務上は踏み切れないのが実情である。

　前述したように、地方自治法第2条第13項では、法令に基づく自治事務について、国は自治体が地域の特性に応じて事務を処理することができるよう特に配慮しなければならないこととされたが、配慮していない法令の規定の見直しまでには至らなかった。このため、地方自治法の原則に適合しない個別の法令の規定が存置される結果となった。

　第1次分権改革で、地方自治法第2条第13項の規定が置かれた意義は大きなものがあるが、個別の法令に基づく自治事務への立法関与及び準立法的行政関与の規定が見直されなかったことは、分権型社会を目指す国の法制のあり方として課題を残したということができよう。機関委任事務制度の廃止により、多くの事務が条例制定の対象となったにもかかわらず、既存の法令によって事務の細部まで規定されているため、自治体が条例を活用して事務を処理する余地が限定されていることは、法令の規律密度の問題として第2次分権改革に引き継がれた。

　第1次分権改革では、農地法に基づく農地転用許可制度の許可基準など限られたものであったが、通達による一律的行政関与から政省令による準立法

第4章　国と自治体の相互関係の改革の検証

的行政関与への移行があった。通達で定めていた事項は運用基準であったため、通達の内容を政省令に格上げする動きは全体的な動きとしては広がらなかったが、多くの行政分野に広がっていたら分権改革にとっては逆効果を生じさせていたであろう。

　平成13年6月14日の分権委員会の最終報告では、未完の分権改革をこれから更に完成に近づけていくため、「国の法令等（法律・政令・省令・告示）による事務の義務付け、事務の執行方法や執行体制に対する枠付けの緩和については、ほとんど全く手付かずに終わっている。地方公共団体の事務を文字どおりそれらしいものに変えていくためには、国の個別法令による事務の義務付け、事務事業の執行方法や執行体制に対する枠付け等を大幅に緩和する必要がある。」としている。

第3節　第1次分権改革による事務区分の概念と事務の仕分けの検証

　本節では、第1次分権改革による新たな事務の区分の意義を検証するため、自治事務と法定受託事務という名称の2つのカテゴリーを設けること、自治

---

(83) 小早川光郎（2001, p.398）は、「条例によって新たに付加される基準が裁量基準たる性質のものであるときは、それは、要件効果規定の場合とは異なり、自治体機関に、一定の事項を考慮する余地なしに一定種類の処理をとることを義務づけてしまうという結果を生じるものではない」ので、「違法ではないと考えられる」としている。こうした考え方によれば、農地法の運用基準の政省令化は、「裁量基準」の「要件効果規定」化ということになり、自治体による裁量基準の定めの可能性を著しく制約したものとなる。

(84) 北村喜宣（2004, p.146）は、「現行の制度を『所与』とみてはならない。法定自治事務とされているにもかかわらずそうした状態になっていることが、違憲的なのである。そうであるとすれば、とりあえずは、当該法令を合憲限定解釈する必要がある」と述べている。

(85) 自治事務と法定受託事務の名称の妥当性については、分権委員会の審議においても議論となり最後まで仮称とされたが、本書においてはネーミングの問題には言及しない。

(86) 2つではなく3つ以上に区分する方法もあり得るかもしれないが本書ではその可能性には言及しない。

事務は自治体の事務のうち法定受託事務以外のものとすること、の 2 つを前提とした上で、①事務の区分の概念、すなわち法定受託事務の定義の妥当性、②事務の仕分けの見直しの必要性、の 2 つの論点について述べることとする。

1 法定受託事務の定義の妥当性

第 1 次分権改革による新たな事務の区分の意義は、第 2 節で述べたとおり、国の事務を自治体の首長に委任するという機関委任事務制度を廃止するとともに、国の事務を自治体が処理するという団体委任の概念をも廃止したことである。自治体が処理する事務は全て自治体の事務であるとしたことが最大の意義であったと言えよう。

第 1 次分権改革を推進した政府の分権委員会は、国の関与を一定程度許容する「法定受託事務（仮称）」と、国の関与を極力抑制する「自治事務（仮称）」という 2 つのカテゴリーを設定し、自治体側の意見を聴きつつ、国の省庁との調整を行った。

自治事務は、自治体が処理する事務のうち法定受託事務以外の事務と定義されていることから、自治体の事務の区分においては法定受託事務の定義が重要な意味を持つことになる。

（1）法定受託事務の定義の変遷

法定受託事務の定義は、第 1 次分権改革の進行に従って、表36に記載のとおり変遷をしているが、これは単に文言上の表現技法の問題ではなく、法定受託事務の範囲の変化と連動しているものである。

しかも、法定受託事務の範囲の変化は、量的な変化だけではなく、自治事

---

(87) 自治事務についても積極的に定義をする方法もあり得るが、その場合は、事務の区分が 2 つだけで可能か否かも検討する必要がある。本書では、自治事務を法定受託事務以外の事務とする現行の定義を前提として検討する。
(88) 武智秀之（2002, p.139）、島田恵司（2007, p.22-35）参照。
(89) 分権委員会の勧告では、自治事務も法定受託事務も仮称であったが、本書では（仮称）は省略する。
(90) 現在では国の「府省」と呼ばれているが、本書では中央省庁改革前の呼称として用いられた「省庁」を用いる。

務と法定受託事務の切分けの質的な変化でもあることに留意する必要がある。この点は未だに十分に検証されているとは言い難い状況にあるので、法定受託事務の定義の変遷の経緯を整理しておくこととする。

[表36] 法定受託事務の定義の変遷

	法定受託事務の定義	ポイント
検討試案 ＊1 1995.12.22	国政マターとしての性格が極めて強い国政事務であるが、国民の利便性や事務処理の効率性の観点から、法律の規定により受託すべきものとして、実施方法は政令により統一的に定めた上で、地方自治体が処理する事務	1963年12月27日の第9次地方制度調査会の答申をベース。国政選挙、旅券の交付、外国人登録、国勢調査等の指定統計などを想定。
中間報告 1996.3.29	専ら国の利害に関係のある事務であるが、国民の利便性又は事務処理の効率性の観点から、法律の規定により受託すべきものとして、地方公共団体が処理する	国全額負担の地方財政法第10条の4「専ら国の利害に関係のある事務」に限定。
たたき台 ＊2 1996.10.4	事務の性質上、その実施が国の義務に属し国の行政機関が直接執行してもおかしくない事務であるが、国民の利便性又は事務処理の効率性の観点から、法律又はこれに基づく政令の規定により地方公共団体が受託して行うこととされるもの	国が経費を全額負担しない指定区間外国道の管理等を想定。定義とは別に法定受託事務のメルクマール7項目を提示。
1次勧告 1996.12.20	事務の性質上、その実施が国の義務に属し国の行政機関が直接執行すべきではあ(91)るが、(以下は「たたき台」と同じ)	定義とは別に、法定受託事務のメルクマール8項目を提示。
地方自治法改正大綱 ＊3 1997.12.24	国民の利便性又は事務処理の効率性の観点から、法律又はこれに基づく政令に定めるところにより都道府県又は市町村が処理することとされる事務であって、国が本来果たすべき役割に係るものとして別表に掲げるもの	内閣法制局意見を反映。(92)①国が直接執行する事務は法律で決まるのであって、アプリオリに直接執行すべき事務があるとは考えられないのではないか。②受託の用語は双方の合意に基づくようで紛らわしくそのまま使うことは相応しくない。
地方分権推進計画 1998.5.29	国が本来果たすべき責務に係るものであって、国民の利便性又は事務処理の効率性の観点から都道府県又は市町村が処理するものとして法律又はこれに基づく政令に特に定めるもの	

---

(91) 分権委員会の部会長や参与からは「すべき」という表現は言い過ぎであるとの意見があった(第90回分権委員会、平成8年12月5日)
(92) 松本英昭発言(地方分権20年のあゆみp.62)

219

改正地方自治法 1999.3.29	国が本来果たすべき役割に係るものであって、国においてその適正な処理を特に確保する必要があるものとして法律又はこれに基づく政令に特に定めるもの	従来の事務の性質に加え、新たに国の関与の必要性を定義として追加(93)

* 1　検討試案の正式名称は、「機関委任事務制度を廃止した場合の従前の機関委任事務の取扱について」と「新たな事務の分類表」
* 2　たたき台の正式名称は、「法定受託事務（仮称）と自治事務（仮称）の効果（たたき台）」
* 3　地方自治法改正大綱の正式名称は、「機関委任事務制度の廃止後における地方公共団体の事務のあり方及び一連の関連する制度のあり方についての大綱」
* 4　下線部は筆者

（2）法定受託事務の定義の変遷の意味

　分権委員会が自治事務と法定受託事務を仕分ける場合の判断基準としては、2つの観点が併存していたと考えられる。(94)

　第一の観点は、事務の性質である。事務の性質で仕分ける場合には、事務を行政分野や行政客体によって大括りにして区分することになる。一連の事務は一括して仕分けられるのである。分権委員会の勧告では、事務の性質の判断基準として、8項目（8項目をさらに詳細化した16項目）から成る「法定受託事務のメルクマール」を示している。

　第二の観点は、国の関与の具体的な必要性の程度である。事務の性質は国の関与の必要性を抽象的に想定させるものではあるが、国が関与する必要性が具体的にどの程度あるのかは、一連の事務の中身、すなわち、個別の事務ごとに検討を加える必要がある。このため、関与の具体的な必要性の程度で判断する場合には、同一の性質を有する一連の事務を個別の事務ごとに検討し、法律の条項単位で仕分けることになる。

　分権委員会は、第1次勧告では多くの場合、事務の性質を考慮し、行政分野や行政客体によって大括りにした一連の事務の単位で一体的に仕分けている。

　第2次勧告では多くの場合、事務の性質に加え個別具体の関与の必要性の

---

(93) 国の関与については、出石稔（2014, pp.210-213）
(94) 岩橋健定（2001, p.362）は、事務の概念に「領域」と「点的」概念としての権限の2種類が存在するとしている。

程度を考慮し、法律の条項単位で仕分けている。

　例えば、伝染病予防法の伝染病のまん延防止に関する事務は、第1次勧告では法定受託事務のメルクマールに該当するとして法定受託事務とされたが、第2次勧告では、同事務のうち伝染病予防法第26条に規定する清潔・消毒方法の代執行等の事務は、市町村の自治事務とされた。また、精神障害者に対する入院措置に関する事務は、第1次勧告では法定受託事務のメルクマールに該当するとして法定受託事務とされたが、第2次勧告では、同事務のうち精神保健及び精神障害者福祉に関する法律第19条の8、19条の9、33条の4に規定する病院の指定は、都道府県の自治事務とされた。精神病院の指定を自治事務にすることについて、分権委員会は法定受託事務化を求める旧厚生省に対し、①都道府県が自ら精神病院を設置することは団体事務とされており、これに代わる施設として精神病院を指定する事務であること、②国が一定の基準を示すことにより精神病院の水準確保は十分可能なこと、③精神病院には精神保健指定医の常勤が義務付けられており5年ごとの研修受講義務が課されていること、の3点を理由として挙げている。

　また、法人格を付与する権限は国家の有する形成的な権能であるとされているが、旧厚生省関係の法人の設立認可の事務については、医療法人は自治事務とされたが社会福祉法人は法定受託事務とされた。社会福祉法人については、国の助成や租税特別措置が講じられている中で、法人に対する指導監督の強化が課題となっていたという当時の状況が反映したものと考えられる。⁽⁹⁵⁾重要なことは、当時の分権委員会は、社会福祉法人と学校法人をいずれも法定受託事務のメルクマール1に該当するとして整理しているが、両者を横並びで扱ったものではなく、それぞれ当時における国が関与する必要性を具体的に検討した結果であるということである。

---

(95) 旧厚生省は、各方面から社会福祉法人に対する国の指導監督の強化が求められていることを法定受託事務とする理由の一つに挙げている。当時自由民主党行政改革推進本部は、社会福祉法人への累次の行政監察結果に照らし、設立認可の厳格な査定を行うとともに、設立後の悪質な事例には厳正に対処するよう求める方針を示していた。

自治事務と法定受託事務の仕分けの過程を総括すれば次のとおりである。

すなわち、分権委員会は、当初は事務の性質で法定受託事務の範囲を演繹的に定めようとしたが、その後の国の省庁との調整において、個別の事務ごとに国の関与の具体的な必要性を帰納的に検討しなければ判断できない事務があることが判明し、関与の具体的な必要性の程度が判断基準として加わったものと考えられる。

この結果、国政選挙の事務のように、法定受託事務のメルクマール1の「国家の統治の基本に密接な関係を有する事務」に該当するとして事務の性質だけで法定受託事務となったものもあれば、前述した法定伝染病に係る清潔・消毒方法の代執行等の事務や精神病院の指定の事務のように、事務の性質上は法定受託事務のメルクマールに該当するとしても、個別具体の関与の必要性の程度を併せて考慮し、自治事務とされたものも生じたのである。

法定受託事務の定義は、検討試案から地方分権推進計画までは、一貫して事務の性質をベースに規定されているが、自治事務と法定受託事務の仕分け作業が進む過程では、実際には、事務の性質に加えて関与の具体的な必要性の程度が判断基準として機能していたと言える。

[表37] 分権委員会の勧告における法定受託事務の範囲の質的変化

仕分けの基準	仕分けの対象	仕分けの単位
事務の性質（メルクマール）	行政分野・行政客体	法律、法律の章、節
関与の具体的な必要性の程度	個別の事務の内容	法律の条項

（3）地方自治法の法定受託事務の定義の妥当性

地方自治法に法定受託事務の定義として、「国においてその適正な処理を特に確保する必要があるものとして法律又はこれに基づく政令に特に定めるもの」という新たな文言が追加されたことは、次の2つの点を示したという点において極めて重要な意義を有しているものと考えられる。

なお、「国民の利便性又は事務処理の効率性の観点から」という検討試案から地方分権推進計画に至るまで一貫して用いられた文言が削除された。こ

の文言は、「本来的には国が実施すべき事務であるが」という趣旨の文言とセットのものであり、内閣法制局の意見を受けて「国の行政機関が直接執行すべき」という第１次勧告の文言が使えなくなったことの当然の結果であると言えよう。

①事務の仕分けの最終的な判断基準としての意義

意義の第一点は、法定受託事務と自治事務を仕分ける上での最終的な判断基準は、国の関与[96]の必要性の程度の違いによるものであるとしたことである。「特に」という文言が二度にわたって用いられていることは、国が個別法に基づいて関与することが例外的な措置であることを示すとともに、関与する国の側に関与する必要性の説明責任を負わせている点で意味がある。

②国が自治体の事務処理に関与する理由としての意義

意義の第二点は、国が自治体の事務処理に関与する理由は、事務の適正な処理を確保するためであるとしたことである。国が自治体に関与する理由については、学説上も議論のあるところであり、国の省庁は自治体との「調整」[97]の必要性を理由として関与を正当化する傾向が見られる。「調整」であれば両者の意思の合致によって行われるべきものであり、自治体が国と調整する意思を有するか否かにかかわらず、国の意思で一方的に行われる関与は、「調整」とは言い難いものである。

特に、分権委員会の審議において省庁は、国の「利害」との調整の必要性を、法定受託事務とする理由や国が関与する理由として述べることが少なくなかった。この場合の国の利害とは、省庁の利害ではなく、国民の安全や公平性の確保といった国民のためのものであったが、国が考慮する国民の利害と自治体が考慮する住民の利害が反するような問題が、自治事務になり国の関与が制限されることによって本当に生ずるのかについては、省庁と分権委員会との議論は噛み合わなかった。

---

(96) 理論的には地方自治法に規定する狭義の関与だけでなく法令基準や処理基準も関与に含まれるが、実務的には狭義の関与が焦点となる。

(97) 稲葉薫（2002, p.147）は、「一般的に言えば、自治体における事務の『適切な処理』を『確保』するためであろう」と述べている。

地方自治法に国の関与の理由が自治体の事務処理の適正の確保にあることを示したことは、法定受託事務の定義の規定として的確であるだけでなく、国の関与の本質を明らかにしたものとして重要な意義を有していると考えられる。

　以上のように、地方自治法の法定受託事務の定義は、行政分野や行政客体のレベルで捉えた「事務の性質」と、個別の事務の内容のレベルで捉えた「関与の具体的な必要性の程度」という２段階の絞り込みが行われたという、自治事務と法定受託事務の仕分け作業の経緯を如実に反映しているものであり、分権委員会が法定受託事務を限定しようとして取り組んだ趣旨を的確に反映したものとして評価すべきである。

2　事務の仕分けの見直しの必要性

　法定受託事務については、平成11年の地方分権一括法の衆議院における修正によって、同法附則第250条に、「地方分権を推進する観点から検討を加え、適宜、適切な見直しを行うものとする」とされており、不断の見直しが求められている。

　第１次分権改革において、全国知事会が自治事務化を強く求めたにもかかわらず法定受託事務となった事務がある。本書では、分権委員会と旧建設省との議論の焦点となった二級河川の管理の事務に焦点を当てて、事務の仕分けの見直しの必要性を論ずることとする。

（１）二級河川の管理の事務の仕分けの経緯

　二級河川については、起点から終点まで水系の全てを都道府県が管理しており、ほとんどの河川は都道府県内で完結していることから、全国知事会は、二級河川の管理は自治事務とし、国の認可・承認等は廃止するよう求めていた。一方、旧建設省は、二級河川の管理に関する事務は、国土保全や国民経済上の観点から重要な役割を果たす治山・治水に関する事務であり、法定受託事務とすべきとしていた。

第4章　国と自治体の相互関係の改革の検証

　第1次勧告に向けた分権委員会と旧建設省との調整の結果、二級河川の管理は法定受託事務とするが、国の関与は縮減することとされた。旧建設省をはじめ各省庁は、自治事務とすることを受け入れる代わりに緊急時の指示権限等の例外的な関与を認めてほしいとして、名よりも実を求める傾向が見られたが、二級河川の管理については旧建設省は実よりも名を求めた。問題は、名を重視したことに誤解があった可能性があることである。

（2）名を重視した二級河川の管理に係る未解決の課題

　二級河川の管理については、国の機関委任事務から自治体の事務である法定受託事務になったわけであるが、今日においても機関委任事務時代の運用が継続されている。具体的には、都道府県が二級河川の管理のために新たに取得した用地については、現在でも国に帰属するものとして登記されているのである。この運用の根拠は、昭和40年3月29日付け建設事務次官通達「河川法の施行について」の「記14」の「河川工事の施行等により取得した土地は、河川が国の公共用物であり、河川の管理は都道府県が行う場合であっても国の事務であるので、国に帰属するものであること。」を根拠としている。同通達は機関委任事務制度の廃止に伴い失効したため、国土交通省は、平成13年4月27日付け国河政36号の「河川法に係る法定受託事務の処理基準等について（通知）」により、「記14」は法定受託事務の処理基準として取り扱うこととした。

　河川法の逐条解説においては、「指定区間内の一級河川又は二級河川において都道府県が河川管理事務の執行として買収した工事用地等についても、国に帰属することとされている。前述のように本法に基づく河川の管理は国の事務であって、都道府県が管理する場合も法定受託事務とされている」と記載されており、処理基準として取り扱われている昭和40年の建設事務次官通達の「記14」を参照としている。[98]

　二級河川の管理は、国の機関委任事務から自治体の事務である法定受託事務に変わったのであり、法律の根拠なしに処理基準で都道府県が買収した土

（98）河川法研究会（2006, p.492）

225

地を国に帰属させるよう義務付けることはできないものである。[99]

なお、道路法第90条第1項には、道路管理者（都道府県・指定都市）が買収した指定区間外国道の用地を国に帰属させる旨が規定されており、一級河川であっても都道府県が買収した土地を国に帰属させるためには、道路法第90条第1項と同様にその根拠規定を法律で定める必要があると言えよう。[100]

（3）二級河川の管理の自治事務化—事務の性質の観点からの検討

二級河川の管理の自治事務化について、まずは、事務の性質の観点から検討を行う。

二級河川の管理については、第1次分権改革によって、法定受託事務のメルクマール2「根幹的部分を国が直接執行している事務」の②「広域にわたり重要な役割を果たす治山・治水及び天然資源の管理に関する事務」に該当するものとして、法定受託事務に区分された。

2②のメルクマールは「広域にわたり重要な役割を果たす」と規定しており、ほとんどが都道府県内で完結している二級河川の管理は厳密に言えば「広域にわたり」とは言い難いものである。

旧建設省は分権委員会に対し、一級河川と二級河川はともに河川としては同じであり国が最終的な責任を負うべきものであるとしていたが、二級河川については、都道府県が二級河川の指定、河川区域の指定、整備基本方針・整備計画の策定、改良工事、維持管理といった全ての事務を起点から終点まで水系を一貫して実施しており、都道府県に最終的には任せられないからという論理には、合理的理由がないと言わざるを得ない。

二級河川の管理を自治事務にする場合の論点としては、河川は自然公物であるから、自然公物の管理は国の事務ではないかという事務の性質の議論があり得る。この点については、第1次分権改革における分権委員会の公式の

---

(99) 国の事務であった機関委任事務時代の通達行政の発想が自治体の事務となってからも払拭されていないのである。

(100) 道路法第90条第1項の規定は、制定時には確認規定とされていたが、指定区間外国道の管理の事務が法定受託事務になった以降は、根拠規定としての意義を有しているものと解される。

審議においては、旧建設省は自然公物であることを二級河川の管理を法定受託事務とする理由として説明に用いることはなかった。同委員会の審議においては、委員から旧建設省に対して、河川は道路と違って自然公物であるので、いろいろな考え方があるのであり、二級河川以下については、都道府県、市町村の公物だと考え方を切り替える余地はあり得るとの見解が示されている(101)。

自然公物の管理については、第1次分権改革以前において、次のような経緯があった。

（a）法定外公共物の管理

第1次分権改革前は、法定外公共物である水路を国有財産でありながら市町村が固有事務として機能管理を行っていた実態があり、旧建設省は今後も機能管理に関わることは困難であるとしていた。

（b）条例による自然公物管理

河川法の適用を受けない河川の取締条例として、京都府条例（昭和23年条例第30号）、北海道条例（昭和24年条例第51号）、長崎県条例（昭和24年条例第24号）、広島県条例（昭和23年条例第25号）、海岸の保護条例として大阪府条例（昭和25年条例第82号）、公有水面の使用条例として広島県条例（昭和23年条例第23号）が先例としてあり(102)、市町村においては普通河川管理条例等が制定されていた。

（c）　海岸保全法案

現行の海岸法の制定前の昭和26年2月に、旧建設省は海岸保全の事務を地方公共団体の事務とする海岸保全法案を立案し、これを基にした法案が参議院法制局において検討され、議員提案として昭和28年2月に第15回国会に提出された（審議未了で廃案）。

以上のような第1次分権改革前の経緯に加え、第1次分権改革後は、国の機関委任事務として市町村長が管理者であった準用河川の管理が市町村の自

---

(101) 分権委員会第53回委員会（平成8年6月27日）
(102) 岸昌（1961, pp.166-167）

治事務となった。自然公物は、天然の状態においてすでに公の用に供される実態を備えた公物であり、天然の河川は河川法の制定以前から公物として存在し、府県や市町村によって管理されていたのである。準用河川も自然公物なのであり、準用河川が二級河川に指定されたからといって自然公物としての性質に違いはない。準用河川の管理が自治事務となった以上、二級河川が自然公物であるから自治事務にはできないという論理は成り立たないのである。

（4）二級河川の管理の自治事務化―関与の具体的な必要性からの検討

二級河川の管理の自治事務化について、関与の具体的な必要性の程度の観点から検討を行う。

分権委員会の第1次勧告で決着した二級河川の管理に関する事務は、流水占用料等の徴収の事務を除き、全てが法定受託事務に区分された。旧建設省が二級河川の事務を法定受託事務とすべきとした理由は、全国的な整備水準の確保や災害対策の観点であり、国の関与（狭義の関与）は整備に対して行われているが維持管理については行われていない。国の関与の現状から見れば、整備以外の通常の維持管理まで法定受託事務とする必要性はないものと考えられる。また、都道府県による整備基本方針・整備計画の策定や河川改良工事（一部）の実施に対して国が関与し続ける必要性についても検証が必要である。

第1次勧告の段階では、二級河川の管理の事務を総体的に捉えた事務の性質論が論点となっており、個別の事務への国の関与の具体的な必要性にまで議論が至らなかったものと言えよう。例えば、第1次勧告後に関係省庁（旧建設省、旧運輸省、旧農林水産省）との調整が行われた海岸の管理に関する事務については、分権委員会は全ての事務を自治事務化する方針であったが、第3次勧告では、海岸管理者として行う海岸の現状の維持に関する事務、海岸保全区域の占用許可、行為規制、監督処分等は自治事務、海岸保全区域の指定、海岸保全施設の工事の施行等の事務は法定受託事務（メルクマール1　国家の統治の基本に密接な関連を有する事務）に区分された。

第 4 章　国と自治体の相互関係の改革の検証

（5）事務の仕分けの見直しの当面の検討対象

　以上のように、二級河川の管理の事務の仕分けについては、事務の性質の観点からは法定受託事務のメルクマールに規定する広域性に欠ける点があり、関与の具体的な必要性の観点からは第 1 次分権改革後に仕分けが行われた事務に比べ十分な検討が行われずに法定受託事務となっているという問題がある。同様の問題は、二級河川の管理と同様に分権委員会の第 1 次勧告で決着した砂防指定地の行為規制・砂防工事等の事務、地すべり防止区域内の行為規制・地すべり防止工事等の事務にも見られる。

　地方分権一括法附則第250条に規定する法定受託事務の見直しにおいては、第 1 次勧告の段階で法定受託事務になった事務を重点対象として、自治事務化の可能性を検討していくことが適当であると考える。

第 4 節　第 2 次分権改革による義務付け・枠付けの見直しの状況

　第 2 次分権改革における国の関与の改革は、平成13年 6 月14日の分権委員会の最終報告において、「地方公共団体の事務を文字どおりそれらしいものに変えていくためには、国の個別法令による事務の義務付け、事務事業の執行方法や執行体制に対する枠付け等を大幅に緩和する必要がある。」とされたことを踏まえ、国の個別法令による自治体に対する事務の義務付け・枠付けの見直し（以下「義務付け・枠付けの見直し」という。）がテーマとなった。

　本節では、第 2 次分権改革において行われた「義務付け・枠付けの見直し」の状況を時系列的に述べることとする。

　分権改革のように、多くの法令に跨る改革を進めるためには、縦割りの法令を横断的に串刺しする改革のテーマを設定する必要となる。そして、改革を実現に導くためには、改革のテーマの対象を具体的に絞り込むとともに、改革後の状態を明らかにすることが必要である。

　分権改革委員会の勧告における「義務付け・枠付けの見直し」の対象の絞

込みと、改革の具体案の決定の経緯を整理すれば、以下のとおりである。

改革の枠組みは、地方分権改革推進法に基づき設置された分権改革委員会が設定したものである。分権改革委員会は、第2次勧告で改革すべき対象を法律の条項で特定し、第3次勧告で、特に問題のある重点項目に限って、個別具体に改革の方策を明示した。

分権改革委員会から勧告を受けた政府は、まず、第3次勧告の内容をベースにして、2回にわたって見直しを行い、2つの一括法を国会に提出し成立させた。

[表38]　義務付け・枠付けの見直しの経緯

分権改革委員会の勧告		政府による見直し （閣議決定）	一括法 （公布）
第2次勧告（平成20年12月8日）による改革対象の条項の特定	第3次勧告（平成21年10月7日）の対象項目	第1次見直し （平成21年12月15日）	第1次一括法 （平成23年5月2日）
		第2次見直し （平成22年6月22日）	第2次一括法 （平成23年8月30日）
	第3次勧告の対象外の項目	第3次見直し （平成23年11月29日）	第3次一括法 （平成25年6月7日）
		第4次見直し* （平成25年3月12日）	
提案募集方式		第5次見直し （平成27年1月30日）	第5次一括法 （平成27年6月26日）

＊第4次見直しには、ごく一部に第2次勧告の対象外の項目が含まれている。
＊第4次一括法は権限移譲関係のみで関与の改革はないため掲載していない。

さらに政府は、第2次勧告で改革の対象として法律の条項が特定されながら、第3次勧告の重点項目とならなかったために個別具体の改革方策が明示されなかった事項について、2回にわたって見直しを行い、1つの一括法を国会に提出し成立させた。

政府における4回の見直しと3つの一括法によって、分権改革委員会の勧告を受けた政府としての取組みは収束に向かい、平成26年度からは自治体等からの提案募集による方式を導入している。

第4章　国と自治体の相互関係の改革の検証

1　地方分権改革推進法に基づく分権改革委員会の勧告
(1)　分権改革委員会の第2次勧告
　第2次分権改革は、地方分権改革推進法に基づき、分権改革委員会が国の府省や地方六団体等からのヒアリング等の審議を経て勧告を行い、勧告を受けた政府は、必要な法改正等の措置を講ずるという仕組みであった。この点で、第2次分権改革は第1次分権改革の仕組みに倣ったものと言えよう。
　分権改革委員会は、第2次勧告（平成20年12月8日）で、義務付け・枠付けの見直しの対象を特定し、改革の具体的な方針を明らかにした。
①改革の対象を自治事務に対するものに限定
　分権改革委員会では、自治事務に対する「義務付け・枠付け」を規定している482法律について検討を行っており、法定受託事務については検討の対象から除外している。第1次分権改革によって、法定受託事務についても条例の制定が可能となっていることからすれば、法定受託事務も検討の対象となり得るものであるが、自治事務に対する義務付け・枠付けの改革の対象が膨大な数に及ぶ状況の中では、とても法定受託事務まで手を付けることはできないということであろう。理論的な検討においては、いくつかの論点を有しているが、法定受託事務に比べ自治体の自主性、自律性がより重視される自治事務の改革を優先させたことは、現実の改革を進めるうえでは妥当な選択であったといえよう。
②改革すべき対象を条項で特定
　分権改革委員会は、482法律について、条例による自主的な決定又は補正（補充・調整・差し替え）を認めている条項を除いた10,057条項を「見直し対象条項」として範囲設定した。第2次勧告では、「義務付け・枠付けを許容する場合のメルクマール」に該当する2,315条項、「同メルクマールに非該当だが、残さざるを得ないと判断するもののメルクマール」に該当する2,076条項、準用・適用・読替規定の1,592条を除いた4,076条項について見直しを行うよう勧告した。
　各府省に制度の見直しを求めるうえで、その対象を条項で特定したことの

意義は大きいといえよう。

[表39] 第2次勧告による見直しの対象条項数の特定

義務付け・枠付け対象条項：10,057条項		
見直し対象条項 4,076条項	見直しの対象外条項 4,389条項	準用規定・読み替え規定 1,592条項

③改革の具体的な方針を提示

第2次勧告では「見直しの具体的な方針」として、

ア　廃止（単なる奨励にとどめる場合を含む）

イ　手続、判断基準等の全部を条例に委任又は条例による補正（「上書き」）を許容

ウ　手続、判断基準等の一部を条例に委任又は条例による補正（「上書き」）を許容

のいずれかの見直しを行うこととし、その際には、ア、イ、ウの順序で見直しを行うよう勧告した。

(2) 分権改革委員会の第3次勧告

分権改革委員会は、改革の重点対象項目を特定し、個別具体の改革方策を提示するため、特に問題があると判断した①施設・公物設置管理の基準、②協議、同意、許可・認可・承認、③計画等の策定及びその手続について、第3次勧告に向けて具体的に講ずべき措置の調査審議を行った。

平成21年6月5日には、「義務付け・枠付けの見直しに係る第3次勧告に向けた中間報告」が提出され、その後の調査審議における関係府省への調査やヒアリング等を経て、3つの重点項目について、次のとおり第3次勧告された。

①施設・公物設置管理の基準

施設・公物設置管理の法令基準については、145条項が検討の対象となり、条例を制定することが許容されていることが確認された場合や条項の一部が第2次勧告で示した前述のメルクマールに該当する部分を除き、142条項に

第4章 国と自治体の相互関係の改革の検証

ついて基準に係る規定そのものを廃止するか、又は条例への委任措置等を講ずるよう勧告された。

また、条例の内容を法令で統制するための新たな方式として、「従うべき基準」「標準」「参酌すべき基準」の3の類型が示された。これは、法令で定めていた基準を条例で定めるよう改正するに当たり、従来の政省令の基準の規定を「従うべき基準」、「標準」、「参酌すべき基準」の3種類に分類し、自治体の条例等の規定の立案に一定の規制・統制をすることとしたものである。

国の説明では、各基準の分類と意味するところは次のとおりとされている。

[表40] 従うべき基準、標準、参酌すべき基準の意味

基準の分類	基準の意味（国の説明）
従うべき基準	条例の内容を直接的に拘束する、必ず適合しなければならない基準であり、当該基準に従う範囲内で地域の実情に応じた内容を定める条例は許容されるものの、異なる内容を定めることは許されないもの
標準	法令の「標準」を通常よるべき基準とし、合理的な理由がある範囲内で、地域の実情に応じた「標準」とは異なる内容を定めることが許容されるもの
参酌すべき基準	自治体が十分参酌した結果としてであれば、地域の実情に応じて、異なる内容を定めることが許容されるもの

そして、重要なことは、「従うべき基準」及び「標準」を国が設定する場合は、次の場合に限るものとしていることである。

［従うべき基準］

ア 当該施設・公物の利用者の資格のうちの基本的な事項について特に「従うべき基準」を定める場合
（例：児童福祉法第24条に基づく保育所の利用者基準）

イ 当該施設・公物の本来的な性格・機能等に係る基本的な枠組みを定める場合（例：道路交通法第49条に基づくパーキング・メーターの機能の基準）

ウ 当該施設・公物について必要とされる民間共通の士業等の資格について特に「従うべき基準」を示す必要がある場合

［標準］

当該施設・公物について全国的見地から一定のサービス水準を維持するために利用者の数、施設・公物に配置する職員の数について特に「標準」を示す必要がある場合

「従うべき基準」を許容する場合については、前述の中間報告ではウの民間共通の士業等の資格に限定されていたが、第3次勧告では、基本的な定義や機能に係る基準であるア及びイが新たに追加された。また、中間報告では、「従うべき基準」と「参酌すべき基準」の2類型であったが、2つの中間に位置する「標準」が追加された。

「標準」が追加されたことは、改革の実現性を高めるという点で意味があるとともに、自治体の現場における激変緩和措置としても有効であると考えられる。「標準」と異なる基準を自治体が定める場合には、合理的な理由が必要とされているが、国が標準として定めた基準の合理性そのものが問われる場合もあることに留意する必要があろう。

②協議、同意、許可・認可・承認

分権改革委員会の第3次勧告では、「同意を要する協議」「同意を要しない協議」「許可・認可・承認」を規定する233条項が検討の対象となり、許容する場合として分権改革委員会が示した基準に該当する67条項に限り存続を許容し、これに該当しない166条項は、より緩やかな関与を許容する基準に該当する場合には関与類型を変更し、いずれの場合にも該当しない場合は廃止するよう勧告された。

また、第3次勧告では、より緩やかな関与類型として、「意見聴取」「事前報告」「事後報告」「届出」「通知」を提示しており、これらの関与類型が許容される場合の基準を示したことは、関与の改革を進める上で、新たな手法を打ち出したものといえよう。

③計画等の策定及びその手続

計画等の策定及びその手続については、検討の対象となった846条項のう

ち、262条項については現行規定の存置が許容されたが、584条項について具体的に講ずべき措置が勧告された。

　計画策定及びその内容の義務付けについては、次のア～ウに該当する場合を除き、法令の規定そのものを廃止するか、計画策定に係る規定の「できる」規定化又は努力義務化、及びその内容に係る規定の例示化又は目的程度の内容への大枠化を行うよう勧告された。
　ア　私人の権利・義務に関わる行政処分の直接的な根拠となる計画を策定する場合
　イ　地方自治体の区域を越える一定の地域について総量的な規制・管理を行うために計画を策定する場合
　ウ　基本的事項について市町村による一定の判断があることを直接的な根拠として都道府県が計画を策定する場合

　また、計画等の策定手続きのうち、一定の相手方の意見聴取等の義務付けについては、一定の場合を除き、規定を廃止するか、努力・配慮義務に係る規定とするよう勧告された。

　自治体が策定する法定計画等については、自治体の自主的な施策展開を阻害するおそれが生ずるほど、個別法に基づく縦割り行政の弊害が顕著となっており、第3次勧告で計画等の策定、内容、手続が重点事項とされたことは、大きな意義がある。各自治体において策定される計画が、個別法による縦割りの個別計画ではなく、総合計画の下で自治体における施策展開の総合性、横断性を持った計画となることで、自治体における施策間の連携の促進が期待できる。

　また、現状分析等で多くの共通する事項があるにもかかわらず、法定計画であるために別々に計画を策定するということは非効率である。法定計画に関する義務付け・枠付けの見直しは、縦割りの個別計画をバラバラに策定することによる計画策定事務の非効率の改善にも寄与するものである。

[表41] 第3次勧告による重点項目の見直しの条項数

	重点項目の条項数	現行規定存置	改革措置の提示
(1)施設・公物設置管理の基準	145条項	3条項	142条項
(2)協議、同意、許可・認可・承認	233条項	67条項	166条項
(3)計画等の策定及びその手続	846条項	262条項	584条項
計	1,224条項	332条項	892条項

2 政府による義務付け・枠付けの第1次見直しと第1次一括法

(1) 第1次見直しの経緯

政府は、第3次勧告における「義務付け・枠付け」の見直しの重点事項892条項のうち、自治体側から要望があった事項を中心に、121条項の先行的な見直しを第1次見直しとして実施した。このうち、自治体要望事項が70条項、自治体要望事項と同一の法令に規定されている事項及び総務省関係の事項等に関するものが51条項となっている。

政府は、第1次見直しの結果を地方分権改革推進計画として平成21年12月15日に閣議決定し、関係する法律を一括して改正する「地域の自主性及び自立性を高めるための改革の推進を図るための関係法律の整備に関する法律案」、いわゆる第1次一括法案を国会に提出した。同法案は、国会での審議を経て平成23年5月2日に公布された。

(2) 地方分権改革推進計画の評価

①自治体要望事項に関する評価

全国知事会、全国市長会からの提言等で要望のあった106条項のうち、分権改革委員会の第3次勧告では104条項について見直すよう勧告されている。勧告と計画を比較した場合、104条項のうち70条項で何らかの見直しを行うこととされており、その実施率は67％となっているが、勧告どおり見直すものは36条項であるため、勧告どおりの実施率は35％となっている。

地方六団体は、平成21年12月15日、政府の地方分権改革推進計画の閣議決定を受けて、「義務付け・枠付けの更なる見直しを求める声明（以下「声明」という。）を発表した。同声明では、「一定の前進が見られたことは率直

第4章　国と自治体の相互関係の改革の検証

に評価したい。」としつつ、「全体としての成果を見ると、（中略）我々地方からの最も基本的な104件の要望についても、勧告どおりの見直しは36件と約3分の1に留まった。（中略）政府が掲げる『地域主権』の理念に沿った内容とは言い難く不十分と言わざるを得ない。」としている。

②自治体要望事項以外も含めた第3次勧告との比較による評価

第3次勧告で見直すよう勧告された事項のうち、地方分権改革推進計画の検討対象とされた141条項について勧告と計画を比較すれば、103条項で何らかの見直しを行うこととされており、その実施率は73％となっているが、勧告どおり見直すものは、65条項であるため、勧告どおりの実施率は46％となっている。

[表42]　第1次見直しによる改革の状況

	第3次勧告の事項のうちの検討対象	見直し実施	勧告どおりの見直し実施
条項数	141条項	103条項	65条項
実施率	―	67％	46％

3　政府による第2次見直しと第2次一括法

（1）第2次見直しの経緯

政府は、第3次勧告で重点項目として改革の措置が具体的に勧告されながら、義務付け・枠付けの第1次見直し（地方分権改革推進計画）の検討対象とならなかった事項について第2次見直しを行い、163法律、528条項を見直しの対象とした。

政府は、平成22年6月22日に第2次見直しとして地域主権戦略大綱を閣議決定し、関係する法律を一括して改正する「地域の自主性及び自立性を高めるための改革の推進を図るための関係法律の整備に関する法律案」、いわゆる第2次一括法案として国会に提出した。同法案は国会での審議を経て、平成23年8月30日に公布された。

（2）地域主権戦略大綱の評価

　地域主権戦略大綱の検討対象とされた748条項について勧告と大綱を比較すれば、528条項で何らかの見直しを行うこととされており、その実施率は71％となっているが、勧告どおり見直すものは、434条項であるため、勧告どおりの実施率は58％となっている。

　第2次見直しにおける、①施設・公物の管理基準に関するもの、②計画策定及びその手続きに関するもの、③許認可等の個別的行政関与に関するもの、の3つの重点分野別の状況は、次のとおりである。

①施設・公物の設置管理基準に関するもの

　82条項のうち、61条項で何らかの見直しを行うこととされており、その実施率は74％となっているが、勧告どおり見直すものは、41条項であるため、勧告どおりの実施率は50％となっている。

②計画策定及びその手続きに関するもの

　551条項のうち、374条項で何らかの見直しを行うこととされており、その実施率は68％となっているが、勧告どおり見直すものは、326条項であるため、勧告どおりの実施率は59％となっている。

③許認可等の個別的行政関与に関するもの

　115条項のうち、93条項で何らかの見直しを行うこととされており、その実施率は81％となっているが、勧告どおり見直すものは、67条項であるため、勧告どおりの実施率は58％となっている。

[表43]　第2次見直しによる改革の状況（条項数・実施率）

	第3次勧告の事項のうちの検討対象	見直し実施	勧告どおりの見直し実施
合　　計	748条項	528条項 71％	434条項 58％
施設・公物の設置管理基準	82条項	61条項 74％	41条項 50％
計画策定及びその手続き	551条項	374条項 68％	326条項 59％

| 許認可等の個別的行政関与 | 115条項 | 93条項
81% | 67条項
58% |

4　政府による第3次見直し

　第2次勧告で見直す必要があるとされた4,076条項のうち、第3次勧告で取り上げられなかった2,860条項（第3次勧告では取り上げられなかったが、既に見直しの対象とされた地方自治法、地方公営企業法等の条項を除く。）は手付かずのまま残されていた。このため政府は、分権改革委員会の第2次勧告で、改革の対象として特定されながら、第3次勧告で重点項目として具体的な措置が勧告されなかった2,860条項のうち、（1）地方からの提言等に係る事項、（2）通知・届出・報告、公示等、（3）職員等の資格・定数の3つの分野に該当する1,212条項について、見直しの検討を行った。

[表44]　第3次見直しの対象条項

第2次勧告で改革対象として特定 （A＝B＋C）	第3次勧告の重点項目 （B）	第3次勧告の重点項目外 （C）	第3次見直しの検討対象 （D＝Cの一部）
4,076条項	1,216条項	2,860条項	1,212条項

　政府は、1,212条項のうち291条項について見直すこととし、義務付け・枠付け見直しの第3次分として、政府は平成23年11月29日に「義務付け・枠付けの更なる見直しについて」を閣議決定した。
　見直しの内容は、（1）地方からの提言等に係る事項については52条項中16条項で実施率31％、（2）通知・届出・報告、公示等については、1,102条項中213条項で実施率19％、（3）職員等の資格・定数については84条項中53条項で実施率63％、（4）その他3条項となっており、全体の実施率は24％である。

[表45] 第3次見直しの状況

見直しの対象分野	検討の対象	見直し実施	実施率
(1) 地方からの提言等に係る事項	52条項	16条項	31%
(2) 通知・届出・報告、公示等	1,102条項	213条項	19%
(3) 職員等の資格・定数	84条項	53条項	63%
(4) その他	―	3条項	―
計	1,238条項	291条項	24%

5　政府による第4次見直し

　政府は、分権改革委員会の第2次勧告で、改革の対象として特定されながら、第1次から第3次までの見直しで改革の具体的な方策が検討されなかった1,648条項や、これまで検討したものの見直しに至らなかった事項、新たに設けられた規定等の分権改革委員会の勧告の対象とならなかった事項について、自治体からの提案を受けて64項目を検討の対象とした。

[表46] 第2次勧告で改革の対象とされながら検討されずに残された事項

第2次勧告で改革対象として特定（A）	第3次勧告の重点項目外（B＝Aの一部）	第3次見直しの検討対象（C＝Bの一部）	検討されずに残された事項（D＝B－C）
4,076条項	2,860条項	1,212条項	1,648条項

　政府は64項目のうち48項目について第4次見直しとして取りまとめ、平成25年3月12日に「義務付け・枠付けの見直しについて」を閣議決定した。

　第4次見直しは、第3次見直しとともに2つの閣議決定に関係する法律を一括して改正する「地域の自主性及び自立性を高めるための改革の推進を図るための関係法律の整備に関する法律案」、いわゆる第3次一括法案が国会に提出された。同法案は国会での審議を経て平成25年6月7日に公布された。

第 4 章　国と自治体の相互関係の改革の検証

[表47]　第 4 次見直しの状況

検討されずに残された事項	検討の対象 (地方から要望のあった事項)	見直し実施	実施率
1,648条項	64項目	48項目	75%

6　提案募集方式による新たな取組み（第 5 次見直し）

政府は、平成26年から導入した地方分権改革に関する提案募集方式により、提案のあった事項について検討を行い、平成27年 1 月30日に「平成26年の地方からの提案等に関する対応方針」を閣議決定した。

閣議決定に関係する法律を一括して改正する「地域の自主性及び自立性を高めるための改革の推進を図るための関係法律の整備に関する法律案」、いわゆる第 5 次一括法案は、国会での審議を経て平成27年 6 月26日に公布された。

第 5 次一括法における義務付け・枠付けの見直しは 8 項目であり、しかもその内容は、精神医療審査審議会の委員の任期や麻薬取扱者免許の有効期間など、部分的なものとなっている。

第 5 節　第 2 次分権改革による義務付け・枠付けの見直しの検証

1　義務付け・枠付けの見直しの定義

第 4 節では、政府の義務付け・枠付けの見直しと一括法について、時系列で整理し検討した。本節では、義務付け・枠付けの見直しを検証するため、改革の内容を関与の形態別に分類し、検討を行うこととする。

まず、第 2 次分権改革においては、義務付け・枠付けの見直しというテーマで改革が行われており、まず、「義務付け・枠付け」の定義から確認しておく必要がある。なぜならば、分権改革委員会の理論上の定義と実際の勧告の対象は一致していないからである。

地方分権改革推進法第 5 条第 1 項では、「国は、(中略)地方公共団体に対

する事務の処理又はその方法の義務付け及び（中略）関与の整理及び合理化その他所要の措置を講ずるものとする。」とされている。第2次勧告においては、「この『地方公共団体に対する事務の処理又はその方法の義務付け』を本勧告では『義務付け・枠付け』と呼んでおり、この見直しこそが立法権の分権にほかならない。」としている。しかしながら、第2次勧告の「義務付け・枠付けの見直し」の対象には、地方分権改革推進法第5条第1項に規定する「関与の整理及び合理化」も含まれており、分権改革委員会の言う「行政権の分権」も対象となっていることに留意する必要がある。

　第2次分権改革では、立法関与及び準立法的行政関与が「義務付け・枠付けの見直し」として改革の対象とされるとともに、自治体に一定の手続きを義務付ける許可・認可・承認、同意、協議等の個別的行政関与が、「義務付け・枠付けの見直し」の一環として、改革の対象に加えられたと言うことができる。しかも、改革の対象は自治事務に対するものに限定されている。

　したがって、第2次分権改革は、第1次分権改革による自治事務、法定受託事務の区分を前提として、国の関与を特に限定すべき自治事務をターゲットに、第1次分権改革では個別法の規定までは手が付けられなかった立法関与及び準立法的行政関与の改革に取り組むとともに、第1次分権改革では一部にしか手が付けられなかった個別的行政関与の廃止・縮減に取り組んだと言えよう。別の言い方をすれば、第1次分権改革が築いた自治事務・法定受託事務の区分、一応の制度的な課題の改革が完了した一律的行政関与、旧機関委任事務の自治事務化において省庁側から条件とされた個別法による指示権については改革の対象としておらず、第1次分権改革の路線を踏襲したものと言える。

2　義務付け・枠付けの見直しの検証の視点

　第1次から第5次までの政府による義務付け・枠付けの見直しにおいては、改革の対象を絞り込むために重点項目が設定されている。すなわち、第1次見直し及び第2次見直しでは、（1）施設・公物の設置管理の基準、（2）許

可・認可・承認等、(3) 計画の策定及びその手続きの3項目、第3次見直しでは、(1) 地方からの提言等に係る事項、(2) 通知・届出・報告、公示等、(3) 職員等の資格・定数の3項目、第4次及び第5次見直しでは、(1) 地方からの提言等に係る事項の1項目である。

　これらの重点項目による分類は、外形上は改革の対象を論理的に整理しているように見えるが、関与の改革の観点からは異質なものを同一視しており、何が改革の対象となり、どう改革されたのかを不明確にしている。

　そこで本節では、義務付け・枠付けの見直しを検討するため、関与の形態により改革の内容を再分類し検討を行う。すなわち、第1次及び第2次見直しで設定された「(1) 施設・公物の設置管理の基準」は法令基準による関与（立法関与及び準法律的行政関与）であり、「(2) 許可・認可・承認等」は個別的行政関与であり、両者は同じ「枠付け」ではあるが関与の形態を異にしている。また、「(3) 計画の策定及びその手続き」は、「計画策定の義務付け」という「義務付け」と「計画策定に係る法令基準＝法令基準による関与」という「枠付け」が混在しており、異質なものが同一視されている。

　第3次見直しの項目である「(2) 通知・届出・報告、公示等」は、「通知・届出・報告」が個別的行政関与であり、「公示等」は公示等の事務の義務付け又は公示等の法令基準による関与（枠付け）である。また、「(3) 職員等の資格・定数」は、職員等の法令基準による関与である。

　このように、分権改革委員会や政府が設定した改革の重点項目は、外形的な類似性によって設定されているため、改革の本質をわかりにくいものにしている。分権改革を総括するためには、外形的な類似性ではなく、改革された対象はどのような関与の形態のものなのかに着目して整理し検討する必要がある。

[表48] 義務付け・枠付けの見直しの対象の対比

見直し	政府の設定した重点項目	関与の形態による分類
第1次・第2次	(1)施設・公物の設置管理の基準 (2)許可・認可・承認等 (3)計画の策定及びその手続き	Ⅰ法令基準による関与 ・施設・公物の法令基準 ・計画策定の法令基準 Ⅱ個別の行政的関与 ・許可・認可・承認・協議 Ⅲ事務の義務付け ・計画策定の義務付け
第3次	(1)地方からの提言等に係る事項 (2)通知・届出・報告、公示等 (3)職員等の資格・定数	Ⅰ法令基準による関与 ・施設・公物の法令基準 ・公示等の法令基準 ・職員等の法令基準 Ⅱ個別の行政的関与 ・通知・届出・報告 Ⅲ事務の義務付け ・公示等の義務付け ・意見提出の義務付け
第4次	(1)地方からの提言等に係る事項	Ⅰ法令基準による関与 ・施設・公物の法令基準 ・許認可の法令基準 ・計画策定の法令基準 ・公示等の法令基準 ・職員等の法令基準 Ⅱ個別の行政的関与 ・通知・届出・報告 ・協議 Ⅲ事務の義務付け ・公示等の義務付け ・予防接種証の義務付け

上記を一括して関与の形態によって整理すれば、次のとおりである。

[表49] 関与の形態による義務付け・枠付けの見直しの整理

自治体への事務の実施の義務付け		計画策定の義務付け
		意見提出の義務付け
		公示等の義務付け
		議会の議決の義務付け
自治体の事務処理の枠付け	法令基準による関与 （立法関与及び準法律的行政関与）	計画策定の基準
		施設・公物の設置管理の基準
		許認可の基準

		公示等の基準
	個別的行政関与	職員等の基準
		許可・認可・承認・協議等の関与
		通知・届出・報告等の関与

　前記表49の分類を基に、第2次分権改革における義務付け・枠付けの見直しの検証を行う。

3　事務の実施の義務付けの見直しの検証

　事務の実施の義務付けは、いわゆる「必要事務」と同じである。第1次地方分権改革前の旧地方自治法別表第1には都道府県が処理しなければならない必要事務が、同法別表第2には市町村が処理しなければならない必要事務が列挙されていた。

[表50]　旧地方自治法別表第1の記載例

墓地、埋葬等に関する法律の定めるところにより、墓地、納骨堂又は火葬場の経営の許可に関する事務を行い、墓地等の施設の整備又はその使用の制限又は禁止を命じ、及び墓地等の管理者から必要な報告を求め、又は職員をして火葬場に立入検査させること。
売春防止法の定めるところにより婦人相談所を設置すること。
道路法の定めるところにより、都道府県の路線を認定し、その管理を行うこと。
警察法の定めるところにより、都道府県警察を置くこと。
国土利用計画法の定めるところにより、全国の区域について定める国土の利用に関する計画について意見を述べること。

　事務の実施の義務付けには、大別して2つのものがあると考えられる。一つは、事務本体の義務付けであり、もう一つは、事前・事後手続の義務付けである。

　事務本体とは、道路の管理等の施設の管理、許認可等の行政処分といった個別法で規定する事務処理プロセスの中で根幹を成す事務である。事務本体の特徴は、当該事務が実施されなければ、事務処理の目的を達成することができない点である。

事前・事後手続とは、事務本体の処理を円滑・適確に進めるために、事前に計画を策定する若しくは関係者の意見を聴く、又は、事後に関係者に周知するために告示・公告するといった手続を経ることである。

　事前・事後手続の場合は、当該手続を省略したとしても、違法との指摘を受けることはあるが、事務本体の実施により事務の目的は達成される。例えば、消防広域化の推進計画を策定しなくとも、関係自治体が実質的に合意すれば消防の広域化は可能である。また、都道府県知事が市町村の土地改良事業に同意をした旨の公告は、仮に公告がされなくとも、都道府県知事から市町村に同意書が交付されれば同意した効力は発生する。

　一方、都市計画決定における都市計画は、土地利用の規制の効果を有するものであり、事務本体の事前のプロセスとして作成される計画ではなく、事務本体である。また、騒音規制法に基づく騒音規制区域の公示は、規制の対象範囲を定める事務本体であり、事実を周知させるための手段でしかない告示とは異なる。

　それでは、第2次分権改革では、事務の実施の義務付けは、何が改革の対象となったのであろうか。

（1）見直しの対象

　事務の実施の義務付けの見直しの対象は、①計画策定、②国又は都道府県への意見提出、③公示等、④議会の議決、の4種類の事務に分類できる。

①計画策定

　改革の対象となった計画策定には、都市計画決定のような事務本体と、消防広域化の推進計画のような事前手続きが混在している。これを事務本体と事前・事後手続に分類すれば、事務本体は、都市計画決定などごく少数に限られ、圧倒的多数は事前・事後手続のものである。そして、事務本体の場合は、「義務付け規定そのものの廃止」の手法は事務の廃止を意味することになってしまうため採用されておらず、「できる規定化」の手法のみとなっている。

　一方、事前・事後手続の場合は、「義務付けの規定そのものの廃止」と

246

「できる規定化」の2つの手法が採用されている。事前・事後手続の場合は、「義務付けの規定そのものの廃止」がされた後も、自治体は条例等を整備しなくとも事前・事後手続きを行うことは可能である。

[表51] 計画の策定の主なもの

事務本体	（できる規定化） 都市計画の決定
事前・事後手続	（義務付けの規定そのものの廃止） ・市町村の基本構想の策定 ・職階制に適合する給料表に関する計画 ・小規模企業者等設備導入資金に係る資金貸付事業計画 ・地域産業資源活用事業の促進に関する基本構想 ・山村振興計画 （できる規定化） ・農山漁村電気導入計画 ・中小企業支援事業の実施に関する計画 ・消防広域化の推進計画 ・辺地総合整備計画

②国又は都道府県への意見の提出

国又は都道府県への意見の提出は、事務の性質上、全てが事前・事後手続であり事務本体ではない。また、全てが、「できる規定化」の手法で改革されている。
・特定民間中心市街地活性化事業計画への意見
・医師免許、歯科医師免許、薬剤師免許の処分に係る意見
・農用地区域内における開発行為の許可に係る意見
・卸売業務の許可に係る意見
・伝統的工芸品産業に関する振興計画への意見
・建築協定書に関する意見

③公示等

改革の対象となった公示等は、全てが事前・事後手続であり、事務本体ではない。また、「義務付けの規定そのものの廃止」と「できる規定・努力義務化等」の2つの手法が採用されている。

[表52] 公示等の見直しの状況

義務付けの規定そのものの廃止	できる規定・努力義務化等
・自治体の長の相互救済事業の経営状況の公表 ・自治体が特定の事務を取り扱わせる郵便局の指定等の告示	・都道府県医療費適正化計画の進捗状況に関する評価の結果の公表 ・都道府県医療費適正化計画の実績に関する評価の内容の公表 ・国土調査の指定及び地籍調査に関する事業計画を定めた場合の公示 ・農用地利用規程の認定の公告 ・外客来訪促進計画の公表 ・エコツーリズム推進全体計画の公表

④議会の議決

議会の議決は、「国土の利用に関する計画を定める場合の議会の議決」のみであり事前手続である。

(2) 見直しの評価

①成果

第2次分権改革における「義務付け」の見直しは、事務本体を対象としたものは計画策定のうちのごく一部に限られ、ほとんどは事前・事後手続を対象にしたものであると言える。

事務本体の義務付けの改革が極めて限定されたのは、政府が改革の重点対象を絞り込むために設定した項目が、「義務付け」ではなく「枠付け」に重点が置かれ、しかも、「義務付け」の対象についても「計画の策定及びその手続き」と事前・事後手続きに焦点が当てられたことによるものである。つまり、優先して改革すべき対象の選定の結果から見れば、政府は事務本体の義務付けの改革よりも、事前・事後手続きの義務付けや事務の執行方法等の枠付けの改革を重視したと言える。

改革の方法としては、義務付けの規定そのものを廃止する場合、できる規定・努力義務化等により法的拘束力をなくす場合の2つの方法が用いられている。

国の関与の改革の観点からは、義務付けの規定そのものを廃止することが望ましいが、できる規定・努力義務化等による改革によって、自治体の自由

第4章　国と自治体の相互関係の改革の検証

度を確保することができたことは一定の成果があったものと評価できる。

事前・事後手続の義務付け等が改革されたことは、自治体の事務処理における自主性・自律的の向上に寄与し、創意工夫や効率化を図る上で効果が期待できることから成果があったものと評価できる。

②課題

①の成果は評価できる一方で、自治体から強い要望のあった、国土利用計画法に基づく土地利用基本計画の策定の義務付けが、改革の対象となりながら改革されなかったことは大きな問題である。土地利用基本計画は、都市計画法、農業振興地域の整備に関する法律、森林法、自然公園法、自然環境保全法に基づく土地利用規制の現況を図示したものである。国土利用計画法では、土地利用基本計画の策定を通じて、縦割りの個別法による土地利用規制の総合調整が図られる建前になっている。

実際には、個別法による手続の事後手続にすぎず、土地利用規制の変更の手続を煩雑にし、事務処理に長期の期間を要する結果を招いており、単なる屋上屋としての機能しか有していない状況にある。

このため、第1次分権改革以来、自治体からは土地利用基本計画は廃止すべきとの意見が出されてきた。

また、土地利用基本計画には、同計画に適合しない土地取引に対して勧告等を行うことができるとされており、その意味では同計画は、事務本体としての機能を形式上は有している。しかしながら、土地利用基本計画の内容は、都市計画法等の個別法の規制を一括して記載したものであり、土地取引に対する勧告は、土地利用基本計画がなくとも、自治体が個別法の規制や自治体の総合計画等に記載されている土地利用構想を基に勧告すれば足りるものである。

以上のように、義務付けの見直しにおいては、事前・事後手続を主な対象として改革が行われ、事務のプロセスにおける自治体の自主性を高めることに寄与したと評価できる。しかしながら、自治体が従来から強く要望していた土地利用基本計画の策定の義務付けが改革されなかったことは、改革され

た条項数は多いものの、本当に改革すべき重要事項では成果を得ることができなかったと言える。

4 自治体の事務処理の枠付けの見直しの検証

自治体の事務処理の枠付けの見直しの対象には、法令基準による関与と個別的行政関与の2つがある。法令基準による関与には、（1）計画策定の基準、（2）施設・公物の設置管理の基準、（3）許認可の基準、（4）公示等の基準、（5）職員等の基準の5種類がある。

また、個別的行政関与には、国の意向に自治体が従うことを求められる（1）許可・認可・承認・協議と、自治体が国に書類を送付するだけの（2）通知、届出、報告等、の2種類がある。

[表53] 自治体の事務処理の枠付けの見直し

法令基準による関与	（1）計画策定の基準
	（2）施設・公物の設置管理の基準
	（3）許認可の基準
	（4）公示等の基準
	（5）職員等の基準
個別的行政関与	（1）許可・認可・承認・協議等の関与
	（2）通知・届出・報告等等の関与

5 法令基準による関与の見直し

（1）計画策定の基準

計画策定の基準としては、計画に盛り込むべき内容を定めたものが多いことから、計画の内容の一部を廃止するか、又は例示化するよう改革された。計画等の策定の基準の見直しの主な内容は次のとおりである。
- 中心市街地の活性化に係る基本計画の内容の一部を例示化
- 石油コンビナート等の防災計画の内容の一部を例示化
- 都道府県の医療計画の内容の一部を例示化

- 構造改革特別区域計画の内容の義務付けの一部を廃止・例示化
- 地域再生計画の内容の義務付けの一部を廃止・例示化
- 競馬活性化計画の内容の義務付けの一部を廃止・例示化

（２）施設・公物の設置管理の基準

施設・公物の設置管理の基準については、第２次分権改革における義務付け・枠付けの見直しの最重点項目となり、法令の基準を条例で定めるよう改革され、条例の基準の定めに対しては、第４節で述べたように「従うべき基準」「標準」「参酌すべき基準」の３つの類型による統制がされることになった。

施設・公物設置管理の基準の見直しの主な内容は、次のとおりである。

①福祉施設等の基準

児童福祉法、老人福祉法、介護保険法、障害者自立支援法及び就学前の子どもに関する教育、保育等の総合的な提供の推進に関する法律に基づく福祉施設、事業等に関する基準については、概ね次のとおり見直す。

　ア　従事する職員に関する基準、施設の設備及び運営に関する基準は、一部を除き、都道府県等の条例に委任する。

　イ　法令で定める条例制定の基準については、施設の職員の資格及び員数、居室の面積及び利用者等の人権侵害の防止等に係る規定は「従うべき基準」とし、施設の利用者の数に係る規定は「標準」とし、その他の設備及び運営に関する規定は「参酌すべき基準」とする。

　ウ　児童福祉法に基づく保育所については、東京等の一部の区域に限り、待機児童解消までの一時的措置として、居室の面積に係る規定は「標準」とする。

　エ　介護保険法に基づく指定小規模多機能型居宅介護事業所等の介護事業所の定員に係る規定は「従うべき基準」とする。

②公共職業能力開発施設の外部委託等の基準

職業能力開発促進法に基づく公共職業能力開発施設の外部委託等の基準を都道府県の条例に委任するとともに、法令で定める条例制定の基準は「参酌

すべき基準」とする。
　③公営住宅の基準
　公営住宅法に基づく公営住宅に関する基準については、次のとおり見直す。
　ア　同法第5条第1項に基づき省令で定めている整備基準は、都道府県及び市町村の条例に委任し、法令で定める条例制定の基準は参酌すべき基準とする。
　イ　同法第23条で規定する入居者資格については、同条第1号で規定する同居親族の存在を要件から除外するとともに、同条第2号で規定する低額所得者としての収入基準を都道府県及び市町村の条例に委任する。法令で定める条例制定の基準は参酌すべき基準とするが、条例で定める金額の上限については一定の条件に従って定めた額とする。
　④道路の基準
　道路法第30条第1項及び第2項の規定に基づき政令（道路構造令）で定めている都道府県道及び市町村道の構造の基準については、設計車両、建築限界及び橋、高架道路等の設計自動車荷重に係る基準を除き、都道府県及び市町村の条例に委任し、法令で定める条例制定の基準は参酌すべき基準とする。
　⑤道路標識の基準
　道路法第45条第2項に基づき内閣府令・国土交通省令で定めている道路標識の様式等に関する事項のうち、案内標識及び警戒標識（これらに付随する補助標識を含む。）の寸法及び文字の大きさに係る基準を、都道府県及び市町村の条例に委任し、法令で定める条例制定の基準は参酌すべき基準とする。
　⑥準用河川の基準
　河川法第100条が準用する同法第13条第2項の規定に基づき政令で定めているダム、堰堤その他の河川管理施設の構造について河川管理上必要とされる技術基準を、市町村の条例に委任し、法令で定める条例制定の基準は参酌すべき基準とする。
　（3）許認可の基準
　許認可の基準は、第2次分権改革における義務付け・枠付けの見直しの重

点項目とはならなかったが、施設・公物の設置・管理の基準の見直しの対象となった介護保険法の見直しに当たって、付随的に見直しの対象となった。

介護保険法に基づく許認可事務に係る基準の見直しは次のとおりである。
・指定居宅介護支援の指定の申請者に関する基準を、省令で定める基準に従い、条例で定めるものとする。
・都道府県は、指定居宅介護支援に従事する従業者等の基準及び事業の運営に関する基準を、一部については省令で定める基準に従い、その他の事項については省令で定める基準を参酌して、条例で定めるものとする。
・市町村は、指定介護予防支援の指定の申請者に関する基準を、省令で定める基準に従い、条例で定めるものとする。
・市町村は、指定介護予防支援の指定の申請者に関する基準を、一部については省令で定める基準に従い、その他の事項については省令で定める基準を参酌して、条例で定めるものとする。
・市町村は、指定介護予防支援に従事する従業者等の基準及び事業の運営等に関する基準を、一部については省令で定める基準に従い、その他の事項については省令で定める基準を参酌して、条例で定めるものとする。

（4）公示等の基準

公示等の基準については、法令で定められているものがほとんどないことから、第2次分権改革における義務付け・枠付けの見直しの重点項目とはならなかった。自然公園法については、公園管理団体の指定に係る公示の方法に係る規定の廃止が行われた。

（5）職員・委員等の基準

職員・委員等の基準については、審議会等の委員の要件規定及び定数規定が主な改革の対象となり、法令の基準の廃止又は基準の緩和が行われた。その主な内容は、次のとおりである。

[表54] 職員・委員等の基準の主な見直しの状況

	法令基準の廃止	法令基準の緩和
要件	・消防長及び消防署長 ・地方青少年問題協議会会長・委員 ・社会教育委員、 ・民生委員推薦会委員	・都道府県交通安全対策会議の委員については、都道府県知事が必要と認めて任命する者を追加する。
定数	・地方社会福祉審議会委員 ・麻薬中毒審査会委員 ・都道府県森林審議会委員 ・新都市基盤整備事業の評価員委員 ・介護保険審査会において要介護認定又は要支援認定に関する処分に対する審査請求事件を取り扱う合議体の委員	・労働委員会による労働争議の仲裁委員会は、三人以上の奇数の仲裁委員をもって組織する。 ・農業委員会が二以上の選挙区を設ける場合の基準を緩和する。 ・海区漁業調整委員会の委員の定数について、学識経験がある者等の内訳を廃止する。
その他	職員の修学部分休業の休業期間 職員の高齢者部分休業の休業期間	

6 個別的行政関与の見直し

(1) 協議、同意、許可・認可・承認の見直し

個別的行政関与のうち、協議、同意、許可・認可・承認の見直しの主な内容は、次のとおりである。

①関与の全部又は一部の廃止
・学校運営協議会を置く学校の指定に係る都道府県教育委員会への協議
・財産区における財産等の処分に係る都道府県知事への同意を要する協議
・財産区における不均一課税等に係る都道府県知事への同意を要する協議
・国民健康保険の負担金の割合を減じる場合等の都道府県知事への協議
・林業労働力確保基本計画の内容のうち、一部事項の農林水産・厚生労働大臣への協議
・協同農業普及事業の実施方針に係る農林水産大臣への協議
・商工組合等の設立認可等に係る経済産業大臣への協議
・都道府県道の路線認定に係る国土交通大臣への協議
・準用河川についてダム等の改良工事を行う場合の都道府県知事への協議
・都道府県の都市計画決定における大都市及び周辺の都市に係る都市計画区

域その他の政令で定める都市計画区域であることを理由に求める協議
- 農業振興地域整備方針の策定のうち、農業生産の基盤の整備及び開発等に関する基本的な事項に係る農林水産大臣への協議
- 農業振興地域整備計画の策定のうち、一部事項の都道府県知事への協議
- 都道府県自然環境保全地域の特別地区の指定等に係る環境大臣への協議
- 指定ばい煙総量削減計画の策定のうち、一部事項の環境大臣への協議
- ダイオキシン類総量削減計画のうち、一部事項の環境大臣への協議

②関与の縮減
- 市町村立幼稚園の設置・廃止等に係る都道府県教育委員会の認可を届出に
- 都道府県地域防災計画の作成等に係る内閣総理大臣への協議を事後報告等に
- 水道事業の厚生労働大臣認可を要しない軽微な変更の範囲を大幅に拡大
- 林業労働力確保基本計画の内容のうち、農林水産大臣及び厚生労働大臣への協議について、一部事項は、事前報告・届出・通知に
- 森林病害虫等防除実施基準の策定等に係る農林水産大臣への協議を事後報告・届出・通知に
- 漁港区域の指定等に係る農林水産大臣の認可を事後報告・届出・通知に
- 港湾区域の決定・変更に係る国土交通大臣又は都道府県知事の認可については、重要港湾及び避難港に係る認可は同意を要する協議に、その他の地方港湾に係る認可は、事後報告・届出・通知に
- 港湾の入港料の徴収又は当該料率の上限の変更に係る国土交通大臣への同意を要する協議については、対象となる港湾をスーパー中枢港湾に限定
- 海岸保全施設の新設等の工事の施工に係る国土交通大臣又は農林水産大臣の承認は、同意を要する協議に
- 流域別下水道整備総合計画に係る国土交通大臣への同意を要する協議は、同意を要さない協議に
- 下水道事業計画の策定等に係る国土交通大臣の認可又は都道府県知事の認可は、同意を要しない協議又は事後報告・届出・通知に

- 土地利用基本計画の策定に係る国土交通大臣への同意を要する協議は、同意を要しない協議に
- 市の都市計画決定に係る都道府県知事への同意を要する協議は、同意を要しない協議に
- 指定ばい煙総量削減計画に係る環境大臣への同意を要する協議については、削減目標量及び計画達成の期間に係る事項は同意を要しない協議に
- ダイオキシン類総量削減計画に係る環境大臣への同意を要する協議については、削減目標量及び計画達成の期間に係る事項は同意を要しない協議に

（２）**通知・届出・報告等の見直し**

　個別的行政関与のうち、通知・届出・報告等の見直しの主な内容は、次のとおりである。

　①関与の全部又は一部の廃止
　ア　通知
- 都道府県知事が特定建築物のうち政令で定めるものに係る届出を受けた場合における都道府県労働局長への通知義務を削除
- 都道府県知事が土砂等の運搬に関する事業を行う者の団体に係る届出を受理した場合における国土交通大臣及び関係各大臣への通知義務を削除
- 市町村が沿道整備権利移転等促進計画を定めた旨の公告をしようとする場合における都道府県知事への通知義務を廃止
- 市町村が防災街区整備権利移転等促進計画を定めた旨の公告をしようとする場合における都道府県知事への通知義務を廃止

　イ　報告
- 都道府県知事が指定試験機関に危険物取扱者試験事務を行わせることとしたとき等の総務大臣への報告義務を廃止
- 都道府県知事が指定試験機関に試験事務を行わせることとしたとき等の総務大臣への報告義務を廃止
- 都道府県知事が指定検査機関に食鳥検査の全部又は一部を行わせる場合等における委任都道府県知事から厚生労働大臣への報告義務を廃止

- 都道府県知事が指定試験機関に試験事務を行わせる場合等における経済産業大臣への報告義務を廃止
- 都道府県知事が高圧ガス保安協会若しくは指定試験機関に試験事務を行わせることとした場合等における経済産業大臣への報告義務を廃止
- 都道府県知事が高圧ガス保安協会若しくは指定試験機関に試験事務を行わせることとした場合等における経済産業大臣への報告義務を廃止
- 都道府県知事が指定試験機関にクリーニング業に係る試験事務を行わせることとした場合等における厚生労働大臣への報告義務を廃止
- 都道府県知事が宅地造成工事規制区域を指定する場合の国土交通大臣への報告義務を廃止

　ウ　届出
- 港湾管理者としての地方公共団体が、業務を執行する機関として委員会を設置した場合の国土交通大臣への届出義務を廃止

　エ　提出
- 市町村が辺地に係る公共施設の総合整備計画に関し、都道府県が協力して講じようとする措置の計画の総務大臣への提出義務を廃止

　オ　送付
- 都道府県知事が事業の認定に関する書類の写しの送付の要求を受けた場合における国土交通大臣への送付義務を廃止
- 市町村が都市計画（二以上の都府県の区域にわたる都市計画区域に係るものを除く。）を決定した場合又は都道府県が都市計画を決定した場合における都市計画の図書の写しの国土交通大臣への送付義務を廃止
- 都道府県知事が使用の認可に関する書類の写しの送付の要求を受けた場合における国土交通大臣への送付義務を廃止
- 建築主事を置かない市町村の市町村長は建築主等から送付された建築物特定事業計画の都道府県知事への送付義務を廃止

②関与の縮減
　ア　通知
- 国土調査の実施に伴って設置された標識等の滅失等を発見した場合の市町村長の通知義務について努力義務化
　イ　報告
- 都道府県知事による市場再建整備地域を指定した際の農林水産大臣への報告義務を努力義務化
- 都道府県知事による生産出荷近代化計画の樹立又は変更に係る農林水産大臣への提出又は届出義務を努力義務化
　ウ　提出
- 国際戦略港湾、国際拠点港湾又は重要港湾の港湾管理者が作成した収支報告について、国土交通大臣への写しの提出義務を廃止し、国土交通大臣が、必要に応じて、港務局に対し収支報告の写しの提出を求めることができるものとする。
- 港湾管理者が、国土交通大臣の勧告に基づき協議会を設置した場合の、国土交通大臣への規約の届出義務を廃止し、国土交通大臣が、必要に応じて、港務局に対し当該協議会の設置の有無についての報告及び設置された場合にはその規約の提出を求めることができるものとする。

7　枠付けの見直しの小括
（1）成果
　第2次分権改革における「枠付け」の見直しは、次の3点から一定の成果を得たものと評価できる。
　①初めて法令基準による関与の改革に踏み込んだこと
　第1次分権改革では手が付けられずに積み残しの課題となった法令基準による関与について、改革に手を付けたことは大きな意義があると言えよう。
　法令基準の改革において、施設・公物設置管理の基準を重点事項とし、改革の突破口としたことは卓見であったと考えられる。自治体の自由度を拡大

第4章 国と自治体の相互関係の改革の検証

するという観点からすれば、自治体が設置・管理するものが多い施設・公物に関する基準は、自治体自らが設定すべき基準の最たるものであり、条例の活用を図るうえでも設置条例が存在しているものが多いという点で自治体が取り組みやりやすい分野である。

さらに、自治体が設置・管理の主体であるものが多いため、創意工夫の余地が大きく、地域の実情を反映しやすいほか、ノウハウも蓄積している。

例えば、法令で定められていた道路の構造基準が条例化された。道路法第30条の規定に基づき道路構造令第20条で規定する車道の縦断勾配は、原則として9％が上限とされ、小型道路や地形の状況その他の特別の理由によりやむを得ない場合においては12％まで設計速度に応じて緩和されている。これらの基準は、都市計画法に基づく民間の宅地開発の許可等においても準拠されている。

一方で、建築基準法第42条第1項第5号で規定する位置指定道路の基準を定める建築基準法施行令第144条の4では、第1項第4号で縦断勾配が12％以下であることを原則としつつ、特定行政庁が特に認めた場合や、国土交通大臣の承認を得て条例で基準を定めた場合には、政令と異なる基準の適用を認めており、静岡県では、条例で熱海市及び伊東市の宅地造成工事規制区域について、支線に限り縦断勾配を15％まで許容する措置を講じている。民間事業者が開発した住宅団地内の道路については、完了後に市町村に移管される場合が多いが、建築基準法に基づく道路から道路法に基づく道路への移管において、基準の違いがネックとなる場合がある。また、民間事業者が開発した住宅団地を再開発する場合においても、道路構造令の基準を準拠する都市計画法の基準が適用になった場合には、既存の道路のままでは許可ができないことになる。今回、道路の構造に関する基準が見直しの対象となったことで、道路法と建築基準法の間で異なる道路の基準の整合を地域内で図ることが可能となることが期待できる。

②個別的行政関与のうち、国の意向に自治体が従うことを求められる「許可・認可・承認・協議」の改革に重点的に取り組んだこと。

第1次分権改革においては、個別的行政関与のルールが地方自治法に規定されたが、関与のルールに適合しない例外が個別法に存置された。第2次分権改革において、関与のルールの徹底を図ったことは、第1次分権改革をさらに前進させたものであり、大きな意義があるものと言える。

③従来は改革の対象となっていなかった「通知・届出・報告等」を個別的行政関与の改革の対象としたこと。

第1次分権改革では、関与として問題の大きな「許可・認可・承認・協議」等をターゲットに改革が行われたため、「通知・届出・報告等」の関与には改革が及ばなかった。第2次分権改革では、新たに「通知・届出・報告等」の関与の廃止等が行われており、関与の総量の削減に大きく寄与したと言える。

（２）課題

（１）の成果が評価できる一方で、改革の内容においては、分権改革委員会が重点対象とした第3次勧告に比べ、政府の見直しには後退が見られる。すなわち、法令基準による関与の改革については、分権改革委員会の第3次勧告では、条例制定の基準を法令で「従うべき基準」又は「標準」として定めることが許容される場合が限定されており、利用者の資格は「従うべき基準」、従事する職員の員数は「標準」、その他は「参酌すべき基準」とされていたが、政府の地方分権改革推進計画では、「従うべき基準」と「標準」が肥大化している。このため、同計画では、「児童福祉法、老人福祉法、介護保険法、障害者自立支援法及び就学前の子どもに関する教育、保育等の総合的な提供の推進に関する法律における施設等基準の条例への委任については、法施行の状況等を踏まえ、国の基準の在り方を再検討する。」としている。地方六団体の「声明」では、「保育所や老人福祉施設などに関し、勧告では『参酌すべき基準』とされた項目について、自治体の裁量の余地が乏しい『従うべき基準』とし、それらについて『法施行の状況等を踏まえ再検討

する。』との形で先送りされ」たことを「不十分」としている。

　個別的行政関与である協議、同意、許可・認可・承認の見直しにおいては、国土利用計画法に基づく土地利用基本計画が意見聴取ではなく協議とされたほか、都市計画法に基づく都市計画区域整備方針や区域区分に関する都市計画、農業振興地域の整備に関する法律に基づく市町村農業振興地域整備計画の農用地利用計画、森林法に基づく地域森林計画が、いずれも同意を要する協議のまま存置されるなど、土地利用の分野などで分権改革委員会の第3次勧告に比べ、政府の地方分権改革推進計画は後退している。

　分権改革委員会が重点分野として勧告した第3次勧告どおりの見直しが行われたものは、地方分権改革推進計画と地域主権戦略大綱のトータルで56％と、6割に満たない状況になっている。

第6節　国の関与の改革の小括

　第1次分権改革による国の関与の改革は、機関委任事務制度の廃止と新たな事務区分の創設、許認可等の国の関与（狭義の関与）の法定主義等のルール化、国と自治体の係争処理の仕組みの構築など、国と自治体の相互関係の課題を制度的に解決したという点で評価することができる。

　一方で、個別具体の法令による狭義の関与の改革は、許認可等の関与の一部を廃止・縮減したものの、関与のルールの例外措置を個別法に存置した点は課題として継承された。また、法令基準による関与については具体的なルールは整備されず、個別の法令基準についても全く手つかずのまま残された。

　第2次分権改革による国の関与の改革、すなわち義務付け・枠付けの見直しは、第1次分権改革で未解決のまま課題となっていた許認可等の狭義の関与や法令基準による関与を対象に、重点対象を絞って改革が行われ、一定の成果を挙げたという点は評価することができる。

　自治事務と法定受託事務の仕分けについては、二級河川の管理の事務等の再検討が必要である。また、自治事務はもとより法定受託事務についても、国が関与する必要性を定期的に検証し、見直していく必要がある。

第5章　国の関与の改革の理論的整理と今後の改革方策

　これまで国の関与の改革については、機関委任事務制度の廃止、関与のルール化、個別の関与の廃止・縮減、義務付け・枠付けの見直しといった、改革が推進された当時の項目ごとに論じられてきた。本書においても、第4章では従来のスタイルを踏襲して改革の検証を行った。

　しかしながら、従来のスタイルでは、自治体の事務の全体から俯瞰して何がどう改革されたのかが不明確であり、また、国の関与の改革の成果と課題を総括することは困難である。

　そこで本章においては、国の関与の改革が何を重点対象として行われたのかを明らかにするとともに、改革の成果と課題を総括するため、次の3つの観点から国の関与の改革の理論的な整理を行ったうえで、改革の検証を行うこととする。

　第1の観点は、事務の段階に着目した検討である。

　第2の観点は、国の関与の量的側面と質的側面に着目した検討である。

　第3の観点は、自治体の事務の性質の違いに着目した検討である。

第1節　事務の段階に着目した国の関与の改革の検討

1　事務の各段階における国の関与手段と自治体の運営手段

　国の関与は、事務の各段階ごとに異なる手段で行われており、関与の改革を検討するためには、まず、事務の各段階における国の関与の手段を整理する必要がある。また、本来は、国の関与による統制、誘導によるのではなく、自治体の独自の判断で事務が処理されるべきものである。国の関与が自治体の自律的な運営手段による統制を阻害していることを明らかにするため、国の関与と自治体の運営手段との対応関係を併せて整理する。

第 5 章　国の関与の改革の理論的整理と今後の改革方策

　法律に定めのある事務は、企画レベルと実施レベルに大別できる。企画レベルには、許可制・届出制や施設の設置・管理といった制度の枠組みを定める「枠組みレベル」と、許可基準や施設の設置基準等を設定する「法的基準レベル」がある。また、実施レベルには、運用上の判断基準や事務処理の手順、様式等を定める「運用基準レベル」と、個別の事務処理を行う「個別処理レベル」がある。

（1）枠組みレベル

　枠組みレベルとは、政策実現のための施策を企画し構築する段階である。すなわち、施策の骨格となる事務の主な内容を定めるものである。規制行政のような規制的な施策を用いる場合には許可制、届出制などの選択、規制対象の範囲の決定等をすることになる。また、公の施設の設置・管理のような給付的な施策を用いる場合には、施設の設置者、施設の目的や機能等を定めることになる。

　枠組みレベルにおける国の関与手段としては法律があり、自治体の運営手段としては条例がある。許可制であれば、「○○の行為をしようとする者は、許可を受けなければならない」と、法律又は条例で定めるのである。法律による関与においては、制度の枠組みだけを示し内容は自治体の条例に委ねている場合がある。例えば、屋外広告物法は、枠組みレベルの企画のみを国が法律で行い、法的基準レベルの企画は、自治体に委ねている。

（2）法的基準レベル

　法的基準レベルとは、事務処理の基本的な基準を企画し定める段階である。許可制であれば許可要件や許可基準などの定めであり、公の施設の設置・管理であれば、施設整備や維持管理の基準の定めである。

　法的基準レベルにおける国の関与手段としては法律・政令・省令があり、自治体の運営手段としては条例・規則がある。

　法的基準レベルの国の関与の程度には、各制度によって大きな違いがあり、例えば、森林法第10条の2で規定されている林地開発許可制度においては、許可の要件が法律で定められているが抽象的な概念規定であり、具体的な許

可要件及び許可基準は自治体に委ねられていることから、国の立法関与及び準立法的行政関与は非常に限られたものになっている。

一方、農地法第4条の農地転用許可制度については、第1次分権改革前には国の通達で定められていた詳細な運用基準が、機関委任事務制度の廃止に伴う通達の廃止を受けて、政令及び省令に規定された結果、法令の規律密度が極端に高まり、法的基準レベルの関与が強化された。

（3）運用基準レベル

実施レベルには、運用基準レベルと個別処理レベルの2段階がある。運用基準レベルの段階は、事務の実施方法を統一的に定めるものである。運用基準レベルの段階では、事務の効率と適正を確保するため、決裁権者の裁量の範囲の事項について、事務処理の統一的な方法を事務処理要綱等で定める場合が多い。

運用レベルにおける国の関与手段としては、第1次分権改革前は旧通達や事務連絡文書が多用されたが、今日では、技術的助言としての指針、資料提出の要求、地方自治法第245条の9の規定に基づく処理基準の3つの一律的行政関与があり、自治体の運営手段としては、許認可の審査基準を定めた事務処理要綱や施設管理の事務処理要領等がある。

（4）個別処理レベル

個別処理レベルは、許可制であれば許可申請に対する許可などの個別案件の処理、公の施設の設置・管理であれば特定の施設の整備や維持管理などの個別具体の行為である。個別処理レベルにおける国の関与手段としては、自治体の事務処理に対する個別の許可、認可、承認、同意、指示、勧告等の個別的行政関与が、自治体の運営手段としては、首長や部課長が行う個別の決裁がある。

事務の各段階には、国の関与手段と自治体の運営手段がそれぞれ用意されており、表55のとおり、国の関与手段と自治体の運営手段はレベルごとに対応関係にある。国による自治体への関与は、自治体が行うことが可能な行為を国が代わりに行っているものであり、形式的には自治体に権限を移譲しな

第5章 国の関与の改革の理論的整理と今後の改革方策

がら、実質的には国が権限を留保している状況にある。すなわち、国の立法関与や準立法的行政関与は自治体による条例・規則の制定を、一律的行政関与は自治体が事務処理要綱や許認可の審査基準で定めるべき行為を、個別的行政関与は、自治体の事務決裁規程で定める決裁権者が行うべき決裁を、それぞれ実質的に代行しているものである。

したがって、分権改革による国による自治体への関与手段の廃止・縮減は、自治体の運営手段の活用を図り促すものと言うことができる。

［表55］ 事務の段階別の国の関与手段と自治体の運営手段

	段階名	段階別の事務の内容	国の関与		自治体の運営手段
企画	枠組み	制度の枠組みの整備	国会による関与	立法関与（法律）	条例
企画	法的基準	法的基準の設定	内閣又は府省による関与	準立法的行政関与（政令・省令）	条例・規則
実施	運用基準	運用基準の設定	内閣又は府省による関与	一律的行政関与（処理基準・助言）	事務処理要綱・審査基準
実施	個別処理	個別具体の事務執行	内閣又は府省による関与	個別的行政関与（許可・指示等）	行政内部の決裁

2 事務の段階から見た改革の対象

第1次分権改革では、第4章第2節で述べたように、機関委任事務制度の廃止によって一律的な行政関与である国の通達による拘束が廃止された。また、個別的行政関与について関与のルールが整備されるとともに、一部の個別的行政関与の廃止・縮減が行われた。

第2次分権改革では、第4章第4節で述べたように、国の関与の改革としては、法令基準の見直しと個別的行政関与の廃止・縮減が行われた。

これらの改革を事務の段階別の観点から整理すれば、第1次分権改革は実施レベル（通達行政・個別関与）における改革であったが、第2次分権改革は企画レベル（法的基準）における改革にまで進展したものと言える。

[表56] 第1次・第2次分権改革における国の関与の改革の対象

	事務の段階	国の関与	第1次分権改革	第2次分権改革
企画	枠組み	立法関与	—	—
	法的基準	準法律的行政関与	—	法令基準の見直し
実施	運用基準	一律的行政関与	機関委任事務制度の廃止による旧通達の廃止	—
	個別処理	個別的行政関与	関与のルール化 関与の廃止・縮減	関与の廃止・縮減

3　事務の段階から見た国の関与の改革のあり方

　第1次分権改革によって、国と自治体の役割分担の原則が地方自治法第1条の2に明文化されたが、個別の法律が原則に即して改正するには至らなかったため、地方自治法で示された役割分担のあるべき姿の原則と個別の法律で規定されている現実の姿との間には大きなギャップが生じたと言える。

　第1次分権改革以前は、国は企画機能を、自治体は実施機能を分担するという機能分担論が基本とされていたが、現実には、実施機能の細部にまで国の関与が及んでおり、自治体は実施機能すら十分に分担していなかったのである。

　第1次分権改革では、国と自治体の関係のあるべき姿の論理を機能分担論から役割分担論へと転換させたわけであるが、現実の姿においては、機能分担すらできていなかった国と自治体の関係を、機能分担の状態に近づけた程度であると言っても過言でない。

　第2次分権改革では、実施レベルだけでなく企画レベルにまで改革が及んでおり、機能分担から役割分担に転換するための改革に着手したものと評価できる。

　これまで自治体は、国の関与手段と自治体の運営手段による二元統制が行われてきたと言える。すなわち、国による自治体の統制は、法律、政令、省令、通達、個別法の関与が手段として用いられてきた。自治体の自律的な統制は、条例、規則、事務処理要綱、決裁が運営手段として用いられてきた。

　国による自治体の統制は、住民の代表者である首長・議会や自治体の内部

の諸機関が本来果たすべき機能を国の府省が並行して行う「二元統制」とも言うべきものである。しかも、この二元統制においては、国の統制が優先される仕組みとなっており、日本の中央集権型の行政システムを改革するためには、府省が果たしてきたこれらの機能を縮減し、自治体の諸機関と住民の役割を拡充する必要がある。

したがって、国と自治体の役割分担のあるべき姿を実現するためには、企画から実施に至る事務の各段階において、国の関与の縮減を図らなければならないのである。

第2節　国の関与の量的側面と質的側面に着目した検討

1　関与の改革における量的限定と質的限定

国と自治体が融合した状況の下において、法律に定めのある事務を自治体が処理する場合に、その事務が集権的であるか分権的であるかの判断には、事務の段階の観点から見た国の関与の量的側面と、事務の各段階における対等性・従属性の観点から見た国の関与の質的側面の2つがポイントになると考えられる。これを整理したものが、表57の「国の関与の量的限定と質的限定」である。

国の関与の量的側面においては、事務のどの段階まで国が関与するかによって、分権の度合いが大きく異なってくる。国が法律で事務の枠組みのみを定め、法的基準について規定しない又は自治体の条例・規則で定めるように法律で規定していれば、量的側面からは分権的ということになる。一方で、国が法的基準を定めたり、運用基準を示したり、さらには、個別案件の処理に関与するという具合に、下位の段階にまで関与するほど国の関与の総量が増え、より分権的ではなくなることになる。

国の関与の質的側面においては、国が枠組みを定める場合に事務処理を義務付けるか否か、法的基準を定める場合に基準の拘束性をどうするか、運用基準を示す場合に「よるべき基準」とするか、「考えられる基準の例示」とするか、「参考情報の提供」とするか、個別処理に対して自治体が国の許可

を要することとするか、自治体から国への協議を義務付けるか、自治体が国に意見を照会するだけでよいこととするかによって国の関与の質が変わり、分権的であるかどうかは大きく異なってくる。

[表57] 国の関与の量的限定と質的限定

		段階名	従属性が高い場合	対等・従属の中間	対等性が高い場合
縮小↑関与の量的限定軸↓拡大	企画	枠組み	事務処理の義務化	—	事務処理の任意化
		法的基準	従うべき基準	標準	参酌すべき基準
	実施	運用基準	処理基準	技術的助言	情報提供
		個別処理	許可・認可・同意	協議	意見聴取
			強←関与の質的限定軸→弱		

2 分権改革における量的限定から質的限定への移行

分権改革における国の関与の改革は、国の自治体への関与を量的に減らすことを目指してきたが、現実の改革は、事務の各段階において、従属性の高い関係から対等性の高い関係へと移行させることにより、国と自治体の関係の質的転換が図られてきた。

これまでの分権改革は、関与の総量を削減することを出発点にしながら、途中で目標地点を軌道修正し、関与の質を低下させることで決着してきたのである。第1次分権改革では、機関委任事務制度に基づく通達は自治事務については技術的助言という統制力の弱い関与に移行した。第2次分権改革の出発点は、法令による「規律密度」の改革が焦点とされ、法令基準の廃止・縮減が目指されたが、結果的には、「従うべき基準」「標準」「参酌すべき基準」という質的に改善された関与への転換が行われた。

これまで法令基準の改革は「規律密度」の改革と称されてきたが、改革の結果から述べるならば「規律強度」の改革と言うべきものであり、本書では、国の関与の量的限定である「規律密度」の改革と対比して国の関与の質的限定を「規律強度」の改革と呼ぶこととする。

分権改革は、第1次、第2次の両方とも、規律密度の改革を目指しながら、

結果的には、「規律密度」ではなく「規律強度」の改革に重点が置かれたと言える。

3　規律強度の改革の進め方

　第1次、第2次分権改革から言えることは、規律強度の改革を推進する上では、より対等性の高い手法を法律で明記し、これに誘導していくことが有効だと言うことである。

　第1次分権改革では、「許可・認可、承認」といった個別の関与について、「協議」という新たな関与形態が示され、法改正が行われた。

　第2次分権改革では、法令基準の改革において、「従うべき基準」「標準」「参酌すべき基準」という新たな関与形態が示され、法改正が行われた。

　第2次分権改革では注目されていないが、個別の関与のより緩やかな関与類型として、「意見聴取」「事前報告」「事後報告」「届出」「通知」が示され、強い関与から弱い関与へ改める手法が用いられた。より対等な関係に誘導するための受け皿を示したことで、改革の実現を図ったものとして評価することができよう。

　このように、国の自治体への関与の改革においては、関与の量的限定の面ではあまり成果を挙げていないが、関与の質的限定の面では、着実に成果をあげているものと言える。

第3節　事務の性質の違いに着目した検討のための概念の整理

　本節では、第4節及び第5節において自治体の事務が法律に基づく事務なのか、法律に規制されたにすぎない事務なのかという事務の性質の違いに着目した検討をするに当たり、法定自治体事務、根拠規範、規制規範、規制行政、施設管理行政といった概念を用いるので、これらについて事前に整理しておく。

1　法定自治体事務

　本節では、地方自治に関する一般法である地方自治法と対比する趣旨で、各行政分野の行政作用法を個別法と呼び、個別法に定めのある自治体の事務を「法定自治体事務」と呼ぶこととする。この法定自治体事務は、道路、都市公園などのように各行政分野ごとに包括的に捉えたものではなく、計画の策定、基準の設定、行為の許可、施設の設置、施設の整備、施設の維持管理などの個別具体の事務を法律の条項ごとに捉えたものである。個別法が個別具体の事務を特定せずに「設置及び管理に関し必要な事項は条例で定める」と規定した場合に条例で定められた個別具体の事務は、法律に定めのある法定自治体事務ではなく非法定自治体事務である。自治体の事務を各行政分野ごとに包括的に捉えた場合には、法定自治体事務と非法定自治体事務が併存していることになる。

　法定自治体事務であるか否かの判断について、各個別法の行政分野で包括的に捉えるのではなく、個別具体の事務を法律の条項ごとに捉えることは、第1次分権改革において分権委員会が自治事務（仮称）を「法律に定めのある自治事務（仮称）」と「法律に定めのない自治事務（仮称）」に区分する際に用いられたものである。重要なことは、この考え方が機関委任事務制度の廃止において意味を持っていたことである。ある行政分野の法律が制定されると、その行政分野で自治体が処理する事務の全てに法律の網がかかったような誤解が生じる場合があり、国の府省は機関委任事務も行政分野で捉える傾向があった。こうした誤解を払拭することが、分権改革の第1歩として重

（103）法定自治体事務の名称は、北村喜宣（2013b, p.20）の「法定自治体事務」に倣ったものである。分権委員会第1次勧告が自治事務を「法律に定めのある自治事務」と「法律に定めのない自治事務」に区分しており、自治事務はもとより法定受託事務も自治体の事務となったことから、法律に定めのある自治事務と法定受託事務を総称する用語としては「法律に定めのある事務」という意味で「法定自治体事務」と呼ぶことが適当であると考える。

（104）岩橋健定（2001, p.362）は、事務の概念に「領域」と「点的」概念としての権限の2種類が存在するとしている。

（105）分権委員会第1次勧告（1996, p.6）

第 5 章　国の関与の改革の理論的整理と今後の改革方策

要であったと考えられる。[106]

2　根拠規範と規制規範

　法律には、「行政とのかかわりあいからみると3つのものがある。すなわち、組織規範、根拠規範、規制規範である」とされている（塩野宏，2013：72）。

　組織規範とは、ある自然人の行為の効果を行政主体に帰属させるものであり（塩野宏，2013：73）、国家行政組織法や各省設置法、地方自治法などに規定されている。本書では、組織法ではなく各行政分野の個別法について論ずるものであるため、組織規範については、検討の対象としていない。本書における検討の対象は、根拠規範及び規制規範である。

　法律による行政の原理とは、行政機関の活動が「法律（又は条例）の根拠に基づき、その定めに従って行われるべきもの」（田中二郎，1976：15）とされている。「法律（又は条例）の根拠に基づき」における「根拠」となるものが根拠規範であり、「法律（又は条例）の定めに従って」における「定め」が規制規範である。この場合の法律や条例の「規範」の「名宛人」は行政機関である。

　根拠規範となる法律は行政組織法ではなく行政作用法である個別法である。規制規範となる法律は、個別法だけでなく行政手続法等の通則法も含まれるが、本書では個別法のみを対象として述べることとする。

　したがって、「個別法の定め」、すなわち個別法の各条項には、根拠規範である定めと、規制規範である定めがある。そして、個別法に定めのある自治体の事務は、個別法に根拠規範がある場合は「個別法に基づく事務」であり、個別法に根拠規範がなく規制規範しかない場合は「個別法に規律された事務」というべきである。当然のことながら、条例も法律と同様に根拠規範や

（106）国の府省の誤解の解消は第1次勧告までは十分ではなく第2次勧告で実現した。これは、第2次勧告では自治事務（仮称）と法定受託事務（仮称）の区分が条項単位で詳細になっていることにも表れている。

規制規範となり得る。

(1) 根拠規範

「根拠規範とは、(中略) その行為をするに際して特別に根拠となるような規範を指す。(中略) 授権をする規範を根拠規範というのである。」(塩野宏, 2013：73)。日本の自治体には憲法第94条によって包括的に事務処理の権能が授権されており、個別法による授権がなくとも必要に応じて事務を処理することができる。ただし、法人格の付与や公有水面埋立の免許のような形成的権能など、個別法の授権がなければ自治体が処理することはできない事務もある。

また、独自に事務を創設することが可能な事務の領域であっても、都市計画法第29条の開発許可のように、個別法で法定自治体事務の根拠規範を定めた場合、当該事務は「法律に基づく事務」になる。自治体にとって個別法の根拠規範は、授権規定であるとともに事務処理の義務付け規定でもある場合が多い。権限移譲が事務の義務付けとしても機能するのはこのためである。

なお、自治体に公営住宅の供給を義務付ける公営住宅法第3条や市町村に小学校の設置を義務付ける学校教育法第29条などの義務付け規定、都市公園の管理者を定める都市公園法第2条の3や公共下水道の管理者を定める下水道法第3条、国道、都道府県道、市町村道の道路管理の分担を定める道路法第12条、第14条、第16条など役割分担を規律又は確認する規定は、根拠規範ではなく規制規範である。

(2) 規制規範

「規制規範というのは、ある行政活動をある行政機関がなしうることを前提として、その適正を図るために規律を設ける、というものである。」(塩野宏, 2013：73)。自治体にとって、規制規範である法律の定めは、法定自治体事務を処理するに当たり従わなければならない縛りであり、規律である。

法定自治体事務は、根拠規範によって自治体に権限が授権され、自治体の事務として自治体が事務処理の権限を有することとなったうえは、当然に自治体の条例・規則による規律の対象となる。この点が、法律の委任がなけれ

ば立法権を有しない国の行政機関に個別法に基づく事務処理が授権された場合と、憲法によって立法権限を包括的に授権されている自治体の事務となった場合の大きな違いである。規制規範については、自治体が独自の定めをしたとしても並行条例とはならない。ただし、条例・規則で定める規制規範は、個別法の趣旨・目的をはじめとする個別法の規定に抵触することはできず、また、法解釈の一般原則等の制約を受ける。

したがって、個別法の「条例で定める」や「条例で定めることができる」との規定が根拠規範の場合は「委任」の用語を用いることは許されるが、規制規範の場合は「委任」の用語は適当ではない。「条例で定める」との規定が規制規範である場合は、条例で定めることを義務付ける規律であるからである。

（3）根拠規範と規制規範の違い[107]

法定自治体事務に関する個別法の各条項が、当該自治体にとって根拠規範であるか規制規範であるかを見分けるうえでは、その条項が個別法から削除された場合に、当該自治体が条例を制定することなしに事務処理を継続することが法的に可能か否かが一つの判断材料となる。削除された規定が根拠規範であれば授権規定がないので自治体が事務処理を継続することはできないが、規制規範であれば、規律がなくなって自治体は自由度が増しただけであるから、条例が法令に代わって規律すべきかどうかという問題はあり得るが、事務処理を継続することは可能であり、必要である。

根拠規範と規制規範の違いを分権改革の観点から述べるとすれば、根拠規範に関わる事項は権限移譲の問題であり、規制規範に関わる事項は関与の改革の問題であるといえる。

後述するように、第2次分権改革における法令基準の改革は、この違いに

---

(107) 田村達久（2007, pp.224-225）は、第1次分権改革における分権委員会の第1次勧告で、「『政令による委任条例』なる観念が提示されている」ことを問題として指摘する。条例を政省令の下位に位置づけることを問題としている点は重要な論点である。

ついてあまりにも無関心なまま改革が実行された。これには、「義務付け・枠付けの見直し」の概念が不明確で、多義的な意味で用いられたことによるものと考えられる。

3 規制行政と施設管理行政

行政の分類については、規制行政、給付行政、私経済行政の3つの類型が比較的広く用いられている。[108]

規制行政とは「私人の権利・自由を制限することを通じてその目的を達成する行政活動」であり、給付行政とは「道路、公園を設置・管理したり、学校を設置・運営したり、生活保護を行ったりして、個人や公衆に便益を給付するもの」であり、私経済行政とは「直接公の目的の達成を図るものではなく、その準備的な活動ともいえるものであって、官公庁の建物の建設それ自体とか国有財産の財産的管理がこれに当たる」とされている（塩野宏, 2013：8）。

本書においては、規制行政と、給付行政のうちの道路、公園の管理や学校の設置・運営といった公共施設を設置し、管理又は運営する活動（以下「施設管理行政」という。）を検討の対象とする。

給付行政には、施設管理行政以外に、生活保護費の支給のような現金支給と、生活保護のケースワーカーなどの行政職員が施設以外で行う相談、助言、指導等の支援活動がある。現金支給は、国境を管理しない自治体が自主性を発揮することは困難な事務であり、第1次分権改革において国が本来果たすべき役割に係る法定受託事務のメルクマールとして示された「生存にかかわるナショナル・ミニマムを確保するため、全国一律に公平・平等に行う給付金の支給等に関する事務」に該当し、本来的には国が主導的役割を果たすべ

---

(108) 本書における「規制行政」の用語は、塩野宏（2013, pp.9-10）の権力的手法を用いる「権力行政」の概念と同一である。例えば、社会福祉法人等が社会福祉施設を設置・運営する場合の基準のような福祉分野の規制も本書では規制行政になる。

き事務である。

　また、ケースワーカーなどの行政職員が現場で行う支援活動については、第一線の現場で活動する自治体の行政職員がケースごとに判断して対応しており、現場に大きな裁量がある事務である。

　給付行政のうち、現金給付及び行政職員の支援活動については、自治体側から改革の対象とする意見が積極的に出されてこなかったことから、分権改革の主なテーマとはなっていないため、本書では検討の対象としないこととし、給付行政については施設管理行政を対象に検討することとする。

　個別法の定めが、規制行政であるか、施設管理行政であるかは、都道府県と市町村で異なる場合がある。例えば、都道府県知事が市町村の水道事業の経営の申請に対して認可をする場合、都道府県は統治団体として認可する立場であり、市町村は事業団体として申請する立場となる。都道府県の認可は規制行政であるが、市町村の申請は施設管理行政である。水道事業の経営の認可に係る水道法の定めを分権の観点から見直す場合、都道府県の規制行政と市町村の施設管理行政のいずれに焦点を当てているかによって論点は異なってくる。規制行政の主体である都道府県の自主性を高めるのであれば、水道法で定める都道府県知事の認可に係る法令基準の規律の見直しが論点となる。施設管理行政の主体である市町村の自主性を高めるのであれば、認可の見直しが論点となる。

　社会福祉の分野においても、例えば、市町村が保育所等の福祉施設を設置・管理する事務は施設管理行政であるが、都道府県が市町村や社会福祉法人が設置・管理する福祉施設を監督する事務は規制行政である。

4　規制行政

（1）規制行政における直接規制と行政処分の違い

　規制行政には大別して次の2つの場合がある。一つは、法令で一定の基準を示して、私人がこの基準に従って行動するよう規制する場合である。道路交通法に基づく交通ルールが典型例である。大気汚染防止法第13条第1項の

規定に基づく排出基準による規制も同様である。本書では、このように法令基準が直接的に私人の行為を規制することで事務が完結する場合を「直接規制」と呼ぶこととする。直接規制では行政機関が行政処分によって介在することがなく、違反行為には罰則が適用されることもある。

　もう一つは、行政機関の行政処分による場合である。代表的には、法令で一定の行為を一律に禁止し行政機関に個別に禁止を解除する権限を与える許可や、一定の要件を満たす場合に一定の行為の作為・不作為を命ずる命令がある。本書では「行政処分」と呼ぶこととする。例えば、都市計画法第29条の開発行為の許可や大気汚染防止法第14条第1項の改善命令である。

（2）規制行政の根拠規範

　直接規制の場合は、個別法で「A行為をしてはならない」又は「A行為をする場合には、B基準を遵守しなければならない」といった定めがされる。これらの規定は自治体に何らの権限を授権しておらず、法定自治体事務になっていないから自治体にとっての根拠規範ではない。法律に基づく規制の権限は国が有している。A行為の内容の一部を条例で定めるという規定や、B基準を条例で定めるという規定が個別法に定められた場合には、これらの規定は自治体にとっての根拠規範となる。

　行政処分の場合は、個別法で行政機関に対する根拠規範として「A行為をしようとする者は、Bの許可を受けなければならない」などと定めている。Bが自治体の機関であれば、この規定は自治体にとって事務処理を行う根拠規範となる。

（3）規制行政の規制規範

①直接規制の場合

　直接規制では根拠規範である法令の定め（告示を含む）によって事務が完結するため行政機関にとっての規制規範は存在しない場合が一般的である。ただし、個別法から条例に委任された場合には、条例の定めを規律するために規制規範が存在する場合がある。なお、直接規制に違反した場合の是正命令については、直接規制とは別に根拠規範が定められており、是正命令は行

政処分であるため規制規範が存在する場合がある。

②行政処分の場合

行政処分における行政機関にとっての規制規範は「案件処理規範」と呼ばれている。「一定の前提 p が満たされるときはという法律要件と、行政機関は一定種類の処置 x を取らなければならないとか、取ることができる等の法律効果とを結び付ける形で基準を定めている」「要件効果規定」である（小早川光朗，2001：388-389）。法律要件 p の内容は、政省令に全部又は一部が委任されている場合がある。

案件処理規範は、国が法令で定める場合もあれば、自治体が法令の委任なしに条例・規則で定める場合もあり、法令と条例・規則の共管の領域である。

［表58］ 規制行政における法令基準の根拠規範と規制規範

行政の区分	根拠規範	規制規範
直接規制	国の直接執行事務（原則） ＊規制の対象と内容の定め	存在しない（原則）
行政処分	国の直接執行事務（原則） ＊規制の対象の定め	法令に存在する場合と存在しない場合がある。 ＊許可等の基準

5　施設管理行政

（1）施設管理行政の根拠規範

法定自治体事務が施設管理行政の場合は、個別法が制定される段階で、既に自治体が当該事務を処理する権限を有していることを前提としているものがかなりあり、個別法に規制規範しかなく根拠規範が存在しない場合が多い。

塩野宏によれば、道路、公園等の公物管理権は、所有権その他の利用権、すなわち権原が根拠であり、公物管理法が制定されている限りにおいて、公物管理権の根拠はこれに吸収されるとする。この考え方を、自治体が設置している公物のうち公物管理法に根拠規範がないものに適用すれば、自治体の公物管理権は、その所有権その他の利用権、すなわち権原が根拠であり、公物管理条例が制定されている限りにおいて、公物管理権の根拠はこれに吸収

されるということができよう。また、学校、福祉施設、水道等の営造物も同様と解される。なお、塩野宏によれば、現行の公物管理法による根拠だけでは、全ての管理権をカバーできない場合があるとしている。

　一方で、海岸施設等の国が所有権を有する施設を自治体が管理をするためには、海岸施設の場合のように個別法に根拠規範を定めるか、又は港湾施設の場合のように国から自治体への譲渡、貸付、管理委託等が必要となる。前者の海岸施設の場合は、個別法の根拠規範によって初めて自治体に管理権限が授権されたものであるから「法律に基づく事務」に該当する。一方、港湾施設の場合のように国と自治体との契約により自治体が権原を有する場合は、自治体が民間から土地を買い取り又は借地した場合と同じであり、個別法によって管理権限が授権されているわけではないから「法律に基づく事務」には該当しない。個別法又は譲渡・貸付等により施設管理の権原を自治体が有することになれば、法律から条例への授権がなくとも、自治体の条例・規則による規律の対象となる。

（２）施設管理行政の規制規範

　施設管理行政に対する法令基準による規律は、個別法が全てをカバーしているわけではなく、条例による規律と共存している場合が多い。また、個別法の法令基準は、標準として定められたものや、道路構造令のように個別の条項を見る限りでは一律の基準のようであるが、包括的な例外条項によって

---

(109) 海岸法第40条の３は、国の所有する公共海岸の土地は、海岸管理者の属する地方公共団体に無償で貸し付けられたものとみなすとしている。
(110) 道路法第90条第２項は、普通財産の地方公共団体への無償の譲渡・貸付を規定する。港湾法第54条は、国の直轄工事で生じた港湾施設（土地を含む）の港湾管理者への貸付又は管理委託を国に義務付ける。
(111) 港湾施設の所有者は、国、地方公共団体、民間と様々であるが、「港湾管理条例」は、地方公共団体が設置したもの及び国から貸付等を受けたものを対象に、法律に基づかない独自条例として制定されている。港湾の管理について港湾法が地方公共団体の固有事務であることを前提とし、委任条例ではなく独自に港湾に関する条例を定めることができることについては、多賀谷一照（2012, pp.102-106））。
(112) 職業能力開発促進法施行規則（昭和44年労働省令第24号）第10条第２項など。

標準として機能してきたものもある[113]。また、準用河川の構造基準は、河川法で法令基準を準用して適用するものとしたが必要な省令が制定されず、結果として準用されなかった[114]。

第4節　第1次分権改革による事務区分と法令基準との関係

本節では、第3節で行った概念の整理を基に、規制行政と施設管理行政について、第1次分権改革による事務区分と法令基準との関係を検討する。

1　第1次分権改革による事務区分の見直し

第1次分権改革では、自治体が処理する事務について、機関委任事務、団体委任事務、公共事務（固有事務）、行政事務という事務区分が廃止され、法定受託事務と自治事務という新たな事務区分に再編された。

[表59]　第1次分権改革による事務区分の見直し

第1次分権改革前		第1次分権改革後	
Ⅰ	機関委任事務 （国から首長へ委任）	A　法定受託事務	
Ⅱ	団体委任事務 （国から自治体に委任）	B 自治事務	①法律に定めのある自治事務
Ⅲ	公共事務 （自治体固有の事務）		②法律に定めのない自治事務
Ⅳ	行政事務 （独自条例による規制）		

2　規制行政に関する第1次分権改革の前後の状況比較

（1）第1次分権改革以前の機関委任事務の主役の時代

第1次分権改革以前における自治体の規制行政は、行政事務、団体委任事務、機関委任事務の3つの場合があった。

---

(113) 道路構造令第38条の「小区間改築の特例」を弾力的に適用することで、道路構造令の原則に適合しない道路の改築についても国庫補助金が交付されている。
(114) 準用河川の多くは堤防がない掘込河道の小河川であり、河川管理施設等構造令（昭和51年政令第199号）をそのまま準用することに無理がある。

行政事務は、自治体が統治団体として処理する権力的な事務であり、現行憲法の制定後の第1次地方自治法改正により規定されたものである。しかしながら、行政事務は、個別法に基づく機関委任事務が肥大化することによって、法律上も事実上も大きな制約を受けていた。また、本来は個別法で根拠規範を定める規制行政の事務こそが自治体に団体委任されるべきであったにもかかわらず国の事務として機関委任された。しかも、機関委任事務の多くは都道府県の機関に権限が付与されており、市町村の機関には個別法上の権限はない場合が多かった。

第1次分権改革以前の機関委任事務制度の下においては、機関委任事務については法律の委任がなければ当該事務に関し条例を制定することはできないとされていたことから、行政事務の根拠規範を条例で定める並行条例が制定され、個別法と条例の領域と抵触の問題が主な論点となっていた。[115]

(2) 第1次分権改革後の状況

第1次分権改革によって、機関委任事務制度が廃止され、自治事務はもとより法定受託事務についても、当該事務に関する条例を制定することが領域的には可能となった。また、地方自治法に国と自治体の役割分担や国の立法及び法律の解釈・運用に関する諸原則が規定された。

第1次分権改革によって地方自治法上は分権化したが、個別法の法令基準等の規定は従前のまま維持されたことから、個別法の規定をいかに分権に適合したものとして解釈することができるかが大きな課題となった。[116]

特に、法令基準が詳細に及ぶ場合、すなわち規律密度が高い場合には、その問題が顕著であった。一方で、法令基準が全部白地の場合、法令基準が一部白地の場合、法令基準が抽象的な場合の3つの場合には、自治体が条例、規則で新たな基準を定めることが容易となった。

---

(115) 領域と抵触については、岩橋健定（2001, pp.357-379）。
(116) 北村喜宣（2004, p.146）は、「現行の制度を『所与』とみてはならない。法定自治事務とされているにもかかわらずそうした状態になっていることが、違憲的なのである。そうであるとすれば、とりあえずは、当該法令を合憲限定解釈する必要がある」と述べている。

法令基準が全部白地の例は、墓地埋葬等に関する法律第10条第1項の規定に基づく経営許可であり、案件処理規範が当該法律には全く存在しない。この事務は、法律の制定時は機関委任事務とされ、経営許可の基準については通達で示されていた。昭和57年の法改正で団体委任事務化されたが、その際には条例による許可基準の補充は論点とはならなかった。

　これが論点として浮上したのは、地方分権一括法による改正で、当該事務が自治事務になった平成12年4月以降である。厚生労働省が技術的助言として示した墓地経営管理の指針において、「具体的な運用に当たっては、こうした要件を条例、規則等に定めておくことが望ましいと考えられる。」としている。[117]

　厚生労働省の通知が出される以前に、自治体が地方分権一括法の趣旨を踏まえて条例で許可要件を規定したことは、第1次分権改革が自治体の条例活用の意識を覚醒させたものということができよう。

　法令基準が一部白地の例は、宅地造成等規制法第9条及びこれに基づく政令に規定する宅地造成に関する工事の許可の基準である。同法は、昭和36年に制定された法律である。昭和43年に制定された都市計画法の開発行為の許可の基準と比べた場合、行為者の資力や工事施行者の能力に関する基準を欠いているが、許可をするうえで必要な要件である。[118] 横須賀市ではこれらの許可要件を条例で補充して明文化している。

　法令基準が抽象的な例は、森林法第10条の2の林地開発許可の基準であり、自治体は具体化した基準を国の技術的助言を参考に審査基準として定めている。この審査基準の内容は、都市計画法第29条の規定に基づく開発許可においては、同法第33条及びこれに基づく政省令で規定されている事項と類似のものがあるので、条例、規則で定めるべき事項が少なくないと考えられる。

　行政処分においては、行政機関は法目的を達成するために個別具体の案

（117）厚生省生活衛生局長通知「墓地経営・管理の指針等について」（平成12年12月6日）
（118）開発行為の許可要件として申請者の資力や工事施行者の能力が必要なことは、小泉祐一郎（2010, pp.330–331）。

件に応じて、「単に法定の基準を文言どおりに適用するのではなく、いかなる処置が適切であるかの判断の基準を案件ごとに補充しかつそれを適用することによって、その判断を完結させることが必要となる」(小早川光郎, 2001：391-392)。行政機関の裁量を規律するものが案件処理規範であるから、少なくとも自治事務については、法令基準が案件処理規範である場合、典型的な案件を想定した標準モデルを対象として基準を定めているものと考えることができる。[119]

3　施設管理行政に関する第1次分権改革前後の状況比較
（1）第1次分権改革以前の状況

　第1次分権改革以前における自治体の施設管理行政は、制度上は公共事務（固有事務）、団体委任事務、機関委任事務の3つの場合があった。

　国が所有権等の権原を有する施設については、港湾法で国は自治体への譲渡又は貸付を義務付けられたことにより港湾施設の管理は公共事務（固有事務）となっていたが、国道の管理は法律で自治体の長に管理権限が授権され機関委任事務となっていた。国道の管理は、自治体が団体委任事務として処理することも制度上は可能であったが、国の強力な統制が可能であり、法律による委任がなければ自治体の条例による規律が不可能な機関委任事務が選択されていたのである。

　自治体が管理する施設の多くは、自治体が所有権、使用権等の権原を有しており、これらは、公共事務（固有事務）であったにもかかわらず、法律の定め（規律）が及ぶことで、団体委任事務になったかのような様相を呈していた。

---

(119) 北村喜宣 (2004, pp.64-65) は、「地方自治法第2条第13項の法意からは、たとえ、規律密度高く規定されている法令であっても、それは、例示であって一応の標準的なものと、受け止められるべきであろう」と述べている。
　斉藤誠 (2012, p263) は、「自治事務に関して設けられた個別の法令による規律は、いわば『規律の標準設定』として扱って差し支えないものがあり、このことによって条例による規律が直ちに排除されると解すべきものではないであろう。」と述べている。

第 5 章　国の関与の改革の理論的整理と今後の改革方策

　公共事務は住民の福祉の増進を目的に自治体が施設を管理し、又は事業を実施するなど自治体の存立目的たる事務とされ、原則として非権力的な事務とされたが、施設の利用に関する規制等の権力的な事務も含まれていた。公共事務は、学説上は委任事務と区別する意味で固有事務と称されていたが、その多くは個別法の整備に伴って次第にその規律の対象となった。

　団体委任事務は、「委任された事務は国家事務であっても、一旦、委任によって普通地方公共団体の処理権能に属しめられた限りにおいては、それは公共事務となんら異なるところなく取り扱われるものである。」とし、「公共事務自体についても現在多くの法令による規制が行われているのであって、実際上は、公共事務、委任事務として区別して議論するほどの実益はほとんどないといってよい。」とされていた（長野士郎，1993：40）。

　団体委任事務と公共事務を区別しないで取り扱うことは、委任事務を固有事務と同様に地方自治法の規律の下に置こうとする意義を有しているが、地方自治法の趣旨とは合致しない個別法による規律の増大を抑制するルールを欠いた状況の中では、固有事務と称されていた公共事務の領域にまで個別法の規律が過度に及ぶ結果を招いたことは否めない。

　実務上は、個別法が適用される事務は固有事務ではなく委任事務と解する傾向があった。例えば、旧地方自治法の別表1は「都道府県が処理しなければならない事務」、別表2は「市町村が処理しなければならない事務」、すなわち、法律による「授権」ではなく「義務付け」であり、「必要事務」を一覧で示したものであったが、これらの表に掲げられた事務は団体委任事務であるとする見解が有力であった（田中二郎，1976：124）。

　自治体が施設の権原を有する公共事務（固有事務）の領域は、個別法による規制規範が幅広く及ぶことによって団体委任事務であるかのような様相を呈し、公共事務が擬似団体委任事務化していた。個別法に根拠規範がなく規制規範を定めているにすぎない「個別法に規律された事務」が「個別法に基づく事務」のごとく見られていたのである。

　一方で、杉村章三郎（1969：20）は「ただ法律上の規定があるという事実

だけから委任事務と断定するのは危険である」とし、辻清明（1976：193）は「どこまでが固有で、どこまでが委任だという区分が、国の意向で随時流動するという症状を呈するに至った。」と問題点を指摘している。また、室井力（1981b：7）は、教育基本法第6条第1項や学校教育法第5条は「『公の性質を持つ』『法律に定める学校』の設置者を、国、地方公共団体又は学校法人として併列的に定めているにすぎない」とし、兼子仁（1989：103）は、「地方自治法別表第1・第2に掲げられた各法定事務は、前述したとおり事務の性質上から多くは、地域自治性のある公共事務・行政事務が『必要事務』化されたものと見るべきである。」と述べている。

（2）第1次分権改革後の状況

第1次分権改革では、国の事務を自治体又は自治体の機関が委任されて処理するという委任の観念が廃止され、自治体は法律に基づく事務であっても、自らの事務として処理することとされ、従前の団体委任事務や機関委任事務は廃止又は国の直接執行事務となったものを除き自治体の事務となった。すなわち、第1次分権改革は、委任事務を主な対象に改革が行われたのである。

①従前の機関委任事務

従前の機関委任事務については、国道、一級河川、二級河川の管理に関する事務は基本的に法定受託事務とされる一方、準用河川の管理に関する事務は全て自治事務とされ、海岸の管理に関する事務は、海岸保全施設の工事に係るものは法定受託事務、それ以外の現状維持や行為許可等の事務は自治事務とされた。

機関委任事務制度の廃止に伴う条例制定権の領域の拡大、通達等による一律的行政関与の改革、許可・認可・承認等の個別的行政関与の縮減については、第4章第2節で述べたとおり一定の成果があったが、次の2つが第2次分権改革に課題として引き継がれた。

・個別法令で定める基準による自治体の事務への規律が改革されなかったこと。

・許可・認可・承認等の関与が、同意を要する協議又は協議として維持され

第5章　国の関与の改革の理論的整理と今後の改革方策

たこと。

②従前の団体委任事務と公共事務

　従前の機関委任事務以外の公共施設の管理は、自治体が所有権等の権原を有している場合であっても、個別法の規制が広範に及ぶことによって、公共事務（固有事務）が擬似団体委任事務化していた。問題は、公共事務の擬似団体委任事務化が、委任事務の概念が廃止された後も払拭されていないことである。自治体の条例の中には、個別法に根拠規範がなく個別法から授権されていないにもかかわらず、条例の第1条で個別法の規定に「基づき」と規定しているものがある。条例の制定を義務付けられているにすぎないものを「基づき」と規定する主体性が欠如した意識は、第1次分権改革後も自治体に残っているのである。[120]

4　第1次分権改革の隠れた論点

　第1次分権改革によって、従前の機関委任事務、団体委任事務、公共事務、行政事務といった区分は撤廃され、自治体が処理する事務は、法定受託事務と自治事務という2つの事務に区分されることになった。従前の機関委任事務は、国の直接執行事務となったものや廃止されたものを除き、法定受託事務又は自治事務に区分された。また、従前の団体委任事務、公共事務（固有事務）、行政事務は全て自治事務に区分された。

　この結果、分権改革の議論においては、法定受託事務と自治事務の違いは論じられているが、自治事務の中に性質の異なる事務が存在していることは論じられなくなくなった。

　これには、第1次分権改革を推進した分権委員会が、機関委任事務制度の廃止を重点テーマとし、団体委任事務についてはターゲットとしなかったこ

---

(120) 静岡市都市公園条例第1条は、「この条例は、都市公園法（中略）第18条の規定に基づき」と規定している。都市公園法第18条は、「都市公園の設置及び管理に関し必要な事項は、（中略）条例で（中略）定める」というもので、地方自治法244条の2第1項と同様に条例制定の義務付け規定であって授権規定ではない。

285

と、前述のとおり、分権改革以前から公共事務（固有事務）の擬似団体委任事務化が進行し、団体委任事務と公共事務（固有事務）を区分する意義が認識しずらくなっていたことによるものと考えられる。

　しかしながら、自治事務の中における性質が異なる事務の存在は、国の関与のあり方を考える上では重要な論点となるものと考えられる。すなわち、第3節で整理したとおり、法律に定めがある事務のうち、旧機関委任事務や旧団体委任事務（擬似団体委任事務化したものを除く）は法律に根拠規範があり、法律によって事務が自治体に授権された「法律に基づく事務」である。一方、旧公共事務（固有事務）は法律によって事務が自治体に授権されたのではなく、法律によって自治体は規制を受けているにすぎない「法律に規律された事務」である。

　国道（指定区間外）の管理のように国有地に存する施設の管理を法律に基づいて自治体が行っている場合には法律に基づく事務であるが、都市公園、地方道など自治体が所有権等の権原を有する施設を管理している場合は、法

[表60]　第1次分権改革による事務区分の改革

第1次分権改革前	第1次分権改革後		
I　機関委任事務 （国から首長へ委任） ・知事が行う都市計画決定 ・各種の法令による許可等	A　法定受託事務 ・保安林の指定・解除 ・国道（指定区間外）の管理		
II　団体委任事務 （国から自治体に委任） ・市町村の都市計画決定 ・墓地埋葬に関する許可	B　自治事務	①法律に定めのある自治事務	ア　法律に基づく自治事務 （法律に根拠規範のある事務） ・都市計画決定 ・開発許可（都市計画法・森林法）
III　公共事務 （自治体固有の事務） ・公園の管理			イ　法律に規律された自治事務 （法律に根拠規範がなく、規制規範しかない事務） ・都市公園の管理 ・都道府県道・市町村道の管理 ・公営住宅の管理
IV　行政事務 （独自条例による規制） ・市町村の公害防止条例	②法律に定めのない自治事務 ・緑地広場の管理 ・農道の管理 ・林道の管理 ・独自条例による規制		

第 5 章　国の関与の改革の理論的整理と今後の改革方策

律に規律された事務である。

　法律に基づく事務と法律に規律された事務は、事務の成立の根本において法律に根拠を有するか否かが異なっており、両者に対する国の関与のあり方は、異なるべきものと考えられる。

5　法律に基づく事務と法律に規律された事務への国の関与の違い

　法律に基づく事務に対する法令基準による関与は、法律が自治体に授権した事務であるから、自治体の自主性・自律性をできる限り阻害しないよう配慮した上であれば、法目的の達成のために必要最小限度の関与を行うことは許容されるものと考えられる。この点は、国が許可や協議等の個別的行政関与によって自治体に関与する場合とは異なっている。個別的行政関与は、自治体の事務の執行段階に個別に関与するものであり、法律に基づく事務であったとしても、その存在自体が問題である。

　一方、法律に規律された事務は、法律によって自治体が授権された事務ではないのであるから、本来は自治体の条例・規則の体系で規律されるべきものであり、法令基準による関与であっても、最大限抑制されるべきものである。

　すなわち、法律に基づく事務では、法令基準による関与は自治体の自律性・自主性の確保との均衡が重視されるが、法律に規律された事務では、法令基準の存在そのものが問題視され、その必要性が厳しく問われるのである。

　したがって、法令基準による関与の改革は、法律に基づく事務では規律強度の見直しとして関与の縮減を行うことが適当であるが、法律に規律された事務では規律密度の見直しとして関与の廃止を行うべきであると言えよう。例えば、自治体が権原に基づいて管理している都市公園や地方道等の管理の事務は、法律に規律された事務であるから、法令基準による関与そのものを廃止することが適当である。

[表61] 法律に定めのある事務に対する法令基準による関与

	事務の例	法令基準による関与のあり方	法令基準による関与の改革
法律に基づく事務	規制行政 （都市計画決定、開発許可など） 施設管理行政 （国道の管理などの法定受託事務）	法律が自治体に授権した事務であるから、自治体の自主性・自律性をできる限り阻害しないよう配慮した上であれば、法目的の達成のために必要最小限度の関与は許容される。	規律強度の見直し ↓ 関与の縮減
法律に規律された事務	施設管理行政 （都市公園、地方道の管理などの自治事務）	法律によって自治体が授権された事務ではないのであるから、本来は、自治体の条例・規則による規律によるべきであり、極力関与すべきでない。	規律密度の見直し ↓ 関与の廃止

第5節　第2次分権改革における法令基準の改革の検証

1　第2次分権改革における法令基準の改革の論点

　第2次分権改革では、法令で定めている基準を条例で定めるよう改める措置（以下「法令基準の改革」という。）が法改正によって講じられた。その主な対象は、分権改革委員会の第3次勧告で重点対象とされた自治事務に係る「施設・公物設置管理の基準」である。

　法令基準の改革は、分権改革委員会の勧告や政府の計画において、「義務付け・枠付けの見直し」として一括され、しかも、「条例で定める」とする法律の規定が「条例委任」という同一の概念で論じられた。

　第2次分権改革の重点対象となった自治事務に係る「施設・公物設置管理の基準」は、次の2つの事務に区分され、後述するように2つの事務では改革の手法が異なるべきものと考えられる。一つは、行政主体が私人の行為を

---

(121) 本書において「第2次分権改革」とは、2007年4月の分権改革委員会の発足後の改革を対象としている。
(122) 第2次分権改革の全体像については、岩崎忠（2012, pp.7-65）。

第5章　国の関与の改革の理論的整理と今後の改革方策

規制する規制行政の事務である。もう一つは、行政主体が道路、公園等の公物や学校、福祉施設等の営造物、すなわち公共施設を設置・管理する施設管理行政の事務である。

2で述べるように、改革の対象となった法令基準の性質は一様ではないにもかかわらず異質な性格のものが同一視された結果、改革の対象、方法の2つの点において、論理的に未整理の状態のまま改革が実行された。

このため、何がどう改革されたのかが不明確となっており、今後の分権改革を進めるうえでは、この点をまず明確にする必要がある。

本節では、第2次分権改革で行われた法令基準の改革について、分権改革としての成果と課題を明らかにするため、①改革の対象、②改革の手法の2つの観点から改革の検証を行い、今後の法令基準の改革の方策を提示することを目的としている。なお、第2次分権改革においては、自治事務を対象に改革が行われていることから、本節における検討は自治事務を対象に述べることとする。

2　改革の対象

第2次分権改革における「義務付け・枠付けの見直し」として法令基準の改革の重点対象となった「施設・公物設置管理の基準」は、その名称からすると対象となった法令基準の性格が全て同じような印象を受けるが、実際には基準の性格は異質なものが混在している。これを基準の事務の性質によって区分すれば規制行政と施設管理行政に、また、基準の法規範としての性質の違いに着目して区分すれば根拠規範と規制規範に区分される。

第2次分権改革で改革された「施設・公物設置管理の基準」の主なものを、この区分に応じて整理すれば、規制行政の根拠規範である「直接規制の基準」、規制行政の規制規範である「許認可等の案件処理の基準」、施設管理行政の規制規範である「公共施設管理の基準」の3つに区分される。

上記の「義務付け・枠付けの見直し」として改革された「施設・公物設置管理の基準」の中には、「義務付け・枠付けの見直し」以外のものが含まれ

289

[表62]　第2次分権改革で改革された「施設・公物設置管理の基準」の類型

	根拠規範	規制規範
規制行政	［直接規制の基準］ ・児童福祉施設の設備・運営の基準（児童福祉法第45条第1項）	［許認可等の案件処理の基準］ ・指定居宅サービス事業者の指定基準（介護保険法第70条第2項） ・病院等の開設の許可基準（医療法第7条の2第4項、第5項）
施設管理行政	—	［公共施設管理の基準］ ・道路の構造基準（道路法第30条第1項） ・都市公園の整備基準（都市公園法第3条第1項） ・公共職業訓練施設の運営の基準（職業能力開発促進法第19条第1項）

ている。分権改革委員会の第2次勧告によれば、「『義務付け』とは、地方自治体に一定の種類の活動を義務付けることをいい、（中略）『枠付け』とは、地方自治体の活動について手続、判断基準等の枠付けを行うことをいう」とされている。[123] すなわち、義務付け、枠付けとは自治体の事務処理を規律するものであり、いずれも自治体にとっての規制規範を対象としたものである。

しかしながら、児童福祉施設の設備・運営の基準や養護老人ホーム等の設備・運営の基準等の「直接規制の基準」は根拠規範であるから、国が法令で定めていたものを自治体が条例で定めるよう改めることは、「義務付け・枠付けの見直し」ではなく、国から自治体への権限の移譲である。

3　改革の手法

第2次分権改革の施設・公物の設置管理の基準の改革において分権改革委員会は、改革の手法として、法令基準の削除・縮減をまず検討し、次に条例委任又は条例による補正を許容する方法を検討するよう府省に求めた。[124]

府省は、規制行政と施設管理行政、根拠規範と規制規範といった法令基準の特性の差異を考慮しないで、個別法で法令基準を条例で定めるよう規定し、

---

(123)　分権改革委員会第2次勧告（2008, p3）
(124)　分権改革委員会第2次勧告（2008, p27）

条例を政省令の参酌基準・標準・従うべき基準のいずれかで規律するという同一の方式を採用した。政府はこれを「条例委任」と一括して称している。

改革の手法として論点となるのは、「条例委任」とは何かという概念の妥当性、「条例で定める」と規定することの妥当性、政省令の参酌基準・標準・従うべき基準のいずれかで条例を規律する新たな規律の妥当性の3点である。

(1)「条例委任」の概念

第2次分権改革における法令基準の改革は、2つの異なるものが「条例委任」という名称で一括されている。一つは、自治体への権限移譲のための根拠規範である法令基準を対象とした本来の条例委任であり、もう一つは、関与の改革のための規制規範である法令基準を対象とした法的強制力の緩和である。

「義務付け・枠付けの見直し」ではない根拠規範の基準の設定権限の移譲

[表63]「条例委任」として一括されたものの内容の違い

改革の対象	改革の手法	改革の意味
根拠規範である法令基準 (規制行政の直接規制の基準)	基準設定の権限の条例委任	権限移譲
規制規範である法令基準 (許認可等の案件処理の基準、公共施設管理の基準)	法令による規律の法的強制力の緩和	関与の改革

については、権限移譲すなわち授権であるから、「条例委任」の概念を用いることは許容できる。[125]

問題は、「義務付け・枠付けの見直し」である法令基準の規律強度の緩和について「条例委任」の概念を用いたことである。すなわち、許認可等の案件処理の基準や公共施設管理の基準は規制規範であり、自治体は自ら基準を設定する権能を有している。法令で定めていた規制規範を「条例で定める」

---

(125) 第1次分権改革による委任事務の概念の廃止を踏まえ、「条例委任」に代わる用語が望ましいことについては後述。

とする個別法の規定は条例で定めることを義務付けるものでしかなく、個別法から条例に基準の設定権限が授権されたわけではない。規制規範にまで「条例委任」という概念を用いたことは、論理と実態が一致しない事態を生じさせており、分権改革の論理上、適切ではない。第1次分権改革前において公共事務が擬似団体委任事務化していた状況と同様の事態を招来するおそれがある。

(2)「条例で定める」とする規定

根拠規範である基準の設定権限の移譲においては、「条例委任」のために個別法で「条例で定める」と規定することは必要不可欠であるから論点とはならない。論点となるのは、規制規範の法令基準の規律強度を緩和するに当たり、「条例で定める」という義務付けをすることが妥当かどうかである。

この点については、許認可等の案件処理の基準と公共施設管理の基準では、考え方が異なるものと考えられる。

①許認可等の案件処理の基準の場合

法律で案件処理の権限が自治体に授権されたうえは、自治体の条例による案件処理の規律は可能であるが、法令で案件処理の基準を定めることもできる。つまり、法定自治体事務である許認可等の案件処理の基準については、法令と条例が競合する共管の領域である。

立法上、許認可等の案件処理の基準を何らかの法形式で定める必要があると判断される場合、法律で「政令で定める」、「条例で定める」等を規定することは必要なことである。個別法が許認可等の案件処理の基準を「条例で定める」と規定することは、政省令で定めないことを明示するとともに、当該基準を審査基準等の行政規則ではなく法規として条例で定めることが必要であることを明らかにしたものと解することができる。

したがって、許認可等の案件処理の基準の場合には、個別法で「条例で定

---

(126) 松本英昭(2008, p.27)は、「厳密にいうと『委任』というのは適切ではないのではないかと思う。」と述べている。

斉藤誠(2012, p.302)は、「条例委任という呼称は、ミスリーディングである。」と述べている。

める」と規定して自治体に条例の整備を義務付けることは問題ないと考えられる。ただし、自治体が定める基準の内容によっては、法律で自治体の立法形式を「条例」と指定することの妥当性が論点となる。本書ではこの点には立ち入らないが重要な論点である（筑紫圭一，2014：22-31）。

②公共施設管理の基準の場合

地方自治法第244条の2第1項によって、自治体は公の施設の設置及びその管理に関する事項を条例で定めるよう義務付けられている。個別法が条例に代わってこれを定めている場合は同項の「特別の定め」に該当し、自治体は条例で定める義務を免れていたのである。ただし、自治体が条例で法令に抵触しない定めをすることは可能であった。

したがって、公共施設管理の基準の場合には、個別法の各条項で改めて「条例で定める」という地方自治法と同じ内容を重複的に規定する必要は全くなく、本来は必要がないにもかかわらず個別法で「条例で定める」と規定することは、公共事務が擬似団体委任事務化していた状況と同様の事態を招来するおそれがあり適当ではないと考えられる。

以上のように、公共施設管理の基準について個別法で重複的に「条例で定める」とする必要は全くないと考えられる。また、第2次分権改革の「条例で定める」とする手法には、従来とは異なる新たな問題もあることを指摘しておきたい。

公共施設の管理に関する個別法の定めは、従来は「設置及び管理に関し必要な事項は条例で定める」という概括的な規定[127]で条例の整備を義務付けてきた。第2次分権改革では、概括的な規定ではなく、個別具体の基準を特定して「条例で定める」と規定された。すなわち、自治体が例規の体系として構築してきた条例事項と規則事項の区分のルールを無視した条例事項の義務付けが行われたのである。公共施設管理の基準は、自治体が私人の行為を規制

---

[127] 地方自治法第244条の2第1項の特別の定めとして個別法で概括的な義務付け規定を定めるものは、都市公園法第18条、下水道法第25条、公営住宅法第25条、社会教育法第24条（公民館）、図書館法第10条などがある。

するものではなく、自治体の行為を自ら律するための基準である。公共施設の設置・管理上の技術的細目でしかない内容も含めて一律に条例事項としたことは、条例から規則への委任が可能ではあるものの、自治体の例規の体系を歪なものにしてしまった。

このように、公共施設管理の基準については、地方自治法と個別法が重複した義務付けをする必要がないこと及び本来は自治体の例規で定めるべき事項についてその体系を尊重すべきことから、「条例で定める」と個別法で規定することは適当ではないと考えられる。

[表64] 個別法で基準を「条例で定める」と規定することの適否

	「条例で定める」の意味	「条例で定める」規定の適否
根拠規範の基準	条例への授権	適当（必要）
許認可等の案件処理の基準	・政省令で定めない旨の表明 ・自治体の条例で定めることの義務付け	適当。ただし、立法形式を条例と指定することの妥当性が別に論点となる。
公共施設管理の基準	地方自治法との重複	不適当（不要）

（3）参酌基準・標準・従うべき基準による条例の規律

条例による基準設定に対する個別法の新たな規律として、参酌基準・標準・従うべき基準を定める政省令が定められた。これらの政省令の条項の内容は、従前の法令基準と概ね同じである。参酌基準は参考にすれば足りるとされていることから、規律強度は極めて低いものである。標準は通常よるべき基準とされていることから、合理的な理由があれば独自の定めをすることは可能であり規律強度は高くない。従うべき基準は、必ず適合しなければならない基準とされており規律強度は高い。

第2次分権改革では、次のように規律の対象となる条例によって、参酌基準・標準・従うべき基準による規律の適用は異なっている。

第5章　国の関与の改革の理論的整理と今後の改革方策

[表65]　参酌基準・標準・従うべき基準による規律の状況

	根拠規範を定める条例	規制規範を定める条例
規制行政	［直接規制の基準］ ・従うべき基準（児童福祉施設の従事者） ・標準（児童福祉施設の利用者数） ・参酌基準（児童福祉施設の運営）	［許認可等の案件処理の基準］ ・従うべき基準（病院等の病床数算定の補正、指定居宅サービス事業者の指定基準のうち法人格に係る基準）
施設管理行政	―	［公共施設管理の基準］ 《ほとんどが参酌基準》 （道路の構造、都市公園の配置等、公共職業訓練施設の運営） 《ごく僅かな例外》 ・従うべき基準（公共職業訓練の指導員の資格） ・標準（公共職業訓練生の数）

（　）は、主なものの例示

①直接規制の基準

　児童福祉法等に基づく社会福祉施設の基準については、国から都道府県等に基準定立の権限が移譲されたことに伴い、従うべき基準、標準、参酌基準という省令による新たな規制規範が設けられた。権限移譲に伴って新たな規律が導入されることは、過去の分権改革においても見られるが、強力な規律が導入された場合には、形式的には自治体に権限を移譲しながら、実質的には国が統制するという旧機関委任事務制度と同じ問題を生じさせることになる。

　児童福祉法等に基づく社会福祉施設の基準のうち、運営の基準については、省令による規律が参酌基準となっており、権限移譲に伴う規律の創設が常套手段となっている中で、規律強度を最小限に止めたものとして評価できる。

　一方で、施設の従事者の基準については、条例の基準設定に対する規律は従うべき基準となっており、権限移譲をしておきながら実質的には強い規律で統制している。分権改革委員会の勧告に比べ法改正では従うべき基準の範囲が拡大されており、従うべき基準の厳格な適用をするよう見直しが必要で

ある。

②許認可等の案件処理の基準

許認可等の案件処理の基準で改革されたものは、介護保険法第70条第2項の指定居宅サービス事業者の指定基準及び医療法第7条の2第4項、第5項の病院等の開設の許可基準とごく僅かであり、これらの基準はいずれも従うべき基準に改められた。

許認可等の案件処理の基準は、行政機関が許認可等の行政処分をするに当たって審査しなければならない項目を定めたものである。直接規制の基準のように基準の各項目が独立した規制として機能しているものではないので、一つの基準の中で項目別に従うべき基準、標準、参酌基準といった規律を異にすべきものではない。

自治体は、法定自治体事務について許認可等の案件処理の基準を設定し、これを条例・規則で定める権能を有しており、許認可等の案件処理の基準の定立は、国の法令と自治体の条例・規則の共管領域である。自治事務に対する従うべき基準といった条例・規則の自主性が著しく制約されているかのような法令の規律は、地方自治法の原則に適合しておらず、分権改革の立法手法として不適当である。

許認可等の案件処理の基準については、第2次分権改革以前に、①法令基準の削除とこれを条例で規定することの義務付け、②個別法で条例又は規則による基準の強化・緩和を許容する、といった手法が導入されている。

第2次分権改革の従うべき基準による規律の手法は、分権改革としては従前の手法に比べ後退したものであり、自治体が権能を有する案件処理規範の定立であり、しかも自治事務であるものに対する規律の手法として、従うべ

---

(128) 分権改革委員会第3次勧告（2009, p.8）では、従うべき基準は、①施設・公物の利用者の資格のうちの基本的事項、②施設・公物の本来的な性格・機能等に係る基本的枠組み、③民間共通の士業等の資格について特に従うべき基準を示す必要がある場合、の3つに限定されていた。なお、従うべき基準とすることに法解釈上の合理性がない場合には、自治体はその拘束に縛られないものと解される。

き基準を用いるべきではない。

③公共施設管理の基準

公共施設管理の基準については、政省令による規律は、ごく僅かなものが従うべき基準、標準とされたが、ほとんどは参酌基準とされた。参酌基準による規律の強度は極めて低いため、第2次分権改革の前後を比較すれば、規律強度は著しく低下しており、自治体の自主性・自律性の向上に寄与したといえる。

4　今後の法令基準の改革方策

第2次分権改革における法令基準の改革では、「義務付け・枠付けの見直し」や「条例委任」といった用語が曖昧なまま用いられた。改革を進めていくうえでは試行錯誤も重要であり、これが新たな地平を拓くこともあるが、一定の成果が出た段階で、改革の論理や概念を再構築する必要がある。

その場合には、根拠規範に係る権限移譲と規制規範に係る関与の改革の違い、規制規範の関与の改革における規律密度の改革と規律強度の改革の違いを認識したうえで、それぞれの改革の対象と手法を明らかにしていく必要がある。

特に法令基準の改革においては、前述したとおり、性質の異なる基準が存在しており、それぞれの性質に応じて、改革の対象と手法を整理することが重要である。

（1）今後の改革の対象

第2次分権改革における「義務付け・枠付けの見直し」として行われた法令基準の改革は、「施設・公物設置管理の基準」を重点対象として特定することで改革が具体化した。

第1次分権改革でも経験したように、中央政府の制度改革においては、改革の対象を法令の条項で特定し改革の手法を明示したものが閣議決定されなければ、法改正には至らない。

自治事務のうち、「施設・公物設置管理の基準」を重点対象としたことは、

最も改革し易いものから手を付けたという点で、法令基準の規律を改革する突破口としては誠に的を射たものであった。

また、直接規制の基準の条例委任は、「義務付け・枠付けの見直し」ではなく、国の設定権限を都道府県等に移譲した権限移譲として評価できる。

一方で、改革の対象を実質的に絞ったことで、改革の対象から除外されて論点とならなかった領域が生じた。具体的には、（b）許認可等の規制対象の基準及び（c）委任条例の直接規制の基準は改革の対象から除外され、法定受託事務に係る基準も全て対象とされなかった。また、ごく一部の改革が行われただけの領域も生じた。具体的には、（a）直接規制の基準はごく僅かに改革されただけであり、（d）許認可等の案件処理の基準は、ほとんど手が付けられなかった。

こうした中で、今後の改革を実効あるものとしていくためには、次のターゲットを何に絞るかが重要である。（a）と（b）は、基準の強化であれば並行条例で対応可能である。（c）は、条例委任が行われたものに対する規律であるという点で分権的には重点対象の優先度からは劣後する面がある。

一方、（d）は、法令による規律が広く及んでいるために、自治体が法定自治体事務について案件処理の基準を定立する権能を有しながら、事実上の問題も含め、条例・規則の活用が制約されている領域である。

したがって、今後の取組みとしては、（d）の許認可等の案件処理の基準を優先して改革を行うことが必要である。また、将来的には、（a）（b）（c）（e）についても、改革の対象に順次加えていく必要がある。

[表66]　第２次分権改革における法令基準の改革の状況

行政の区分		規制主体にとっての根拠規範	自治体にとっての規制規範
規制行政	直接規制	(a)直接規制の基準 ごく一部が改革対象となった	(c)委任条例の直接規制の基準 改革対象とならなかった
	行政処分	(b)許認可等の規制対象の基準 改革対象とならなかった	(d)許認可等の案件処理の基準 ほとんど改革対象とされなかった
施設管理行政		―	(e)公共施設管理の基準 第２次分権改革の重点対象となった

（２）基準の特性に応じた改革の手法

第２次分権改革の法令基準の改革の検証を踏まえ、改革の対象となった（ａ）直接規制の基準、（ｄ）許認可等の案件処理規範の基準、（ｅ）施設管理行政の基準について、それぞれの基準の特性に応じた改革の手法を検討する。

①直接規制の基準

直接規制である法令基準の場合、例えば福祉施設の基準では、従事者、利用者、施設面積、施設設備、運営など、基準の内容には様々な項目がある。しかも、各項目がそれぞれ独立した規制として機能し罰則と直結している。このため、項目によっては全国一律でなければならないものや緩和することが適当ではないものも存在する可能性がある。こうした直接規制の基準の特性からすれば、ある法令基準を一括して条例に委任する場合に、従うべき基準、標準、参酌基準といった規律の違いが一つの基準の中で項目別に生ずることはやむを得ないものである。

重要なことは、従うべき基準が、真にそうであるのか、標準や参酌基準では本当にいけないのかということが厳しく吟味されているかどうかである。

一方で、全ての項目が真に従うべき基準によって統制すべき基準の場合には、従うべき基準は最低限度を定めたものと解されることから、都道府県等に基準設定を委任するのではなく、大気汚染防止法第４条と同様に、条例で基準を強化する権限を委任する方法も選択肢となると考えられる。

[表67]　直接規制における基準設定の権限移譲の手法

第２次分権改革前	第２次分権改革後	あるべき姿	
法令基準が直接規制（国の直接執行事務）	条例基準が直接規制（法定自治体事務）	参酌基準・標準・従うべき基準が混在する場合	基準設定を条例委任し、条例基準が直接規制（第２次分権改革と同じ手法）
		全ての項目が従うべき基準による規律の場合	上記と同様の手法のほか、基準の設定は法令で行い、個別法で条例による強化のみを委任する手法もあり得る。

②許認可等の案件処理の基準

　前記3（3）②で述べたとおり、法令基準が許認可等の案件処理の基準である場合、自治事務に対して従うべき基準として法令基準による関与を行うことは不適当であることから、自治事務である許認可等の行政処分に関する案件処理の基準を法令で規律する場合には、参酌基準又は標準として定めることが適当である。

③公共施設管理の基準

　自治事務である施設管理行政は、旧公共事務と同様の性格を有し、住民の福祉の増進を目的に自治体の自主性が最も発揮されるべき事務である。施設の利用者の大半は住民であり、地域住民のニーズに対応して創意工夫を凝らすことが可能であり、かつ、必要な事務の最たるものである。また、施設の管理に瑕疵があった場合には自治体が責任を負うものであるから、自治体は自らの責任で施設の安全を確保することが求められており、施設の設置・管理に関する条例を制定することは、地方自治法によって義務付けられている。

　したがって、憲法及び地方自治法第2条第11項、第12項、第13項の規定を踏まえれば、自治事務である施設管理行政に対する個別法による規律は、必要最小限度のものとするよう立法的な解決を図るべきである。

　その場合の方法としては、施設の権原さえ自治体が有していれば条例による規律が可能である施設管理行政については、法令基準を削除するか又は法令基準を骨格化することにより法令の規律密度を低下させる立法措置を講ずることが本来のあるべき姿である。その場合、第2次分権改革で用いられた「条例で定める」とする個別法の規定は前述のとおり不要である。[130]

　また、自治体の条例が整備された後も参酌基準が存在し続けることは、自治事務であり、かつ、固有事務としての性質を有する施設管理行政にはふさわしくないものであり、参酌基準を定めるのであれば、法令基準の条例化に

---

(129) 骨格化については、千葉実（2013, p.84）。
(130) 本書の検討対象とはしていないが、第2次分権改革において、組織規範である審議会等の委員については、法令基準の定数等の定めが削除され、定数等を条例で定めるとする重複した義務付けはされなかった。

第5章　国の関与の改革の理論的整理と今後の改革方策

伴う暫定措置として個別法の附則において定めるべきである。

したがって、自治事務である施設管理行政については、規制規範である法令基準の参酌基準化により規律強度を低下させることは意義あることであるが、将来的には、参酌基準を削除することにより、法令の規律密度を低下させることが適当であると考えられる。

[表68]　公共施設管理（自治事務）の法的基準のあり方

	第2次分権改革	今後のあるべき方策
規律強度の改革	法令基準の参酌基準化 ＊この手法が多用された。	参酌基準の暫定措置化（将来的に削除）
規律密度の改革	法令基準の削除・骨格化 ＊ほとんど行われなかった。	法令基準の削除・骨格化

（3）改革の手法の整理

（2）①～③で述べた内容を基に、自治事務の場合における基準の種別に応じた改革の手法を一覧で整理すれば次のとおりである。

[表69]　自治事務の場合における基準の種別に応じた改革の手法

基準の種別	基準の特性	「条例で定める」とする法律の規定の意味	法令基準の条例の定めに対する規律強度		
			従うべき基準	標準	参酌すべき基準
直接規制の基準	[法律の委任が必須の領域] 個別法から条例への委任がなければ自治体の事務とはならないもの	[権限移譲] 基準の設定の条例への委任	○	○	○
許認可等の案件処理の基準	[法律と条例の共管領域] 法律で案件処理の権限が自治体に授権されたうえは、自治体の条例による規律は可能なもの	[関与] 条例で基準を定めることを義務付けるもの	×	○	○
公共施設管理の基準	[本来は条例の領域] 自治体が本来、自主的に条例で定めるべきもの	[関与] 条例で基準を定めることを義務付けるもの	×	×	△

○は適当、△は暫定措置として適当、×は不適当

第6節　国の関与の改革の検証と改革方策の小括

　本節では、分権改革が従来の機能分担論ではなく役割分担論を理念として進められたことを踏まえ、国の関与の改革を機能分担と役割分担の視点から小括する。

　第1次分権改革における機関委任事務制度の廃止による旧通達の廃止や、自治体の事務の実施に対する国の許認可等の個別的行政関与の改革は、自治体の事務の実施に対する国の統制を廃止・緩和したものとして評価することができる。

　ただし、第1次分権改革におけるこれらの改革は、第5章第1節の事務の段階に着目した国の関与の検討（表56）で述べたように、事務の実施レベルにおける改革であり、自治体の事務の実施機能を充実したもので、役割分担の見直しには至っていないと言える。

　第2次分権改革においては、企画機能を自治体が担えるよう法令基準の条例規定化が行われており、役割分担の見直しにまで至ったものと言える。

　ただし、第5章第2節で述べたように、国の関与の改革は、法令基準の見直しにおいても量的限定よりも質的限定を中心に改革が行われている。国の関与の質的限定によって、自治体の自主性が発揮されやすくなっている点は評価できるが、自治体の条例による基準の設定に国の詳細な統制が及んでいることは役割分担としては不十分な面がある。

　特に、法律に基づく事務ではない、法律に規律された事務である施設管理行政については、第5章第4節及び第5節（表68）で述べたように、質的限定によって強度が低下した国の法令基準を将来的には削除し、量的に限定する必要がある。

第6章　国と自治体の分担関係と相互関係のルールの整備

第1節　国と自治体の関係のルールの法制度の状況

　第1次分権改革では、地方自治法第1条の2、第2条第11項、第12項、第13項に国と自治体の分担関係及び相互関係の基本原則が規定された。これらの基本原則は、第1次分権改革を推進する過程において分権委員会が勧告で示した基本的な考え方をベースに法制化されたものである。

　国と自治体の分担関係については、「地方公共団体は、（中略）地域における行政を自主的かつ総合的に実施する役割を広く担うものとする。（第1条の2第1項）」とする一方で、「国は、（中略）国が本来果たすべき役割を重点的に担い、住民に身近な行政はできる限り地方公共団体にゆだねることを基本として、地方公共団体との間で適切に役割分担（第1条の2第2項）」するとしている。第2条第11項は、「地方公共団体に関する法令の規定は、地方自治の本旨に基づき、かつ、国と地方公共団体との適切な役割分担を踏まえたものでなければならない。」としている。

　国と自治体の相互関係については、「国は、（中略）地方公共団体に関する制度の策定及び施策の実施に当たって、地方公共団体の自主性及び自律性が十分に発揮されるようにしなければならない。（第1条の2第2項）」とし、第2条第12項は、「地方公共団体に関する法令の規定は、地方自治の本旨に基づいて、かつ、国と地方公共団体との適切な役割分担を踏まえて、これを解釈し、及び運用」する、さらに、同条第13項では、「法律又はこれに基づく政令により地方公共団体が処理することとされる事務が自治事務である場合においては、国は、地方公共団体が地域の特性に応じて当該事務を処理することができるよう特に配慮しなければならない」としている。

　国と自治体の関係の基本原則が地方自治法に規定されたことは、個別法の

立法や解釈・運用を分権化していく上で、あるべき姿を示したものとして大きな意義を有している。

また、第2条第2項の規定が改正され、国の委任事務ではない自治体の事務の処理が自治体の権能として明確に規定された。

第1次分権改革では、こうした基本原則等が分権を推進する観点から地方自治法に規定されたが、個別法の規定に対して法的な効果を有するルール（規範）は、分担関係については全く規定されず、相互関係については枠組みレベルと法的基準レベルについては全く規定されなかった。一方で、第4章第2節で述べたように、運用基準レベルと個別処理レベルについては関与に関する一定のルールが地方自治法に規定された。

こうした状況は、第1次分権改革によって具体的に改革された分野と一致している。第1次分権改革では、相互関係のうちの運用基準レベルと個別処理レベルの関与については具体的な改革が一定程度行われたことから、個別具体の改革の成果をベースとして改革の基本となった方針がルールとして整備されたものと言うことができる。

一方、第2次分権改革を推進した分権改革委員会は、第1次分権改革からの継続課題である国道・一級河川や農地転用等の権限移譲と第1次分権改革では手が付けられなかった法的基準レベルの関与の改革を重点テーマとして取り組んだが、地方自治法にルールを規定することを想定した勧告は行われていない。

第2次分権改革では、第1次分権改革で構築された原則やルールに適合しない個別法令の規定の是正が行われたものの、新たなルールの整備には至らなかった。これには、第1次分権改革から継承された分権に適合していない個別法令の是正という課題の解決が急がれたという経緯からやむを得ないものがあり、第2次分権改革による個別法令の改正の成果を、今後の新たなルールの整備に向けた先行事例として活用していくことが、今後の分権改革の課題として引き継がれたものと考えるべきであろう。

今後は、第1次分権改革及び第2次分権改革の成果をベースとして国と自

第6章 国と自治体の分担関係と相互関係のルールの整備

治体の関係のルールを整備・充実していく必要がある。本章では、第1次分権改革及び第2次分権改革の成果を踏まえたルールの整備のあり方を提示する。

[表70] 地方自治法における国と自治体の分担関係の規定

	第1次分権改革前	第1次分権改革後
基本原則	[規定なし]	地方公共団体は、（中略）地域における行政を自主的かつ総合的に実施する役割を広く担う。 （第1条の2第1項） 国は、（中略）国が本来果たすべき役割を重点的に担い、住民に身近な行政はできる限り地方公共団体にゆだねることを基本として、地方公共団体との間で適切に役割分担。 （第1条の2第2項） 地方公共団体に関する法令の規定は、地方自治の本旨に基づき、かつ、国と地方公共団体との適切な役割分担を踏まえたものでなければならない。（第2条第11項）
自治体及び機関の権能	[公共事務、団体委任事務、行政事務] 普通地方公共団体は、その公共事務及び法律又はこれに基づく政令により普通地方公共団体に属するものの外、その区域内におけるその他の行政事務で国の事務に属さないものを処理する。 （旧第2条第2項）	普通地方公共団体は、地域における事務及びその他の事務で法律又はこれに基づく政令により処理することとされているものを処理する。 （第2条第2項）
	[機関委任事務] 普通地方公共団体の長は、（中略）法律又はこれに基づく政令の規定によりその権限に属する国（中略）の事務を管理し及びこれを執行する。 （旧第148条第1項）	機関委任事務制度の廃止により削除
ルール	普通地方公共団体は、（中略）法律又はこれに基づく政令により普通地方公共団体に属するものの外、（中略）を処理する。（旧第2条第2項） （委任の形式の制限）	[規定なし]

[表71] 地方自治法における国と自治体の相互関係の規定

		第1次分権改革前	第1次分権改革後
基本原則		[規定なし]	国は、地方公共団体に関する制度の策定及び施策の実施に当たって、地方公共団体の自主性及び自律性が十分に発揮されるようにしなければならない。（第1条の2第2項）
		地方公共団体に関する法令の規定は、地方自治の本旨に基づいて、これを解釈・運用。（旧第2条第12項）	地方公共団体に関する法令の規定は、地方自治の本旨に基づいて、かつ、国と地方公共団体との適切な役割分担を踏まえて、解釈・運用。（第2条第12項）
		[規定なし]	国は、地方公共団体が自治事務を地域の特性に応じて処理することができるよう特に配慮しなければならない。（第2条第13項）
ルール	枠組み	[規定なし]	[規定なし]
	法的基準	[規定なし]	[規定なし]
	運用基準	機関委任事務への主務大臣の指揮監督（通達）の根拠規定（旧第150条）	機関委任事務制度の廃止により削除
		団体の事務に関する技術的助言（通知）の根拠規定（旧245条第4項）	法定受託事務の処理基準（よるべき基準）の根拠規定（第245条の9）、団体の事務の技術的助言（通知）の根拠規定（第245条の4）
		［手続きのルール：規定なし］	［手続きのルール：規定なし］
	個別処理	機関委任事務への主務大臣の指揮監督（指示）の根拠規定（旧第150条）	機関委任事務制度の廃止により削除
		団体の事務に関する技術的助言・勧告、資料提出の要求の根拠規定（旧第245条第4項）	同左（第245条の4）
		機関委任事務及び団体の事務に関する是正の要求の根拠規定（旧第246条の2）	自治事務に関する是正の要求（第245条の5）・法定受託事務に関する是正の指示（第245条の7）の根拠規定
		[規定なし]	関与（命令、許可・認可・承認等）のルール（関与の類型：第245条）、（法定主義：第245条の2）、（基本原則：第245条の3）、（手続のルール：第246条〜250条の6）

第2節　分担関係のルールの整備

1　事務の分担は法律で定める「事務分担法律主義」の導入

　第1次分権改革前の旧地方自治法第2条第2項では、「普通地方公共団体は、(中略) 法律又はこれに基づく政令により普通地方公共団体に属するものの外、(中略) を処理する。」と規定していた。この規定は、長野士郎が述べているように「この委任が無制限に恣意的に行われては、普通地方公共団体の存立自体までも脅かすことになり、地方自治の本旨にもとるおそれがあるので、(中略) その委任形式を法律又はこれに基づく政令に限定」していたのである (長野士郎, 1993：39-40)。

　政令までに限定したことで、分権改革前においては、法律で全ての権限は主務大臣に属するとした上で、当該法律の雑則で、「この法律の規定により○○大臣の権限に属する事項は、政令で定めるところにより、その一部を都道府県知事に委任することができる。」と規定され、政令で初めて自治体に委任する事務が定められる方式がとられることがあった。

　この方式では、自治体の事務処理の権限は内閣から与えられたことになり、権限の「移譲」ではなく「委譲」となり、国と自治体の関係は行政機関の間の機能分担になってしまう。

　第1次分権改革による改正後の地方自治法は委任の概念を廃止しており、いわゆる団体委任事務の概念も存在しないため、同法第2条第2項は、「普通地方公共団体は、地域における事務及びその他の事務で法律又はこれに基づく政令により処理することとされるものを処理する。」と規定している。「地域における事務」の「地域」という用語は、現に自治体において処理されている事務のほとんど全てを含み得る概念とされている (松本英昭, 2001：25-26)。

　問題なことは、地域における事務については、旧地方自治法第2条第2項が「委任形式を法律又はこれに基づく政令に限定」していたような、規定形式のルールが全く規定されなかったことである。

国と自治体の役割分担を定めるのは国会の権能であり、国と自治体の事務の分担は、法律で定めるべきものである。国会が法律で国の行政機関（内閣・府省）が処理する事務としておきながら、内閣の判断で自治体が処理する事務として政令で定めることは、政令で自治体に新たに事務を義務付けることになってしまう。第1次分権改革後の国と自治体の関係は、行政内部の事務の下請けや行政機関間の機能分担の関係ではなく、独立した主体間の役割分担の関係になったのである。

　こうした趣旨に合致した法令の改正が、第1次分権改革の地方分権一括法により行われている。例えば、森林法の保安林の指定について、旧第25条では農林水産大臣の権限として規定し、旧第40条第1項で「この節に規定する農林水産大臣の権限は、政令で定めるところにより、その一部を都道府県知事に委任することができる。」とし、森林法施行令の旧第5条で保安林の指定に係る権限の一部を都道府県知事に委任していた。

　地方分権一括法による改正後の現行森林法では、第25条の2で都道府県知事の権限を規定し、農林水産大臣と都道府県知事との分担関係を法律で規定している。

　一方で、分権改革による法改正において、未だに雑則で政令への委任を規定して、政令で初めて自治体の事務を規定するという方式がとられているものが見受けられる。例えば、第2次分権改革の第5次一括法では、中小企業の新たな事業活動の促進に関する法律や中小企業における経営の承継の円滑化に関する法律の改正において、「この法律に規定する経済産業大臣の権限に属する事務の一部は、政令で定めるところにより、都道府県知事が行うことができる。」という規定が新設され、政令で都道府県の事務が規定されている。

　国と自治体の分担関係を定める権能は国会にあるのであるから、自治体が分担する事務については法律で規定する必要があり、内閣の判断で変更が可能な政令に自治体が分担する事務の決定権限を委任すべきものではない。

　国と自治体の事務の分担を定める場合には、法律で定めなければならない

旨を「事務分担法律主義」のルールとして地方自治法に規定する必要がある。

　法律で国と自治体の分担を規定するということは、事務の切り分けの回数を限定し、自治体が瑣末な事務を分担することを防止するうえでも有効な手段となるものである。

2　事務の切分けの原則の法定化

　第3章第1節で述べたように、国と自治体の分担における事務の切り分け方によって、自治体の事務と国の事務との関連性が異なってくる。両者の関連性が強い場合には、自治体は国の事務処理の下請けのような存在になってしまう。

　そこで、第3章第3節での検討を踏まえ、（1）対象別区分における事務の一貫処理の原則、（2）内容別区分における関連する事務の一体処理の原則、（3）作業別区分による事務の分担の制限の原則の3つの原則を、事務の切り分け方のルールとして、地方自治法に規定すべきであると考える。

（1）対象別区分における事務の一貫処理の原則

　国と自治体で事務を対象で区分して分担する場合には、自治体が事務の対象について一貫して事務を処理することを原則とする。規制行政であれば、行為の許可、指導・勧告、違反の是正命令、立入検査等の一連の事務を、施設管理行政であれば施設整備計画、施設整備、維持管理を一貫して処理するのである。

（2）内容別区分における関連する事務の一体処理の原則

　国と自治体で事務を内容で区分して分担する場合には、自治体が処理する事務と関連する事務は自治体が一体的に処理することを原則とする。規制行政であれば規制区域の指定・解除の事務と規制区域内の行為許可の事務を、施設管理行政であれば関連する施設、例えば、下水道法の公共下水道と同法の都市下水路の管理を一体的に処理するのである。

（3）作業別区分による事務の分担の制限

　国と自治体で事務を分担する場合には、できる限り、国が執行する事務の

前提となる手続の一部のみを自治体が処理することのないようにすることとする。国の許可の受付のみを自治体が処理するようなことは、極力、制限するのである。

第1次分権改革における法定受託事務のメルクマール（7）は、「国が直接執行する事務の前提となる手続の一部のみを地方公共団体に処理することとされている事務で、当該事務のみでは行政目的を達成し得ないもの」とされている。このような事務を法定受託事務として自治体が分担することは、国が自治体を下請け機関として利用するためのもので、住民ではなく国の意向に従う事務処理を自治体に求めるものであり縮減する必要がある。

また、第3章第3節で述べたように、国が自治体に依存して事務処理の権限を確保するための手段となっている点も大きな問題である。

作業別区分は、施設管理行政ではなく規制行政において多用されており、規制行政における国と自治体の分担関係において特に留意すべき事項であると言える。

第3節　相互関係のルールの整備

国と自治体の相互関係については、第5章第1節で述べたように、枠組みレベル、法的基準レベル、運用基準レベル、個別処理レベルの4つの事務の段階があり、それぞれの段階別に異なる関与手段が存在していることから、事務の段階別、すなわち関与の手段（立法関与、準法律的行政関与、一律的行政関与、個別的行政関与）ごとに、国の関与を規律するルールを整備する必要がある。

その場合、第5章第2節で述べたように、規律密度の低下に向けた関与の量的限定と規律強度の低下に向けた関与の質的低下の両面から、国の関与を規律する必要がある。

1　枠組みレベルの関与のルールの導入

枠組みレベルの関与における第一の問題点は、事務の大枠を定めるべきも

のが枠組みのレベルを超えて詳細化していることである。例えば、地域と密着した自治体職員にとっては、当該事務処理のためだけに現地調査をすることが不要な場合があるにもかかわらず、事務の内容として現地調査まで規定するのである。

第二の問題点は、事務の定め方が義務付けになっていることである。例えば、事務を処理するに当たって、当該事務のための計画の策定を義務付けるのである。自治体は策定済の関連した計画の修正で対応可能な場合があり、義務付けまでする必要はないのである。

法令による自治体の事務の内容の定めについては、（1）事務の内容の定めの根拠と（2）事務の内容の定め方の2つの観点からルールを整備する必要がある。

（1）事務の内容の定めの法律主義

前記第一の問題点を解決するためには、自治体に分担された事務について、その内容を定める場合には、政省令ではなく法律で定めることをルール化する必要がある。

政令で事務の内容を定めているものとしては、次のような例がある。児童福祉法第46条は、「都道府県知事は、第45条第1項及び前条第1項の基準を維持するため、児童福祉施設の設置者、児童福祉施設の長及び里親に対して、必要な報告を求め、児童の福祉に関する事務に従事する職員に、関係者に対して質問させ、若しくはその施設に立ち入り、設備、帳簿書類その他の物件を検査させることができる。」と規定し、都道府県の事務を「できる」と任意の事務として定めている。

児童福祉法施行令第38条は、「当該職員をして、1年に1回以上、国以外の者の設置する児童福祉施設が法第45条第1項の規定に基づき定められた最低基準を遵守しているかどうかを実地につき検査させなければならない。」と規定し、政令で都道府県の事務の内容を定めている。

事務の内容の定めの形式を法律に限定することは、国と自治体の相互関係を政令で国の行政府が一方的に決定するのではなく、国民の代表者で構成す

る国会の法律によって定めるという意義があるほか、枠組みレベルの関与の詳細化を制限する効果が期待できる。

（２）事務の内容の定めの「できる規定」の原則

前記第二の問題点を解決するためには、できる規定とすることが適当である。第２次分権改革においては、自治事務の計画策定の義務付けについて、縦割りの事務ごとに計画を策定することは非効率な場合があり、自治体が関係する政策を体系的に捉えた計画を策定していくうえで支障となることから、「できる規定化」が行われた。

第２次分権改革における計画策定の「できる規定化」をモデルとして、法律で自治体の事務の内容を定める場合には、原則として「できる規定」とすることをルールとして整備する必要がある。

2 法令基準レベルの関与のルールの導入

法的基準レベルの関与については、第５章第５節で述べたように、関与の量と質の両面から限定していく必要がある。また、関与の量的限定による規律密度の低下を図るうえでは、形式による限定と内容による限定の２つが考えられる。

（１）**自治事務に対する法令基準による関与のルール**

法令基準については、第５章第５節で述べたとおり、第２次分権改革において、自治事務のうちの施設・公物設置管理の基準を中心に先行した見直しが行われ、法令で定めていた基準を条例で定めるよう改めるとともに、自治体が条例で定める基準に対する法令による関与として「参酌すべき基準」、「標準」、「従うべき基準」の３つの類型が導入された。

分権改革委員会は、条例の基準の定めに対する法令基準による関与は、参酌すべき基準によることを原則とし、「標準」、「従うべき基準」を極力限定しようとしたが、政府の対応においては、第４章第５節で述べたように、「従うべき基準」が拡大適用された。

こうした状況を踏まえ、自治事務に対する立法上の配慮を国に義務付けて

いる地方自治法第2条第13項の規定を具体化したルールを追加し、法令基準による関与の原則を地方自治法に規定するべきである。

具体的には、次の3点である。[131]

① 自治事務に関する法的な基準は、条例を最大限活用できるように定めること
② 自治事務である許認可の基準に関して法令で条例の定めに関する基準を規定する場合には、「参酌すべき基準」又は「標準」によること
③ 自治事務である公共施設の基準に関して法令で条例の定めに関する基準を規定する場合には、参酌基準とし、かつ、法令基準の条例化に伴う暫定措置とすること

（2）法令基準による関与の量的限定のルール化

第2次分権改革を推進した分権改革委員会は、法令の規律密度の改革を優先させようとしたが、国の府省は法令の規律強度の改革で対応した。国の府省が、規律密度ではなく規律強度の改革で対応するやり方は、第1次分権改革と共通している。

これには、分権改革を推進する手法にも原因があると考えられる。規律密度を低下させる手法は具体的に示されていないが、規律強度を低下させる手法は改革を推進する側から提示されているからである。すなわち、第1次分権改革では、分権委員会から通達に代わる技術的助言と処理基準、許認可に代わる同意、協議という手法が提示された。また、第2次分権改革では、分権改革委員会から参酌基準・標準・従うべき基準という手法が提示された。

分権改革において規律密度の改革が実現しないのは、府省が歩み寄れる手法が提示されていないことも原因の一つであると考えられる。府省にとっては、一度に法令基準を全て削除するという対応は困難であろう。

そこで本書では、形式と内容の2つの観点から法令基準による関与の量的限定の手法を示すこととする。

---

(131) 自治事務の基準の種別に応じた法令基準の規律のあり方については、第5章第5節4表69参照。

法的基準レベルの関与の量的限定に着手することで、条例・規則の活用が促進され、自治体が基準を条例で定めることが普及すれば、将来、個別法の中には、法令基準を廃止して基準の全てを条例化するものも現れる可能性があると考えられる。

①法形式を法律・政令に限定

法令の「規律密度」の縮減に向けて関与の量的限定を図るためには、法的基準レベルの関与は法律又はこれに基づく政令で規定することとし、府省令による自治体の事務処理の基準の設定を制限する必要がある。[132]

自治体の事務処理の基準について、府省令にまで委ねるのではなく、内閣の定める政令までに限定し、府省令や告示で定めている詳細な事務処理の基準や申請者が自治体へ申請する場合の様式や添付書類の基準は、自治体の条例や規則で適宜定めることとすることが適当である。

②法令基準を要件規定に限定

法定自治体事務の法令の規律密度[133]を低下させるために法令基準を骨格化するに当たっては、法令と条例・規則の分担のルールが必要である。[134]

法令と条例・規則の分担をするためには、法令基準として残すべきものと、条例・規則で規定すべきものの区分の方法論を提示する必要がある。その方法論としては、法令では要件のみを定め、要件に該当するかどうかを判断するための技術的細目（これを本書では「要件該当基準」と呼ぶこととする。）

---

(132) 稲葉馨（2002, p.150）は、「省令・告示形式を許すことは、関与主体たる法令所管大臣自らによる基準設定を許容することになるから、省令・告示への授権は、できるだけ避けるべきである」と述べている。

(133) 平岡久（1995, p.51）は、法律から政省令・告示への授権の憲法適合性の判断について法律の「規律密度」を取り上げて論じている。行政法学における「規律密度」の用語が、元々は法律でどこまで規定すべきかという法律の密度の確保が論点となっていたことを窺わせるもので興味深い。

(134) 本書の骨格化の手法は法律と条例が主従の関係で分担する方式であるが、人見剛（2005, p.177）は、自治事務に係る法律が自治体の自主性を尊重する方式として、「法律が自己の適用範囲を自制し、その趣旨を生かした条例の制定を広く自治体の自主性に委ねる方式がありうる。」と指摘し、適用範囲で対等に分担する考え方を示している。

第6章　国と自治体の分担関係と相互関係のルールの整備

を自治体が条例・規則で定める方法が考えられる。その場合、要件該当基準を定める条例は、個別法の具体化規定を定める条例であり個別法の委任を要しない。

　ア　案件処理規範の例

　都市計画法第33条第１項は、申請に係る開発行為が「次に掲げる基準」＝「同項各号」に適合していることを許可の要件として規定し、同条第２項は「前項各号に規定する基準を適用するについて必要な技術的細目は、政令で定める」としている。同条第１項各号に規定された「基準」が「要件」であり、政令に規定された「技術的細目」が「要件該当基準」である。

　イ　施設管理行政の規制規範の例

　道路法第29条は、「道路の構造は、当該道路の存する地域の地形、地質、気象その他の状況及び当該道路の交通状況を考慮し、通常の衝撃に対して安全なものであるとともに、安全かつ円滑な交通を確保するものでなければならない。」と道路の構造の原則を定め、同法第30条は道路の構造の技術的基準を政令又は条例で定めるとしている。同法第29条に規定された「原則」が「要件」であり、同法第30条で政令又は条例で定めることとされた「技術的基準」が「要件該当基準」である。

　ウ　要件と要件該当基準の区分

　前述の都市計画法の開発行為の基準や道路法の道路構造の基準のように、要件と要件該当基準が区分されて規定されているものばかりではなく、要件が規定されないまま要件該当基準が省令に羅列されている場合もある。そのような場合は、法令の規定を要件該当基準のみの「仕様表示」から求める要件を明示した「性能表示」に改める必要がある。[135]

　また、自治体が条例・規則で定める要件該当基準についても、一律の仕様表示が必ずしも合理的、科学的とは限らないのであるから、性能表示の可能

---

(135) 髙橋滋（2011, pp.256-257）は、近年の法令の安全基準の「性能規定化」による民間技術団体の役割拡大と法が設定する「基準」の担う機能の変質について述べている。

性も検討すべきである。⁽¹³⁶⁾

3 運用基準レベルの関与のルールの充実

運用基準レベルの一律的行政関与については、第1次分権改革において機関委任事務制度が廃止され、通達による統制を廃止したことは大きな成果であった。未完の分権改革とも言われる中にあって、一律的行政関与については、当初の改革の目的を達したものと言うことができる。

ただし、地方自治法第11章の規定が、一律的行政関与を規律していることに明確性を欠くという問題がある。第4章第2節4で述べたように、一律的行政関与については、地方自治法は、技術的助言、資料提出の要求及び法定受託事務に関する処理基準の3つの手段しか認めていないものと解される。

第1次分権改革では、国の通達による自治体の事務処理の統制が廃止されたが、一方で、通達の廃止後の取扱いは、国の各府省の自主性に任されたため、実務上は法令集に旧通達が掲載され、技術的助言にすぎない旧通達が従前のように自治体を拘束しているかのような状況が生じている。

第1次分権改革の成果を明確に位置づけ、現在もなお亡霊のように法令集に記載されている旧通達の失効と技術的助言の意義を明確にするためには、地方自治法第11章に一律的行政関与の規律を明確に規定する必要がある。

これは、一律的行政関与の手続のルールを整備していく上でも有意義である。地方自治法には、個別的行政関与については手続のルールが定められているが、一律的行政関与については定められていない。地方自治法に一律的行政関与の手続のルールを定める必要がある。

（1）一律的行政関与の形態の明記

地方自治法第11章第1節第1款「普通地方公共団体に対する国又は都道府県の関与等」には、自治体の事務処理の実施レベルに対する国の統制手段として、地方自治法で規定する狭義の「関与」と「処理基準」の2種類のもの

---

(136) 中村英樹・大口敬（2011, pp.195-202）は、土木計画学の立場から、現行の道路構造令が仕様型であることを問題とし、性能照査型に転換すべきとしている。

第6章　国と自治体の分担関係と相互関係のルールの整備

が規定されており、「関与等」となっている。

この「等」の部分が、かつては、通達行政が横行した運用基準レベルの事務処理段階の関与の規定の存在を示しているものである。

ここで論点として取り上げるのは、技術的助言や資料提出の要求が、個別的行政関与として行われるだけでなく、法令の解釈等を示した通知の形式で一律的行政関与としても行われるため、運用基準レベルの事務処理段階の関与でもあるという点で、処理基準と共通性を有していることである。

同法第245条の9に規定する法定受託事務に係る処理基準は、一律的行政関与の一形態であるが、技術的助言や資料提出の要求とは異なり、同法で規定する「関与」には該当しないこととされている。これは、地方自治法で規定する「関与」とは、国又は都道府県の機関が自治体に対して、「具体的かつ個別的に関わる行為」、すなわち、個別的行政関与を対象としており、技術的助言や資料提出の要求は、個別的行政関与として行われる場合と、一律的行政関与として行われる場合の両方があり得るが、処理基準は、一律的行政関与としてのみ行われるため、地方自治法に規定する「関与」には含まれなかったものと考えられる。また、関与の法定主義や関与の一般法主義、関与の手続きのルール、関与の係争処理制度が、個別的行政関与を対象に規定されていることも、処理基準を「関与」に位置づけることをより困難にしていると考えられる。

この結果、地方自治法には、この「等」の部分が、個別的行政関与ではなく、一律的行政関与であるという明確な位置づけがない状況にある。地方自治法の「関与」に該当しない「処理基準」を規定するために、付録のように等が付けられているが、運用基準レベルにおける国の関与を法的に規律する上では、技術的助言、資料提出の要求、処理基準の3つを一律的行政関与として明確に位置づけ、法的にコントロールしていく必要がある。

---

(137) この点は、地方分権推進計画の段階で白藤博行（1999, p.31）は「推進計画における『基準の設定』の位置付けはきわめて奇異である」と述べ、「『基準の設定』も関与の基本類型と考えるのであれば、法定主義の原則が妥当するものとして、『基準の設定』も関与の基本類型に掲げるべき」と指摘している。

317

例えば、地方自治法第245条の4に規定する「技術的助言」に関する解説書を見ると、個別的行政関与としてのみ説明され、法令の解釈等を示した「通知」の根拠規定であることが明言されていないことがある。[138]

仮に、同法第245条の4に規定する「技術的助言」は、個別的行政関与に限った規定であって、運用基準レベルの通知を発する根拠規定ではないとするならば、第1次分権改革後に出された通達に代わる「通知」は、法令所管省庁が当然にできる自治体への行政サービスであると考えるか、個別法に根拠規定を定めた上で行ったものと考えざるを得ない。

しかしながら、分権委員会の中間報告、第1次勧告から通達廃止に伴う各省庁の対応に至る経緯を踏まえれば、同法第245条の4に規定する「技術的助言」は、個別的行政関与の根拠規定であるだけではなく、法令の解釈等を一般的に示す運用上の通知を発する根拠規定でもあると無理やり解すほかはないと考えられる。

なお、地方自治法第245条の4は「勧告」についても規定しているが、運用レベルの通知において勧告に該当するものを発することは想定し難いことから、勧告については個別的行政関与としてのみ規定されたものと考えられる。

地方自治法第11章第1節第1款「普通地方公共団体に対する国又は都道府県の関与等」には、国と自治体の関係のルールとして、国が自治体の事務処理について運用基準レベルで関わる場合の3つの手段（技術的助言、資料提出の要求と処理基準）を制限列挙すべきである。

したがって、地方自治法第11章第1節第1款「普通地方公共団体に対する国又は都道府県の関与等」を「個別的行政関与」と「一律的行政関与」に区

---

(138) 明示しているものとして、松本英昭（2007, pp.566-567）は、処理基準の解説の中で、「自治事務については、技術的助言・勧告として行うことはともかく、個々の法律の根拠規定がなければ、国として基準を定めることはできず」と述べるとともに、平成12年4月1日の地方分権一括法の施行に伴い、「従来から助言・勧告として出されていた通知については、従来通り助言・勧告として位置付けられる」こととされたとしている。

分し、従前の処理基準に加え、新たに、技術的助言と資料提出の要求を一律的行政関与としても明記する必要がある。

（2）技術的助言及び処理基準の表現のルール

技術的な助言の「技術的」とは、「恣意的ともいえるような判断又は意思を含まない意である」とされている（松本英昭，2007：542）。

技術的助言としての通知には、法令の解釈や運用上の指針となる事項が示されるほか、第1次勧告にもあったように、推奨すべき事項に係る情報提供、事務連絡等にとどまる事項などが盛り込まれることが少なくない。技術的助言の中には、国から自治体への行政サービスとして情報を提供しているものもあり、提供する情報には制限がない状況にある。

重要なことは文章表現であり、あくまで自治体の自主的な判断を前提にしたものでなければならない。この点に関し、景観法運用指針（平成16年12月17日付け農林水産事務次官、国土交通事務次官、環境事務次官通知）は、「〜べきである、べきでない。〜ことが望ましい、〜ことは望ましくない。〜ことが（も）考えられる。」の3つの表現を意図的に区分して用いている。

これらのうち、「〜べきである、べきでない。」は処理基準で用いることが適当なものであり、技術的助言で用いる表現としては不適当である。技術的助言であれば、「〜ことが望ましい、〜ことは望ましくない。」又は「〜ことが（も）考えられる。」が適当である。

処理基準の中には、「〜すること」といった表現のものがあるが、処理基準は「事務を処理するに当たりよるべき基準」なのであるから、「〜すべき」と表現することが適当である。

法定受託事務であっても、自治体の判断に委ねるべき内容まで一括して処理基準に盛り込むべきではなく、処理基準と技術的助言は明確に区別する必要がある。

国は法定受託事務の処理基準によって自治体に事務処理の義務付けをしてはならず、技術的助言によって自治体の主体的な判断を損なうことのないよ

うにしなければならないことをルールとして法的に明示する必要がある。

(3) 関与者名義と文書方式の徹底

一律的行政関与は、従来から行政機関名の書面で行われてきたが、近年、インターネットの普及により、国の担当者名の個人メールで行われる場合がある。例えば、各自治体が法定自治事務として策定している地域振興計画に記載された事業の進捗状況に全国的な遅れが見られるとして、各自治体の計画内容を計画期間の途中であるにもかかわらず見直し、計画の改定を行うよう個人メールで全国の自治体に助言された例がある。このような助言は技術的助言として内容に問題があるが、何よりも形式として国の担当者名で行うことに大きな問題がある。

一律的行政関与については、行政機関名の文書によらなければならないことをルールとして法的に明示する必要がある。

4 個別処理レベルの関与のルールの充実

個別処理レベルにおける個別的行政関与（許可、認可、承認、同意、協議等）については、第1次分権改革によって、関与の類型が定められ、関与の法定主義、関与の基本原則、関与の手続のルールが地方自治法に整備された。

個別処理レベルの関与は、ルール化がされていない枠組みレベルや法的基準レベル、手続のルールを欠いた運用基準レベルに比べれば、地方自治法に原則がルールとして整備された先行モデルであると言える。

一方で、分権改革を進める上では、さらにルールの充実を図っていくことが必要である。

特に、関与の法定主義、関与の類型、関与の基本原則については、分権を進めるうえで、次のような改革の必要があると考えられる。

(1) 個別的行政関与の根拠規定の法律主義の導入

第1次分権改革で関与の法定主義が定められた背景には、通達等に基づく法令に基づかない関与の存在があり、自治体から大きな問題として指摘されていた。

第6章　国と自治体の分担関係と相互関係のルールの整備

　第1次分権改革の成果として、地方自治法第245条の2に関与の「法定主義」が規定され、「普通地方公共団体は、その事務の処理に関し、法律又はこれに基づく政令によらなければ、普通地方公共団体に対する国又は都道府県の関与を受け、又は要することとされることはない。」とされた。現在は内閣が法律の委任に基づく政令で自治体への関与の根拠規定を定めることが許容されているが、府省大臣が、府省令でこれを行うことは認められていない。政令を根拠に関与が設けられている例としては、砂防法施行規程第8条の3の規定があり、砂防工事の計画並びにその変更、停止、廃止について国土交通大臣の認可を受けることを要するとしている。

　関与のルールは、国と自治体の相互関係を規定するものであり、関与の根拠は、国と自治体の相互関係を定める国会の権能として法律で規定されるべきものである。

　したがって、関与に関する政令の規定は、法律で規定した関与について、関与の対象を具体的に限定する場合などに限って認められるべきものであり、政令を根拠として関与を設けることのないよう、個別的行政関与の「法定主義」を「法律主義」に改める必要がある。

（2）個別的行政関与の対象規定の法定主義の厳格化

　現行では、関与の根拠は、法律又はこれに基づく政令の規定により定めるものとされ、関与の対象となる事務の特定は、省令に委任することが可能とされている。例えば、河川法第79条の規定に基づく河川法施行令第45条は、国土交通大臣の認可を要する政令で定める一級河川の管理について、「地下に設ける河川管理施設で国土交通省令で定めるもの」と規定し、河川法施行規則第35条の2は、「令第45条第2号ロの国土交通省令で定める地下に設ける河川管理施設は、水圧管路とする。」と規定している。技術的な内容であるために省令に委任したのであろうが、政令で規定することができないものではない。

　関与の直接の主体である府省の府省令で関与の対象を定めることは関与の法定主義の本来の趣旨から適当ではなく、関与の対象となる事務を定める場

合には、法律又はこれに基づく政令で規定するよう、関与の対象規定の法定主義を厳格化する必要がある。

（3）より対等性の高い関与形態を基本類型に追加

関与の質的限定においては、第5章第2節で述べたように、事務の段階別に国への従属性の高い関与から対等性の高い関与への移行が重要であり、そのためには、より対等性の高い関与形態をルールとして提示する必要がある。

分権改革委員会の第3次勧告においては、「許可・認可・承認、協議、同意」を自治体との対等性の高い「意見聴取、通知等」へ移行するよう勧告されたが、多くは「同意を要さない協議」への移行に止まり、意見聴取や通知といった関与への移行は今後の課題とされた。

個別法に規定されている関与の強度を改革するとともに、新たな関与の創設において関与の度合いを抑制していくためには、より対等性の高い関与形態を地方自治法の関与の基本類型として規定することが必要である。

（4）許認可事務に対する事前の個別的行政関与の制限

第1次分権改革の以前は、自治体が私人に対して行う許認可事務については、国は通達等による一律的行政関与は行うが、個別の許認可の事務処理には事前には関与しないという不文律のようなものがあった。

ところが、第1次分権改革では、第2章第4節7（8）で述べたように、分権委員会が農林水産省との調整の中で、農地法の農地転用許可の権限移譲にあたり、当分の間の経過措置として都道府県が国と協議をするという仕組みを導入したのである。同様の問題は、自然公園法の国定公園内の行為許可の自治事務化でも生じている。大規模な面積等を有する行為については、都道府県は環境省に事前に協議することが義務付けられたのである。自治事務化に伴う経過措置ではなく、恒久措置として協議が規定されたことは、農地転用許可以上に問題が大きいと言える。

第2次分権改革では、介護保険法に基づく指定介護事業者の指定の権限を都道府県から中核市等に移譲するに当たり、分権改革委員会の第1次勧告では、個別の指定に都道府県の同意を要するとされたが、法改正の段階では、

同意を要するとする規定はされなかった。民間の事業者が市に申請した場合に、市が都道府県の同意を得たうえで指定するということは、関与の形態としては異例のものであり、このような形で許認可事務への関与が個別法で定められることは適当でない。実務上も、訴訟となった場合の責任関係や、指定のみに都道府県の同意を要したとしても、その後の立入検査や監督処分等を市が単独で行うなどの問題もある。

　自治体の許認可事務に対する国の行政機関による事前の関与は、運用基準レベルに留めるべきものであり、関与の基本原則として、事前の個別的行政関与を制限することをルールとして規定する必要がある。

第4節　国と自治体の分担関係と相互関係のルールの小括

　前記第2節で述べた分担関係のルールと、前記第3節で述べた相互関係のルールの整備を小括すれば、次のとおりである。

[表72]　国と自治体の分担関係のルールの整備

	現行のルール	今後整備すべきルール
法形式	[規定なし]	事務の分担は法律で定める「事務分担法律主義」の導入
分担の仕方	[規定なし]	事務の切分けの原則の法定化 ①対象別区分における事務の一貫処理の原則 ②内容別区分における関連する事務の一体処理の原則 ③作業別区分による事務の分担の制限

[表73]　国と自治体の相互関係のルールの整備

	現行のルール	今後整備すべきルール
枠組みレベル	[規定なし]	枠組みレベルの関与のルールの導入 ①事務の内容の定めの法律主義の導入 ②事務の内容の定めの「できる規定」化

法的基準レベル	［規定なし］	法的基準レベルの関与のルールの導入 A　自治事務に対する関与の限定 ・法的基準の条例の最大限活用の原則 ・許認可の条例基準に係る法令基準の参酌すべき基準又は標準の原則 ・公共施設の条例基準に係る法令基準の参酌基準かつ暫定措置の原則 B　法令基準による関与の量的限定 ・法形式を法律・政令に限定 ・法令基準を要件規定に限定
運用基準レベル	法定受託事務の処理基準（よるべき基準）の根拠規定（第245条の9）、団体の事務の技術的助言（通知）の根拠規定（第245条の4）	運用基準レベルの関与のルールの導入 ①一律的行政関与の形態の明記 ②処理基準及び技術的助言の表現のルール ③関与者名義と文書方式の徹底
	［手続きのルール：規定なし］	
個別処理レベル	団体の事務に関する技術的助言・勧告、資料提出の要求の根拠規定（第245条の4）	個別処理レベルの関与のルールの充実 ①個別的関与の根拠規定の法律主義の導入 ②個別的関与の対象規定の法定主義の厳格化 ③対等性の高い関与形態を基本類型に追加 ④許認可事務への事前の個別的関与の制限
	是正の要求（第245条の5）・是正の指示（第245条の7）の根拠規定	
	関与（命令、許可等）のルール（関与の類型：第245条）、（法定主義：第245条の2）、（基本原則：第245条の3）、（手続のルール：第246条～250条の6）	

第5節　個別法の改革と基本ルールの整備の相互関係

　国と自治体の行政上の関係、すなわち、分担関係と相互関係を改革していくためには、まず、個別法を対象とした改革を突破口として先行的に個別の実績を積み上げ、次に、これをベースに地方自治法に原則をルールとして整備することが効果的である。

　原則のルール化に当たっては、第1次分権改革の地方自治法の改正において行われたように、個別法による例外の余地を認めることで、一般法で原則を示し、どの個別法の規定が例外なのかを法的に明確にすることが重要である。ルールの対象となる法律が多く存在する中で、府省の抵抗を抑えて法改正に至るためには、原則を明確に定める一方で、個別法による例外の余地を

残しておくことが必要である。

そして、地方自治法の原則に適合しないまま存置された個別法の例外規定については、次の改革の機会に順次改めていくのである。

第1次分権改革前の行政改革、第1次分権改革、第2次分権改革を時代を追って振り返れば、(1) 個別法の改革による先行事例の実績づくり、(2) 一般法による基本ルールの確立、(3) 基本ルールに適合しない個別法の例外規定の縮減、という3段階での取組みが成果を挙げるポイントであったと考えられる。

1 第1次分権改革前の行政改革による先行事例の実績づくり

第1章第3節で述べたように、シャウプ勧告を受けて設置された地方行政調査委員会議が昭和25年に行った行政事務再配分に関する勧告は、一部を除き実施されなかったが、その後の臨調、第2次臨調、行革審、第2次行革審の行政改革の答申では、機能分担論に基づき、機関委任事務制度を活用した国から自治体への権限委譲や機関委任事務の一部の団体委任事務化、許認可等の個別的行政関与の一部の緩和などが実施された。

こうした先行事例の実績は、改革の手法を明らかにするとともに、改革に問題がないことを実証する効果をもたらし、その後の改革のベースとなったと言える。

2 第1次分権改革による機関委任事務制度の廃止と個別的行政関与のルール化

第1次分権改革では、第1次分権改革以前に先行して行われた実績をベースとして、機関委任事務制度の廃止と個別的行政関与のルール化が行われた。

機関委任事務制度の廃止については、第1次分権改革のスタート時点では国の中央省庁の異論が強く、制度の廃止は困難な状況にあった。そうした状況が変化したのは、第4章第2節4で述べたように、機関委任事務制度の廃止後の自治体の事務に対する国の関与の方式が分権委員会から示され、改革

の争点が機関委任事務制度の廃止の是非から機関委任事務制度の廃止後の国の関与のルールに移行したことによるものである。中央省庁は、機関委任事務制度の廃止によって、自治体が機関委任によって処理している事務が国の事務ではなく自治体の事務となることは容認するとしても、引き続き、自治体の事務となった旧機関委任事務に対して国が一定の関与ができるよう担保を求めてきたのである。

分権委員会は、従来の機関委任事務制度では主務大臣の自治体の長に対する指揮監督権に基づき、中央省庁が通達によって自治体の事務を拘束し、個別の事務処理について個別の法律の根拠を要しないで命令するといった状況を改めるべく、第4章第2節5で述べたように、地方自治法に関与の法定主義をはじめとする関与の基本原則を法定化した。

中央省庁は、機関委任事務制度の廃止後の事務区分について、自治体の自主性が高く個別的行政関与が強く制限される自治事務ではなく、個別的行政関与が認められやすい法定受託事務への移行を強く希望した。

分権委員会は、事務区分については自治事務化を原則とし、法定受託事務を限定する一方、自治事務化した事務の一部について、地方自治法で定める個別的行政関与のルールとは異なる例外措置を個別法で規定することを一件ごとに審査して許容した。

この結果、旧機関委任事務のうちの多くは自治事務となったが、地方自治法の原則に適合しない個別的行政関与が個別法に存置されることとなった。

3　第2次分権改革による個別的行政関与の見直しの意義

第2次分権改革では、一般的には法令基準の改革が注目されているが、第4章第4節で述べたように、個別的行政関与の改革としても一定の成果をあげている。特に注目すべきは、地方自治法の原則では自治事務に対しては認められていない許可、認可、承認、協議といった個別的行政関与について、第1次分権改革では、例外的に個別法で定めることを許容されたものが、第2次分権改革で見直しの対象となったことである。

例えば、第1次分権改革前の道路法では、A地点からB地点を結ぶ道路を都道府県道として認定する場合には、都道府県議会の議決に加え、国の認可が必要とされていた。第1次分権改革によって、認可は協議に改められ、都道府県は国に協議すれば、国の同意がなくとも都道府県道の認定が可能となった。ただし、都道府県道の管理の事務は自治事務であることから、道路法で協議を自治体に義務付けることは、第1次分権改革によって導入された地方自治法の個別的行政関与の原則に適合していなかった。このため、第2次分権改革では、道路法の協議の規定が廃止され、地方自治法の原則に適合するよう改められた。

4 第2次分権改革による法令基準の改革の意義と課題

　第1次分権改革によって、国と自治体の分担関係と相互関係の基本原則の法定化、機関委任事務制度の廃止が実現し、旧機関委任事務についても、自治体の事務として条例制定が可能となった。

　しかしながら、第4章第2節7（2）で述べたように、個別法の法令基準が詳細に定められたままでは、条例を活用する余地は制約を受けた状態にある。第1次分権改革では個別の法令基準については全く手が付けられなかったことから、第2次分権改革においては、個別法の法令基準の改革がテーマとなった。

　具体的には、第4章第4節、第5節で述べたように、計画策定の基準、施設・公物の設置管理の基準、審議会等の委員や職員の基準が重点対象として見直され、法令基準の条例規定化が行われた。

　法令基準の改革は、第2次分権改革において先行事例の実績ができたものと言える。ただし、第5章第5節4で述べたように、第2次分権改革においては、許認可等の基準についてはほとんど手が付けられていないことや、自治事務である許認可等の基準に「従うべき基準」による規制が導入されているといった課題がある。

　今後は、許認可等の基準について、自治事務に適合した改革の先行実績を

つくる必要があると言えよう。

5　第1次・第2次分権改革による国から自治体への権限移譲の実績

　国から自治体への権限移譲については、第2章で述べたように、第1次・第2次分権改革において、農地転用許可や保安林の指定・解除等の規制行政の分野を中心に権限移譲の実績を挙げた。

　ただし、第3章第3節で述べたように、第2次分権改革においては、地方分権の観点と国の出先機関の見直しの観点が並列に扱われた結果、事務の切り分けの回数が増加し、権限移譲とは言えないものも存在している。

　今後は、第3章第3節2（1）で述べたように、流域保全保安林の指定・解除をはじめとする作業別区分の解消に重点的に取組むとともに、第3章第4節3（2）で述べたように、従来の対象別区分だけではなく内容別区分による事務の切り分けを行うことにより、指定区間外国道の新築・改築、一の都道府県で完結する一級河川の河川整備基本方針の決定、国定公園の公園計画の決定といった企画権限の移譲の実現を図る必要があると言えよう。

6　今後の行政関係の分権改革の進め方

　今後は、前記4で述べた許認可事務の法令基準の見直しや前記5で述べた企画権限等の移譲の実現に取組み、改革の実績づくりを進めるとともに、これらの実績と第1次分権改革及び第2次分権改革で先行した改革の実績をベースとして、第6章第2節〜第4節で述べたように、分担関係と相互関係のルールを地方自治法に整備していく必要がある。その場合には、第1次分権改革における個別的行政関与のルール化と同様に、個別法による例外の余地を一定の限定の下で認めることが、基本ルールの法制化の実現にとって有効であると考えられる。

　行政関係の分権改革は、議論の段階では方針を明確に提示する必要があるが、改革を実現して成果を得るためには、改革の対象を選定し、改革の手法を工夫し、段階を踏んで着実に改革を進めていくことが重要であるというの

が、これまでの改革の経緯が物語っていると言えよう。

［行政関係の分権改革の段階別の進め方］

| 第1段階 | 個別の改革による先行事例による実績づくり |

⇩

| 第2段階 | 個別の改革の実績を踏まえた基本ルールの整備（例外の許容） |

⇩

| 第3段階 | 基本ルールに適合しない個別法の例外規定の縮減 |

第7章　おわりに

本書がテーマとした国と自治体の行政上の関係、すなわち国と自治体の分担関係と相互関係が分権改革によってどう変わったか、そして、今後は何をどのように改革すべきかについては、第1章から第6章までに述べたとおりである。

本章では、今後、分権改革を推進する上で重要と思われる3つの点について述べることとする。第1は、自治の量的拡大と自治の質的充実についてである。第2は、国と自治体の行政上の関係だけでなく財政上の関係も含めた、今後の分権改革全体の進め方についてである。第3は、自治体の条例体系の整備についてである。

第1節　自治の量的拡大と自治の質的充実

第1章第2節2で述べたように、集権・分権の概念は、一般に、中央政府から移譲されている権限＝自治の量と、自治体の意思決定の自律性＝自治の質の両者を包含して用いられている。第2章及び第3章で論じた国と自治体の分担関係は自治の量の問題であり、第4章及び第5章で論じた国の自治体の相互関係は自治の質の問題である。

[表74]　自治の量的拡大と自治の質的充実

	自治の量的拡大	自治の質的充実
権限	・国から自治体への権限移譲 ・都道府県から市町村への権限移譲	国から自治体への統制・関与の廃止・緩和
補助金・負担金・交付金	権限移譲に伴う補助金等の交付対象の拡大	補助金等の交付対象の縮小に伴う税財源の移譲
税財源 （地方税・地方交付税）	権限移譲に伴う税財源の移譲	

＊税財源の移譲は、例えば、国税の税率を引き下げて地方税の税率を引き上げる方法や、国税に対する地方交付税の割合を引き上げる方法がある。

第 7 章　おわりに

　第 1 次分権改革及び第 2 次分権改革が、いずれも自治の量的拡大よりも自治の質的充実に重点を置かれたことは、第 1 章第 2 節 3 で述べたように、日本における国と自治体の関係が「集権融合型」であるという問題認識がベースにあったものと考えられる。国のコントロールを維持したまま自治体の事務量を拡大したとしても、国の出先機関と同じように事務を処理することになり、かえって自治を阻害することになるという問題がある。

　また、自治の量を拡大する場合であっても、第 2 章第 4 節 6 や第 5 節 2 で述べたような国の自治体への不適切な依存関係の問題があり、第 3 章第 1 節で述べた事務の切り分け方や切り分けの回数に配慮しなければ分権に資する「権限移譲」にはならないのである。

　第 1 次分権改革及び第 2 次分権改革が、自治の質的充実に重点を置く改革であり、しかも自治の量的拡大においても分担の仕方を変えるものが多いということは、改革の成果が見えにくいという欠点を有している。例えば、機関委任事務制度の廃止は、自治体が処理している事務への国のコントロールを激的に制限し、自治体の条例制定を可能にするとともに、事務処理の運用においても自治体の裁量の余地を大幅に拡大したものであるが、改革の前後で事務処理の外形に変わりはないのである。

　また、第 2 章第 4 節で取り上げた大規模な農地転用の許可権限の移譲のように、権限移譲による自治の量的拡大と国の新たな統制による自治の質的限定が同時に行われている。国から都道府県に大規模な農地転用の許可権限が移譲される一方で、大規模な農地転用を許可する場合には、「当分の間」、都道府県は国に協議しなければならず、しかも、かつては通達で示されていた詳細な運用基準が平成10年には規律密度が高いまま法令基準に格上げされ、かつ、平成21年の省令基準の改正で許可できる場合が厳格化された。

　本書で述べてきたように、第 1 次分権改革及び第 2 次分権改革による国と自治体の関係の変化を外形だけで捉えることは難しい。改革と言うと、一般的には外形上の大きな変化をイメージさせるが、分権改革においては、外形上見えやすい自治の量的拡大にばかり重点を置いた改革は、自治の質的な低

331

下をもたらす危険性を有していることに留意する必要がある。

第2節　今後の分権改革全体の進め方

1　西尾勝の3つの課題群

改革を推進するためには、改革の対象となる課題を明確化することが必要であり、そのためには課題を類型に整理することが有効である。

分権改革がスタートしたのは平成7年であるが、その15年前の昭和55年に西尾勝は「国と地方の新しい関係をもとめて」と題する論文の「行財政システム改革の段階的評価」の中で、中央集権体制の是正のための課題を3つの課題群として示している。[139] これを筆者が表形式にしたものが表75である。

[表75]　西尾勝の中央集権体制の是正の3つの課題群

	改革の対象となる課題	折衝・対立
第1	各省所管の個別法又は補助金事業要綱などの改訂	自治省対各省
第2	国と自治体間の税財源配分	自治省対大蔵省
第3	地方政治制度の基本枠組み	自治体対自治省

＊自治省、大蔵省は西尾論文の当時の名称を使用している。

第1は、各省所管の個別法又は補助金事業要綱などの改訂を対象とした課題群であり、これは、政治レベルでは自治省（当時。以下同じ）と各省との折衝ないし対立の問題であるとする。

第2は、国と自治体間の税財源配分を対象とした課題群であり、これは、政治レベルでは自治省と大蔵省（当時）の折衝ないし対立の問題であるとする。

第3は、地方政治制度の基本枠組みを対象とした課題群であり、これは、政治レベルでは自治体と自治省の折衝ないし対立の問題であるとする。

---

(139) 西尾勝（1980, p.39）。

2　3つの課題群ごとの改革の取組状況

　第1の課題群については、第2章から第6章までに述べたように、第1次分権改革及び第2次分権改革のテーマとなり改革が行われた。

　第1次分権改革を推進した分権委員会の補助金・税財源検討グループにおいては、個別の国庫補助負担金（以下「補助金等」という。）の見直しと自治体の税財源の充実の2つがテーマとされたが、この2つは、分権委員会の勧告で全く異なる扱いを受けた。分権委員会の勧告では、個別の補助金等の見直しについては、「国庫補助負担金の整理合理化」及び「存続する国庫補助負担金に係る運用・関与の改革」が勧告されるともに、その例示として、補助金等の廃止9件、一般財源化14件、交付金化7件、重点化13件、その他57件が具体的に勧告されている。

　一方、自治体の税財源の充実については、神野直彦座長から補助金等の総額の削減とこれに伴う国税である所得税から地方税である住民税への税源移譲の具体案が提出されているにもかかわらず、分権委員会の勧告では、補助金等の廃止・縮減や権限移譲の場合における地方税等の一般財源の確保について総論を述べるだけで、神野座長が提示した補助金等の総額の削減とこれに伴う税源移譲の具体案は正式な委員会の勧告等には盛り込まれずにお蔵入りした。

　第2の課題群に取り組んだのは、三位一体の改革と第2次分権改革である。第1次分権改革でお蔵入りした神野座長の案は、小泉政権の下で動き出す三位一体の改革のベースとなり、補助金等の削減とこれに伴う国税から地方税への税源移譲が行われた。

　三位一体の改革については、改革が進むに従っていくつかの問題点が生じている。第一点は、補助金等の削減の総額と税財源移譲の総額との乖離による国から自治体への財政負担の転嫁である。国の関与がある補助金等から自主性の高い税財源になることで事業の効率化等が図られることにより、補助金等の削減額と税財源移譲額との間の乖離が許容される場合もあり得るが、分権改革の美名の下に、国の財政負担の自治体への転嫁が意図される危険性

を示していると言えよう。第二点は、税源移譲の前提となる補助金等の削減において、交付対象事業の廃止又は交付対象事業の重点化の手法によらなければ自治体の自主性の向上に寄与しないにもかかわらず、一部に補助率・負担率の削減の手法が用いられたことである。補助率・負担率の削減の手法による補助金等の総額の削減では、自治体にとっては財政負担が増える一方で国の関与の対象は変わらず自治体が自主性を発揮する余地は増えないことになる。第三点は、削減する補助金等の選定において、児童手当、児童扶養手当といった国が本来果たすべき責務に係る負担金が削減の対象とされたことである。憲法上の国の責務である国民の生存権の保障に関わるものや、平等性の確保が最も重視される事柄において国の財政負担を低下させることは、中央政府の役割に関わる重大な問題である。また、自治体の裁量の余地のないものを対象とした点は分権改革としての妥当性を欠くものと言わざるを得ない。

　税財源の改革においては、補助金等から地方税へという外形だけでなく、中身に着目しなければ判断を誤ることになるのであり、問題点の第二点や第三点で述べたように数量的な指標だけでは捉えられない重要な論点があることに留意する必要がある。

　第2次分権改革においては、国道や一級河川の国直轄管理区間の都道府県への移譲に伴う新たな交付金制度の創設が総論としては合意されたが、交付金制度の内容が具体化されず、国土交通省と都道府県の間で事実上合意した権限移譲も行われなかった。交付金制度の創設については内閣府が預かったような形で棚上げされているが、財務省、総務省、国土交通省、自治体の間で決着しないものを内閣府がどうこうできる問題ではない。内閣と知事会の間の政治レベルで協議しなければ進まない問題である。

---

(140) 第1次分権改革を推進した地方分権推進委員会の地方六団体ヒアリングにおいて、長野士郎全国知事会会長は、「羽織の紐」を例に、羽織の紐をあげるから羽織を作れというようなものであると述べて、補助率が低い補助事業における国の関与の問題点を指摘している。
(141) 国が財政責任を放棄する危険性については、市川喜崇（脚注25）参照。

第 7 章　おわりに

第 3 の課題群は、これまで論点の整理が具体的にされていない状況にある。

3　3つの課題群の意義と今後の分権改革の進め方

分権改革の課題群の類型においては、行政、財政、地方（政治・行政）体制の3つに区分する方式が一般的である。第1次分権改革を推進した分権委員会では、行政関係検討グループ、補助金・税財源検討グループ、地方行政体制等検討グループの3つの検討グループが設置されている。

しかし、西尾の3つの課題群では、財政関係の改革として同一のグループにされがちな個別の補助金の見直しというミクロレベルの問題と、自治体の税財源（補助金、交付税、地方税等）の充実というマクロレベルの問題を別の課題群としている。このことが、分権改革を進めるうえで意義があったと考えられるのである。

3つの課題群の第一の意義は、自治体や旧自治省・総務省が旧大蔵省・財務省を敵に回して分権改革を進めることは現実的に難しいという状況を踏まえ、まずは、旧大蔵省・財務省の所管に直接関係がない各省所管の事項を優先して改革の対象とする点にあると言えよう。

財務省・旧大蔵省は、内閣府や総務省とともに行財政改革を推進する役割を担っているが、他の府省の所管事項に比べ財務省・旧大蔵省の所管事項を改革の対象とすることは、難易度が格段に高くなるという問題がある。政府に分権委員会や分権改革委員会などの第三者機関を設置する場合にも、事務局の幹部は財務省・旧大蔵省、総務省・旧自治省・旧総務庁のメンバーで構成されることになる。財務省・旧大蔵省の有する予算査定等の権限をバックとしたパワーは、他の府省とは別格と言っても過言ではない。

第1次分権改革と第2次分権改革においては、旧大蔵省・財務省は基本的には中立的な立場をとって分権改革の推進を黙認したが、財務省の所管に関わる事項、すなわち、三位一体の改革や第2次分権改革における権限移譲に伴う新たな交付金制度の創設の場面では、分権の推進については消極的な姿勢が見られた。第1次分権改革、三位一体の改革、第2次分権改革が、不十

分ながらも一定の成果を挙げた背景には、旧大蔵省・財務省との調整を要しない改革と要する改革のステージを別にしたという点が功を奏したものと考えられる。⁽¹⁴²⁾

　３つの課題群の第二の意義は、分権委員会などの第三者機関が改革案を個別具体的に勧告で内閣に提示する方式に適した課題、すなわち第１の課題群と、内閣が政治的なリーダーシップで利害関係を調整し改革案を決定することに適した課題、すなわち第２の課題群を仕分けた点にあると言えよう。なお、第１の課題群においても、第三者機関が勧告し政府がこれを尊重する法的な仕組みを構築する段階では内閣の政治的なリーダーシップが必要であり、また、勧告に基づいて個別法を改正する段階では、内閣の政治姿勢が重要である。

　西尾は３つの課題群における折衝・対立を、自治体、旧自治省、各省庁、旧大蔵省の間において論じたが、政党の政務調査会の各調査会・部会をはじめ中央政界との関係においても、第１の課題群と第２の課題群では政治的な調整の必要性や調整する場合の相手方が大きく異なってくる。

　今後、分権改革を進めるためには、第三者的な機関や有識者を活用した政府部内の検討によって改革案をとりまとめる方式に適した課題と、内閣の政治的なリーダーシップで改革案をとりまとめることに適した課題について、それぞれ改革の舞台（ステージ）を用意することが必要になると言えよう。⁽¹⁴³⁾

第３節　自治体の条例体系の整備

　国と自治体の行政上の関係の改革を今後一層推進していくためには、国の

---

(142) 第１章第３節３（１）で述べた、昭和54年の第17次地方制度調査会で地方分権の推進が答申されたことについて、西尾勝（1980, p.38）は、「なかでも重要なこと、異例なことは、私見によれば、今回は自治省と大蔵省が呼吸を合わせ、連携して審議し作業した点ではないかと思われる」と述べている。

(143) 分権改革とは直接関係はないが、橋本龍太郎総理大臣が就任当初、臨調のような第三者機関を設けようと考えたが、その後、橋本総理を長とする行政改革会議を設けて中央省庁の再編案をとりまとめたことは、今後の分権改革においても参考になると思われる。

第7章　おわりに

法令体系の自治体側の受け皿となる条例体系の整備を進めていく必要がある。このため本節では、分権時代にふさわしい法律体系と条例体系の関係の構築をめざして新たな条例・条項の類型を提示し、今後の条例整備のあり方を論ずる。

　これまでは、法令から条例への委任を進めることに重点が置かれてきたが、第2次分権改革において用いられた「条例委任」には、法律から条例への権限移譲（授権）と、法令による規律を緩和する関与の改革の2つの異質なものが一括されており、後者を条例委任と呼ぶことに問題があることは、第5章第5節で述べたとおりである。

　この問題とは別に、そもそも論として、第1次分権改革によって「委任事務」の概念が廃止されたことから、法律から条例に権限移譲（授権）する場合であっても、「委任」と呼ぶことは適当ではないとの指摘がされており、委任に代わる用語を用いることが望ましいと考えられる。この論点は、単に呼称の適否だけではなく、概念の整理を伴うものであるので、第1次分権改革によって委任事務の概念が廃止され法律に基づく事務であっても自治体の事務とされたことを踏まえ、条例・条項の類型の再整理を試みることとする。

　自治体が処理する事務に「法律に定めのある事務」と「法律に定めのない事務」があるとされていることは第5章第4節で述べたところであるが、より厳密にいえば、前者は法律が適用される「法適用事務」、後者は法律が適用されない「法不適用事務」＝「独自事務」と呼ぶべきである。法律に定めがあっても、条例で根拠規範を定めれば自治体独自の事務になり、当該事務に法律は適用されないからである。例えば、法律との抵触の問題は別として、法律に基づかない自治体独自の上乗せ条例がある。法律が適用される「法適用事務」に関する条例を「法適用事務条例」、法律が適用されない「独自事務」に関する条例を「独自条例」と呼ぶこととする。

　法適用事務には、法律に根拠規範がある「法律に基づく事務」と法律に根拠規範がなく規制規範しかない「法律に規律された事務」がある。前者の事

（144）北村喜宣（2013b, p24）、斉藤誠（2012, p.333）。

務に関する条例を「法律実施条例」、後者の事務に関する条例を「法規律事務条例」と呼ぶこととする。法律実施条例は、法律規定条例、法定事務条例とも称されている。

法律実施条例の条項は、①法律からの授権に基づき条例で「根拠規範に関する定め」をする「従前の委任条例（項）」——これを「分任条項」と呼ぶ——と、②法律からの授権に基づかないで条例で「規制規範に関する定め」をする「規律条項」——法律が規制規範について「条例で定める」と規定しても授権ではないことは第5章第5節で述べたとおり——、③組織規範などを定める「その他の条項」、の3つに分類できる。

法律が適用されない「法不適用事務」＝「独自事務」に関する独自条例の条項は、①法律と規制対象を同じくする「並行条項」「前置条項」、②法律と規制対象が同種であるが対象が異なる「横出し条項」、「裾出し条項」、③その他の独自条項、の3つに分類できる。

なお、分任、並行、前置、横出し、裾出しは、一つの条例の中の条項として規定されることが多いことから、条例ではなく条項の区分としている。

条例・条項を類型により整理すると表76のようになるが、自治体が条例を制定する場合には、類型ごとではなく、政策単位で一元化した条例を制定し、自治体の政策目的と政策の体系を条例で示すことが適当である。

---

(145) 北村喜宣（2012, p34）。
(146) 斉藤誠（2012, pp.286-308）。
(147) 磯崎初仁（2012, pp.31-33）。
(148) 分任は、北村喜宣（2013b, p20-22）の用語を用いている。北村は「適切な役割分担の観点から自治体に分けて任せる」のが分権改革であり、従来の委任条例ではなく「分けて任せる」という意味の「分任条例」と呼ぶべきとする。
(149) 北村喜宣（2013b, p30-31）は、法律実施条例には法律に明文規定がある分任条例とそれがない狭義の法律実施条例があるとしている。狭義の法律実施条例の内容は、本書の規律条項又はその他の条項が該当するものと解される。
(150) 北村喜宣（2012, p34）は、法律と規制対象を同じくするものを「並存条例」と呼び、これを法律と同時に規制する「並行条例」と、法律の規制の事前に規制する「前置条例」に区分している。
(151) 政策単位での条例制定と目的規定を定めた分権型の条例体系の構築については、小泉祐一郎（2011a, pp.105-158）。

[表76] 自治体の事務の区分と条例・条項の類型[152]

法適用事務	法律に基づく事務（法律に根拠規範のある事務）	根拠規範に関する定め	分任条項	法律実施条例	法適用事務条例
		規制規範に関する定め	規律条項	法律規定条例	
		その他の定め	その他の条項	法定事務条例	
	法律に規律された事務	法規律事務条例			
独自事務	法律が適用されない事務	法律と規制対象を同じくするもの	並行条項 前置条項		独自条例
		法律と規制対象が同種であるが対象が異なるもの	横出し条項 裾出し条項		
		その他のもの	その他の独自条項		

　重要なことは、条例の第1条に条例の目的を規定することである。法適用事務条例では、第1条に目的ではなく趣旨を規定する傾向がみられるが、少なくとも、法律に規律された事務に係る「法規律事務条例」においては、趣旨ではなく目的を規定する必要がある。

　特に法規律事務条例の場合に問題なのは、法律から条例制定権限を授権されたのではなく、法律は条例の制定を義務付けているにすぎないにもかかわらず、法規律事務条例の第1条で「○○法第○条の規定に基づき」と規定する条例が散見されることである。第5章第5節で述べたとおり、条例で規定することを義務付けている法律は根拠規範ではなく規制規範にすぎないのであり、当該事務を処理する権能は、法律によって授権されたわけではない。例えば、都市公園条例の根拠規範は、当該公園を管理するために必要な権原（所有権等）なのであって、自治体は都市公園の管理のための条例を制定する権能を憲法上有しており、都市公園法第18条の規定は、地方自治法第244条の2第1項と同じく、条例制定の義務付け規定にすぎないのである。

　自治体が政策の目的を条例に明記し、自治体の政策目的と政策の体系を条例で示すことで、法律の適用がある事務においても、条例が法体系に単に従属するだけではなく、法律と条例が相互に協調・連携・補完する分権型の法令・例規の体系が構築されることが期待できるのである。

（152）表76は、北村喜宣（2013a, p.56）をベースに作成したものである。

参考文献（50音順）

Hull, C. and Rhodes, R.A.W., 1977, Inter-governmental relations in the European Community, Gower Publishing Company

Rhodes, R.A.W., 1999, Control and Power in Central-Local Government Relations, Ashate Publishing

Robson, W.A., 1966, Local Government in Crisis, George Allen & Unwin

Stockwin, J.A.A., 1975, Japan:Divided Politics in a Growth Economy, Butler & Tanner

天川晃（1984）「地方自治制度の再編成」日本政治学会編『年報政治学1984近代日本政治における中央と地方』岩波書店

出石稔（2014）「自治体の事務処理と国の関与」『行政法の争点』有斐閣

磯崎初仁（2002）「自治立法の可能性」松下圭一ほか編『自治体の構想2制度』岩波書店

磯崎初仁（2012）『自治体政策法務講義』第一法規

磯部力（1998）「国と自治体の新たな役割分担」西尾勝編著『地方分権と地方自治』ぎょうせい

市川喜崇（2012）『日本の中央―地方関係―現代型中央集権の起源と福祉国家』法律文化社

市橋克哉（2001）「第3章条例及び規則［§14］」室井力・兼子仁編『基本法コンメンタール地方自治法』日本評論社

稲葉馨（1997）「国と地方公共団体の関係に関するルール」ジュストNo.1110

稲葉馨（2002）「国と自治体との関係―国の関与を中心として―」佐藤英善編『新地方自治の思想―分権改革の法と仕組み―』敬文堂

今村都南雄（1997）「第16章日本における政府間関係論の形成」今村都南雄著『行政学の基礎理論』三嶺書房

今村都南雄（2000）「自治・分権改革の可能性」今村都南雄編著『自治・分権システムの可能性』敬文堂

今村都南雄（2002）「公共空間の再編」今村都南雄編『日本の政府体系』成文堂

岩崎忠（2012）『「地域主権」改革』学陽書房

岩崎美紀子（1996）「分権と中央—地方関係」、日本行政学会『年報行政研究31』、ぎょうせい

岩橋健定（2001）「条例制定の限界」小早川光郎・宇賀克也編『行政法の発展と変革 下巻』有斐閣

宇賀克也（2007）『地方自治法概説第2版』有斐閣

江藤俊昭（2011）『地方議会改革—自治を進化させる新たな動き』学陽書房

薄井一成（2008）「自治事務とは何か」ジュリストNo.1357

大久保皓生（1985）「わが国の中央・地方関係に関する一試論」片岡寛光編『早稲田大学現代政治経済研究所研究叢書1国と地方—政府間関係の国際比較—』早稲田大学現代政治経済研究所

大橋洋一（2002）「自治事務・法定受託事務」松下圭一ほか編『自治体の構想2制度』岩波書店

大橋洋一（2004）『行政法　現代行政過程論第2版』有斐閣

大森彌（2011）『政権交代と自治の潮流—続・希望の自治体行政学』第一法規

河川法研究会（2006）『改訂版［逐条解説］河川法解説』大成出版社

角松生史（2007）「条例制定の法的課題と政策法務」ジュスリトNo.1338有斐閣

金井利之（1991）『福祉国家の中央地方関係—ＤＥアシュフォードの英仏比較を軸として—』東京大学都市行政研究会

金井利之（2007）『行政学叢書　自治制度』東京大学出版会

兼子仁（1989）「自治体法学全集7地方自治法」兼子仁・磯野弥生編、学陽書房

川崎政司（2012）『ポイント解説「地域主権改革」関連法』第一法規

姜光洙（1998）『行政改革下の地方制度改革—第2次臨調、第1・2・3次行革審を中心に—』東京大学都市行政研究会

環境庁自然保護局（1981）『自然保護行政のあゆみ』第一法規

上林陽治（2008）「地方分権改革推進委員会『国の出先機関の見直しに関する中間報告』について」自治総研359号、地方自治総合研究所

上林陽治（2010）「義務付け・枠付けの見直しとはなにか〜見直し条項の数量分析〜」自治総研375号、地方自治総合研究所

岸昌（1961）『地方自治の探求』学陽書房

喜多見富太郎（2010）『地方自治護送船団』慈学社

北村喜宣（2004）『分権改革と条例』弘文堂

北村喜宣（2008）『分権政策法務と環境・景観行政』日本評論社

北村喜宣（2009）『自治体環境行政法第5版』第一法規

北村喜宣（2010）『法律改革と自治体』日本公法学会

北村喜宣（2012）『自治体環境行政法第6版』第一法規

北村喜宣（2013）a「2つの一括法による作業の意義と今後の方向性」自治総研413号、地方自治総合研究所

北村喜宣（2013）b「分任条例の法理論」自治研究89巻7号、第一法規

行政管理研究センター（1991）『日本を変えた10年―臨調と行革審』

行政管理研究センター（1998）『行政改革委員会総理への全提言』

久世公堯（1965）「行政事務配分に関する諸問題」『現代地方自治論』評論社

交告尚史（2011）「行政判断の構造」磯部力・小早川光郎・芝池義一編『行政法の新構想Ⅰ行政法の基礎理論』有斐閣

小泉祐一郎（2010）『土地利用・開発許可制度の解説』ぎょうせい

小泉祐一郎（2011）『地域主権改革一括法の解説―自治体は条例をどう整備すべきか』ぎょうせい

小泉祐一郎（2016）「第2次分権改革における法令基準の改革の検証と今後の改革方策」北村喜宣編著『自治総研叢書34第2次分権改革の検証』敬文堂

小滝敏之（1983）『政府間関係論』第一法規

小西敦（2014）『地方自治法改正史』信山社

小早川光郎（1998）「国地方関係の新たなルール―国の関与と係争処理―」西尾勝編著『地方分権と地方自治』ぎょうせい

小早川光郎（2001）「基準・法律・条例」小早川光郎・宇賀克也編『行政法の発展と変革下巻』有斐閣

小早川光郎（2002）「司法型の政府間調整」松下圭一ほか編『自治体の構想 2 制度』岩波書店

小林與三次（1956）『地方自治』良書普及会

斎藤誠（2009）「自治体立法の将来」都市問題研究第61巻第5号

斎藤誠（2008）「今次分権改革の位置づけと課題―法学の観点から」ジュリストNO.1356

斎藤誠（2012）『現代地方自治の法的基層』有斐閣

桜井敬子（2001）「自治事務に対する法令の制約について―開発許可を素材として

―」自治研究77巻5号、第一法規

佐藤文俊（2000）「地方分権一括法の成立と地方自治法の改正（4）」自治研究第76巻13号

塩野宏（1990）『国と地方公共団体』有斐閣

塩野宏（2013）『行政法Ⅰ［第5版補訂版］行政法総論』有斐閣

芝池義一（1997）「機関委任事務制度の廃止」ジュリストNo.1110

嶋田暁文（2010）「政策実施とプログラム」大橋洋一編著『政策実施』ミネルヴァ書房

島田恵司（2007）『分権改革の地平』コモンズ

白藤博行（1996）「地方分権の論点」『地方分権の焦点』自治体研究社

白藤博行（1997）「『機関委任事務』法理と地方自治」日本地方自治学会『機関委任事務と地方自治』敬文堂

白藤博行（1999）「地方公共団体に対する国の関与の法律問題」『地方分権の法制度改革』地方自治総合研究所

白藤博行（2001）「第1款普通地方公共団体に対する国又は都道府県の関与等」室井力・兼子仁編『基本法コンメンタール地方自治法』日本評論社

新藤宗幸（1985）「新々中央集権下の国と地方関係」日本行政学会『年報行政研究19』ぎょうせい

森林法制研究会（1980）『改訂森林法 森林組合法』第一法規

スティーヴン・R・リード（1990）『「日本の政府間関係―都道府県の政策決定―』森田朗ほか訳、木鐸社

杉村章三郎（1969）『逐条解説自治要覧』東京法制研究会編、光文書院

高木健二（1999）『「分権改革の到達点」』敬文堂

武智秀之（2002）「政府間関係の再編」今村都南雄編『日本の政府体系』成文堂

高橋滋（2011）「行政上の規範―安全基準を中心にした一考察」磯部力、小早川光郎、芝池義一編『行政法の新構想Ⅰ行政法の基礎理論』有斐閣

多賀谷一照（2012）『詳解逐条解説港湾法』第一法規

田中二郎（1955）『地方制度改革の諸問題』有信堂

田中二郎（1976）『新版行政法中巻全訂第2版』弘文堂

田中靖之（2005）「地方自治法改正と中央地方関係―分権改革の理念と実態」佐藤満ほか編著『分権推進と自治の展望』日本評論社

田村達久(2006)「国の自治体に対する関与」今村都南雄編著『現代日本の地方自治』敬文堂

田村達久(2007)『地方分権改革の法学分析』敬文堂

筑紫圭一(2014)「義務付け・枠付けの見直しに伴う条例の制定と規則委任の可否」自治総研431号、地方自治総合研究所

千葉実(2013)「枠付けの緩和の向かうべき方向」自治総研419号、地方自治総合研究所

地方自治制度研究会編(2015)『地方分権20年のあゆみ』ぎょうせい

地方分権推進委員会(2002)『分権型社会の創造—地方分権推進委員会の活動の全て』地方分権推進委員会

中部地方建設局設置50周年記念事業実行委員会(1998)『中部地建の50年』

中部建設協会静岡支所(1990)『静岡国道のあゆみ』

辻清明(1947)「岐路に立つ地方自治法—中央集権と地方分権に関する一考察」法律時報19巻7号

辻清明(1969)『新版 日本官僚制の研究』東京大学出版会

辻清明(1976)『日本の地方自治』岩波書店

辻隆夫(1985)「イギリス地方自治制度と中央統制」片岡寛光編『早稲田大学現代政治経済研究所研究叢書1国と地方—政府間関係の国際比較—』早稲田大学現代政治経済研究所

辻山幸宣(1983)「機関委任事務概念の機能と改革の展望」都市問題研究第35巻第6号

辻山幸宣(1993)「80年代の政府間関係—『統制のとれた分権』体制の構築—」日本行政学会『年報行政研究28新保守主義下の行政』ぎょうせい

辻山幸宣(1997)「機関委任事務廃止の意味」日本地方自治学会『機関委任事務と地方自治』敬文堂

辻山幸宣(2000)「第1章地方自治改革の出発点—分権改革を地方自治に活かすために」今村都南雄編著『自治・分権システムの可能性』敬文堂

長野士郎(1993)『逐条地方自治法』学陽書房

道路法令研究会(1994)『道路法解説』大成出版社

中村英樹・大口敬(2011)「性能照査型道路計画設計の導入に向けて」土木学会論文集D3(土木計画学)Vol.67, No3, 土木学会

成田頼明（1975）「行政における機能分担（上）」自治研究51巻9号
西尾勝（1980）「国と地方の新しい関係をもとめて」、自治体学研究第4号
西尾勝（1983）「政府間関係」概念の由来・構成・意義」、自治体学会『自治体学研究17』
西尾勝（1987）「集権と分権」、国家学会『国家学会百年記念　国家と市民』第2巻、有斐閣
西尾勝（1990）『行政学の基礎概念』東京大学出版会
西尾勝（1999）『未完の分権改革』岩波書店
西尾勝（2007）『行政学叢書5　地方分権改革』東京大学出版会
西尾勝（2008）「『第1次分権改革』の省察に基づく論点提起」地方自治722号
西尾勝（2013）『自治・分権再考～地方自治を志す人たちへ～』ぎょうせい
日本道路協会（1997）年『日本道路協会50年史』日本道路協会
ハーバート・カウフマン（1977）『レッド・テープの理由と実態』今村都南雄訳（2015）勁草書房
東田親司（2002）『現代行政と行政改革』芦書房
東田親司（2006）『改革の論点―実践的行政改革論』芦書房
東田親司（2008）『私たちのための行政』芦書房
東田親司（2012）『現代行政の論点』芦書房
東田親司（2014）『政治・行政・政策をどう改革すべきか―40の直言』芦書房
人見剛（2005）『分権改革と自治体法理』敬文堂
平岡久（1995）「大阪市立大学法学叢書（45）行政立法と行政基準」』有斐閣
堀江湛（2008）「新たな統治システムとしての政治主導行政の確立」堀江湛・加藤秀治郎編『日本の統治システム』慈学社
松永邦男（2003）「自治立法権の意義」門山泰明編著『条例と規則』ぎょうせい
松本英昭（1999）「座談会地方分権一括法成立を振り返って」地方自治625号
松本英昭（2001）『逐条地方自治法第3次改訂版』学陽書房
松本英昭（2007）『要説地方自治法第5次改定版』ぎょうせい
松本英昭（2008）「地方分権改革委員会の『第1次勧告』と政府の『地方分権改革推進要綱（第1次）』を読んで」自治研究第84巻第9号
水口憲人（1996）「分権改革と中央地方関係」、日本行政学会『年報行政研究31』ぎょうせい

水口憲人（2001）a「地方分権を考える—『関与の仕方』を中心に—」村松岐夫・水口憲人編著『分権—何が変わるのか』大阪市政研究所

水口憲人（2001）b「分権改革—どのような変化か—」日本地方自治学会『分権改革と自治の空間』敬文堂

真渕勝（2009）『行政学』有斐閣

武藤博己（1995）「イギリス道路行政史—教区道路からモーターウェイへ』東京大学出版会

武藤博己（2008）『行政学叢書10道路行政』東京大学出版会

武藤博己（2009）「行政官僚制の意思決定システム」今村都南雄ほか著『ホーンブック基礎行政学改改訂版』北樹出版

村串仁三郎（2005）『国立公園成立史の研究—開発と自然保護の確執を中心に』法政大学出版局

村松岐夫（1988）『地方自治　現代政治学叢書15』東京大学出版会

村松岐夫（1996）「日本における地方分権論の特質—絶対概念から相対概念の分権へ—」日本行政学会『年報行政研究31分権改革—その特質と課題』ぎょうせい

村松岐夫（2001）『行政学教科書［第2版］』有斐閣

村松岐夫（2006）『テキストブック地方自治』東洋経済新報社

室井力（1980）『行政事務再配分の理論と現状』勁草書房

室井力（1981）a『現代行政法入門（1）』法律文化社

室井力（1981）b「憲法における地方自治の保障と教育法」日本教育法学会編『教育の地方自治』総合労働研究所

森田朗（1998）「必置規制の見直しと地方公共団体の組織」西尾勝編著『地方分権と地方自治』ぎょうせい

柳瀬良幹（1954）『憲法と地方自治』有信堂

山口道昭（2003）「条例制定の実践」北村喜宣編著『ポスト分権改革の条例法務』ぎょうせい

山口道昭（2015）『政策法務の最前線』第一法規

山本三郎（1983）『河川法全面改定に至る近代河川事業に関する歴史的研究』日本河川協会

吉富重夫（1960）『新版地方自治』勁草書房

臨時行政改革推進審議会事務室（1990）『行革審全仕事』

蠟山正道（1937）『地方行政論』日本評論社
蠟山政道（1949）『英國地方行政の研究』國土社

著者略歴

小泉祐一郎（こいずみ・ゆういちろう）
1961年生まれ
名古屋大学法学部卒。法政大学文学部地理学科卒。法政大学大学院政策創造研究科修士課程修了。同公共政策研究科博士後期課程修了。博士（公共政策学）。
静岡県、自治省、小笠町、総理府地方分権推進委員会に勤務。
Ｊネット47会長。静岡地域学会理事。NPO地域づくりサポートネット理事。

[単著]
「土地利用・開発許可制度の解説」2010年、ぎょうせい
「地域主権改革一括法の解説―自治体は条例をどう整備すべきか」2011年、ぎょうせい。

[共著]
「都道府県を変える」2000年、ぎょうせい、西尾勝編
「分権改革と地域空間管理」2000年、ぎょうせい、小早川光郎編。
「分権改革と自治体」2000年、東京法令出版、森田朗編
「分権改革とくらしづくり」2000年、東京法令出版、森田朗・磯崎初仁編
「静岡県はなくなるか」2003年、静岡新聞社、静岡地域学会編
「分権条例を創ろう」2004年、ぎょうせい、北村喜宣編
「自治総研叢書34・第2次分権改革の検証」2016年、敬文堂、北村喜宣編

[主要論文]
「事務の各段階における国の統制手段から自治体の運営手段への転換」2000年、㈶地方自治総合研究所　自治総研258号。
「今後の広域行政と狭域行政のあり方」2002年、㈶静岡総合研究機構　SRI第70号
「分権改革に伴う規制行政における自治体の裁量権の拡大と比例原則」2003年、ぎょうせい、関哲夫先生古稀記念論集。
「権限移譲と義務付け・枠付けの緩和が自治体に求めるもの」2011年、㈶東京市政調査会　都市問題102巻第10号
「国と自治体の事務配分における役割分担と機能分担―国道の管理を例として」2013年、法政大学大学院公共政策研究科　公共政策志林（1号）

[その他]
「地方自治NOW」1998～2014年、計158回掲載、自治実務セミナー（第37巻8号～第53巻10号）良書普及会・第一法規
「誌上対談　都市計画と訴訟」2007年、日本都市計画家協会　Planners53号
「誌上対談　東日本大震災と政策法務」2011年、ぎょうせい　ガバナンス123号

国と自治体の分担・相互関係
―分権改革の検証と今後の方策―

2016年12月5日　初版発行　　　定価はカバーに表示してあります

著　者　　小　泉　祐一郎
発行者　　竹　内　基　雄
発行所　　株式会社　敬　文　堂
　　　　　東京都新宿区早稲田鶴巻町538平成ビル101
　　　　　東京(03)3203-6161(代)　FAX(03)3204-0161
　　　　　振替　00130-0-23737
　　　　　http://www.keibundo.com

©2016, Yuichiro Koizumi
Printed in Japan

ISBN978-4-7670-0221-7 C3031

印刷／信毎書籍印刷株式会社　製本／有限会社高地製本所
カバー装丁／株式会社リリーフ・システムズ
落丁・乱丁本は、お取替えいたします。